큐복음서의 민중신학

김명수 지음

통나무

이 저서는 2009학년도 경성대학교
학술연구비에 의해서 저술된 것입니다.

목 차

序: 민중의 해체와 발견 /도올 김용옥 ················· 13
저자 서문 ················· 26

제1편

제1장 ················· 31

⊙ 예수복음의 원형을 찾아서 (니케아에서 갈릴리에로)

한국교회의 반(反)지성주의	31
그리스도교 신앙의 주춧돌	34
예수는 그리스도인이 아니었다	35
역사의 예수에 관한 증거들	37
베드로와 바울의 라이벌 관계	39
콘스탄티누스 황제와 니케아 공의회	42
사도신조의 기본 패러다임	45
신앙의 그리스도	48
갈릴리에로의 회향(回向)	51

제2장 ················· 53

⊙ 잃어버린 복음서 Q, 무엇이 문제인가?

Q의 발견	53

초기기독교가 전하는 다양한 예수 얼굴들	55
구원 신화적인 예수 드라마	57
마가복음서	57
역사비평학의 공로	59
Q 민중은 그리스도인이었는가?	61
드라마 복음서의 예수 스토리	62
아노미 현상과 새로운 가치 창출	65
보편적 인류애 공동체 건설	66
Q_1: 지혜스승 예수	67
Q_2: 사람의 아들 예수	69
Q_3: 하나님 아들 예수	74
Q복음서와 현대사회	75

제3장 ··· 79

⊙ 큐복음서 연구 발자취

문학비평과 Q의 발견	79
Q의 양식사 비평	83
Q는 반쪽 복음인가?	87
Q의 편집사 비평	91
독자성을 띤 Q 케리그마	92
Q의 편집신학	94
Q편집의 세 단계	99
Q의 사회사적 탐구	104
Q와 견유학파	109
Q의 사회사적 연구	110
Q 예수운동의 현대적 의의	114

제 2 편

제 4 장 119

⊙ 큐복음과 초기그리스도교 기원

도올의 『큐복음서』	119
두 자료설(Zwei Quelle Theorie)	120
최초의 복음서 Q	123
그리스도교의 기원	124
Q복음서의 구조	127
클로펜보르그(J. S. Kloppenborg)의 공과(功過)	130
Q복음서의 민중 케리그마	134
Q와 통전(統全) 복음서의 관계	136
Q와 한국교회	139

제 5 장 143

⊙ 큐복음과 묵시 종말사상

시한부 종말론	143
Q복음서의 묵시 종말적 동기	145
요한의 묵시종말적 심판 설교	147
묵시 종말적 하나님 나라	154
하나님 나라의 다양한 모습	157
하나님 나라와 사회적 소수자	161
하나님 나라의 미래성	162
하나님 나라의 돌연성	165
Q의 제자직	168

Q의 선교 명령	169
Q 예수운동의 특수성과 보편성	173

제6장 ·········· 177

⊙ 큐복음의 민중 케리그마

예수는 신앙의 대상인가	177
Q의 원형 복원	179
역사적 보도냐 Q의 편집이냐?	181
세례자 요한의 질문	185
예수의 대답과 이사야서	187
예수의 대답	190
Q의 민중 케리그마	192
Q의 작은 케리그마와 한국교회	198

제7장 ·········· 199

⊙ 큐복음의 사회 수사적 전략

수사비평학의 등장	199
수사비평이란?	201
Q의 사회 수사학	206
예수 생애 드라마	208
Q의 보편주의적 인류애	213

제 3 편

제8장 219

⊙ 큐복음의 주기도문

기도와 신앙생활	219
번역상의 문제점	221
번역상의 오류들	222
Q 주기도문의 재구성	227
하나님 호칭으로서의 '아빠'	228
아버지의 이름을 거룩하게 하시며	232
아버지의 나라를 오게 하시며	235
아버지의 뜻을 …, 땅에서도 이루어 주십시오	239
일용할 양식을 오늘 우리에게 주시고	242
우리를 유혹에 빠지지 않게 하시고…,	248
가난으로부터의 해방	250

제9장 253

⊙ 큐복음과 예루살렘 성전

제2 성전기의 예루살렘 성전	253
예루살렘 성전을 보는 Q의 다양한 시각들	256
긍정적인 시각들	257
부정적인 시각들	261
악마로부터 시험받는 이야기	264
수사학적 유사 구조	267
십일조에 대한 Q의 입장	270

십일조의 사회적 상징성 271
Q의 지혜 신탁(sophia oracle) 275
예루살렘을 향한 탄식 278
Q와 성전의 상징세계 280

제10장 ⋯⋯⋯⋯⋯⋯⋯⋯⋯⋯⋯⋯⋯⋯⋯⋯⋯⋯⋯ 283
⊙ 큐복음과 사회적 소수자

이성적인 것과 현실적인 것 283
역사의 예수냐 신앙의 그리스도냐 286
Q와 가난한 사람들 287
가난한 사람들은 행복하여라 289
배고픈 사람은 행복하여라 292
우는 사람은 행복하여라 292
그리스 문학에 나타난 축복문 양식 294
현재의 축복 선언 295
묵시적 축복 선언 296
Q 축복선언문의 확장 298
마태에 의한 확대(5:5~12) 301
누가에 의한 확대(6:24~26) 303
프토코스(ptochos) 307
구약성서에 나타난 가난한 사람들 308
초기 이스라엘과 가난한 사람들 309
다윗왕조와 가난한 사람들 311
계약법전과 가난한 사람들 312
예언자들과 가난한 사람들 313
시편과 가난한 사람들 313
쿰란공동체와 가난한 사람들 314

하나님의 나라	315
초기 이스라엘과 야훼통치	315
다윗왕조와 야훼 왕권	316
바빌론 포로기와 야훼통치	317
묵시문학 시기와 야훼통치	317
Q공동체의 하나님 나라 운동	319
한국교회와 가난한 사람들	323

제11장 ⋯⋯⋯⋯⋯⋯⋯⋯⋯⋯⋯⋯⋯⋯⋯⋯⋯⋯⋯⋯ 325

⊙ 큐복음과 동양적 지혜의 예수

초기기독교 예수운동의 다양성	325
예수상의 다양성과 통일성	329
예수생애 드라마의 형성	331
Q의 예수 이미지	333
Q가 전하는 구도자로서의 예수	336
Q와 사회적 소수자들	340
Q의 반(反)문화적 에토스	342
자연 친화적인 예수의 비유들	344
『갈매기의 꿈』 - 제5복음서	347
동양의 마이스터 주앙쯔(莊子)	349
원수사랑과 보살사상	350
마이스터 조나단의 회향	353
메시아 상에 갇히지 않는 메시아 예수	357
Q와 제5복음서	357

序: 민중의 해체와 발견
― 김명수 교수의 『큐복음서의 민중신학』에 부치어

도올 김용옥

모든 사상은 시대적 제약 속에 있다. 어떠한 사상이 제아무리 시공을 초월하는 보편적 진리를 설파하고 있다 하더라도 그것이 인간의 사유나 언어적 표현의 과정을 거친 이상, 그 인간이라는 주체의 삶과 시대정신(Zeitgeist)의 자리를 떠날 수는 없다. 하나님의 말씀이라 할지라도 인간이라는 도구를 빌린 이상 그것은 인간학의 일반전제로부터 그 모든 의미구조를 밝혀 들어가지 않을 수 없다. 팔레스타인 초대교회들의 정황이나 민중신학이 태동된 한국 기독교의 절박한 상황이 모두 그러한 시대적 제약을 벗어날 수 없다. 그러나 그러한 시대적 제약이야말로 오히려 그 진실한 역사적 지평을 형성하는 것이다. 모든 보편적 진리라는 것은 그러한 다양한 역사적 지평의 교섭 속에서 현현하는 것이다.

김명수(金明洙)는 안병무(安炳茂)의 제자이다. 안병무를 루돌프 불트만(Rudolf Bultmann, 1884~1976)이라고 한다면, 김명수를 헬무트 쾨스터(Helmut Koester)라고 해야 할까, 하여튼 김명수의 글을 통하여 안병무의 외침을 다시 듣게 되는 감격에 나는 나의 실존의 역사를 되돌아보게 된다.

내가 하바드대학에서 학업을 마치고 귀국하였을 때도 누구보다도 제일 먼저, 나를 박영숙 선생과 단란한 살림을 꾸리고 계시던 보금자리로 초대하여 밤이 깊어가는 것도 모르고 동·서의 철리를 오가며 우주적 담론의 열정을 토로해주시곤 했던 안병무 선생.

"난 말야, 우리 아버지가 유의(儒醫)이셨는데 환자를 잘 보는 명의로 소문이 났지만 진짜 풍류객이셨거든. 환자로 찾아오는 여인들과 재미도 보시고 우리 어머니 속을 무척 썩혀드렸거든. 우리 형제는 아버지의 그런 태도가 영 마음에 들지 않았지. 퓨리타니즘적인 고행의 결심이 어린 마음에 새겨졌지. 그리고 아버지가 읽으라는 한문으로 된 책들에 대한 반감이 이만저만이 아니었지. 그것은 인간을 도덕적으로 타락하게 만드는 위선적인 교훈에 불과했지. 내 동생은 아버지가 이렇게 걸으면 저렇게 걷고, 아버지가 저렇게 걸으면 이렇게 걸으려고 했어. 아버지하고는 뭐든지 반대로 하려고 했지. 그러다가 용정에서 기독교를 접하게 되면서 예수 십자가만이 바르게 사는 길이라고 믿게 되었지. 지금 생각해보면, 내가 버리려고 했던 것, 그것 속에 소중한 가치들이 들어 있었어. 그러나 당시로서는 그러한 가치를 인지할 수 있는 삶의 자리가 나의 실존 속에 있을 수가 없었지. 그런데 김 선생은 내가 버리려고 했던 것, 그것을 공부했어. 참으로 장한 노릇이야. 두고 보라구, 김 선생이 공부한 것은 앞으로 크게 쓰일 거라구."

나는 한국신학연구소의 이사의 한 사람으로 활약했다. 안병무 선생과 함께 나의 인생에 심오한 영향을 준 사람이 또 한 분 있다. 나는 이 분을 통하여 불트만의 신학을 접했다. 불트만의 신학을 이단시하던 당시의 분위기를 무릅쓰고 불트만의 난해하고도 방대한 원전들을 본격적으로 우리말로 번역하여 한국신학계에 충격파를 던진 인물, 허혁 선생이 바로 그였다. 뮌스터대학 신학부에서 박사학위를 획득한 후 귀국하였으나 신상의 이유로 신학대학에서 교편을 잡지 못해, 보성고등학교에서 독일어를 가르쳤다. 허혁은 나의 고교시절 독일어 선생님이셨다.

불트만은 "역사적 예수"(Historical Jesus)를 거부한다. 불트만을 제대로 읽지도 않은 사람들이 불트만 하면, 기독교신앙에 위협적인 이단적 사상가처럼 생각하지만 나는 불트만처럼 지독하게 경건한 사상가를 만나본 적이 없다. 그의 사상의 구석구석에는 매우 신적인 경건주의가 스며있다. 그는 인도주의적 덕성의 축적은 기독교의 본질이 아니라고 설파한다. 신의 절대성에 대한 인간의 무조건적 복종이야말로 기독교적 사랑의 본질이라는 생각이 그에게는 깔려있다. 역사도 그 모든 순간이 종말론적으로 인지될 때만이 의미를 지니게 된다. 기독교신앙 속에서는 역사는 영원히 종말론적인 현재(the eschatological present)일 뿐이다.

그리스도교 신학의 출발점은 어디까지나 초대교회의 케리그마일 뿐이다. 케리그마를 넘어서 역사적 예수를 추구하는 것은 현실적으로, 문헌학적으로 불가능할 뿐 아니라 불신앙의 행위이다. 우리에게 주어진 자료는 복음서이며, 복음서는 역사적으로 읽어서는 아니 되고 실존적으로 읽어야 한다. 그의 양식사학이 지향하는 비신화화, 탈신화화는 신화를 제거하는 것이 아니라 신화를 해석하는 것이다. 그의 신화해석은 결국 우리의 실존적 지평 속에서 그 의미를 발견하는 것이다. 과학적 세기에 살고 있는 우리들에게 그의 방법론은 신화적 세계관의 해석이 결코 우리의 과학적·이성적 판단력과 상충되지 않는 심오한 의미를 가지고 있다고 하는 새로운 해석학적 차원을 도입시켜 주었지만, 결국 그는 신화를 하이데가류의 인간 실존의 자기이해 차원으로 축소시켰다. 그의 케리그마신학에서는 인간의 실존과 역사가 단절된다. 그리고 불트만 신학의 가장 결정적인 문제점은 "케리그마 사건"이 "예수 사건"에 선행(先行)한다는 것이다. 예수 사건은 케리그마 사건의 전제에 불과하다. 그렇게 되면 예수는 탈역사화되고 마는 것이다. 그리스도의 복음이 결국 인간의 자기이해의 차원, 곧 실존의 밀실 속에 유폐되고 마는 것이다.

그러나 케리그마 자체가 절대적인 가치를 지니는 그 무엇이 아니라, 초대교회 교인들이 처한 역사적 환경이나 심경(心境)의 산물이라고 할 때 케리그마를 기독교의 원점으로 삼는 것은 문제가 있을 수 있다. 보다 정확하게 말하면 불트만이 처한 시대적·학문적 한계 속에 갇혀있는 관점이라고도 말할 수 있다. 케리그마의 핵심은 종말론이며,

케리그마로서의 종말론은 이미 예수의 대속론적 십자가 사건과 부활 사건, 그리고 긴박한 재림의 사상과 결합된 종말론이다. 이러한 케리그마의 골격이 복음서라는 위대한 드라마를 성립시켰고, 종말론적 회중으로서의 에클레시아를 성립시켰고, 이방전도의 확산과 니케아 종교회의를 성립시켰다는 사실을 인류사의 기적과도 같은 승리의 역사라고 칭송할 수도 있겠지만, 케리그마야말로 초대교회조직의 지도부를 형성한 지배계급의 교활한 음모일 수도 있다. 그 음모의 가장 불행한 사실은 역사적 예수의 삶을 은폐시켰다는 것이다.

안병무의 민중신학은 케리그마로부터 예수를 바라보는 것이 아니라, 예수로부터 케리그마를 바라본다. 그 예수는 철저히 역사의 지평 위에 서 있어야 한다. 그가 말하는 역사의 지평이란, 실증적 역사기술을 말하는 것이 아니라, 민중의 사건으로서의 예수의 조명이다. 예수라는 개인의 역사성은 별 의미가 없다. 예수는 예수시대의 민중운동이 성립시킨 하나의 사건이다. 사건이란 혼자 일으킬 수 있는 것이 아니며 집단적이며 관계론적이며 역사 속에서 살아움직이는 인간의 삶의 연대를 전제로 한다. 안병무의 예수는 한 인격으로서의 예수가 아니고 민중과 함께 한 집단으로서의 예수 사건이다. 안병무는 예수로부터 민중을 조명하는 것이 아니라 민중으로부터 예수를 조명한다. 위로부터의 그리스도론이 아니라 아래로부터의 그리스도론을 추구한다. 안병무에게 있어서 성과 속, 빛과 어둠, 말씀과 세계, 민중과 그리스도의 이분법이 해체된다.

안병무는 예수를 갈릴리의 민중, 즉 오클로스의 지평 위에 놓았고 그 복음의 원형을 마가에서 찾았다. 그러나 그의 제자 김명수는 그 민중을 마가의 드라마가 아닌 큐복음서의 말씀(로기온 자료)에서 찾고자 한다. 마가는 이미 불트만이 규정한 케리그마에 의하여 철저히 윤색되어 있다. 안병무가 찾고자 하는 민중 사건의 원형은 마가에서보다는 그러한 죽음과 부활의 케리그마 이전에 성립한 큐복음서에서 보다 리얼하게, 보다 생동하는 모습으로 찾아질 수 있다고 김명수는 생각하는 것이다.

큐복음서에 익숙하지 않은 사람들은 김명수의 책을 쉽게 읽지 못할 수도 있다. 김명수의 책은 매우 전문적인, 신학도들을 위한 논문들의 모음이다. 그러한 신학적 용어나 논의에 익숙치 않은 사람들에게는 당혹감을 줄 수도 있다. 그러한 사람들에게 내가 먼저 읽기를 권유하는 책이 다음의 저술이다.

도올 김용옥 편·역주.『**큐복음서 — 신약성서 속의 예수의 참 모습, 참 말씀**』. 서울: 통나무. 2008.

내 책을 내가 권유하는 것이 미담이 되지 않을 수도 있겠지만, 상기의 책은 큐복음서의 총괄적 개론에 해당되는 책으로서 전문적인 지식이 없이도 쉽게 읽을 수 있는 유일한 우리말 책이다. 그리고 큐복음서 전문이 실려있고 또 간결하게 주석되어 있다. 일단 큐복음서가 무엇인지를 총체적으로 인지시켜 주는 책이기 때문에, 그것을 한번 읽고 김명수의 세부적 논의를 따라가면 현대신학의 첨단적 과제상황들을 쉽게 료해할 수가 있다. 나의 책은 일반인들에게 큐복음서라는 게슈탈트(전체적 모습)를 전달하는 것을 사명으로 하고 있다.

큐는 독일어 단어인 크벨레(Quelle)의 약자이다. "자료" "원전" "샘"이라는 뜻이 담겨있다. 독일신학계에서 먼저 제기된 담론이기 때문에 김명수는 "쿠복음서"라고 부르는 것이 마땅하다고 말하기도 하지만 영어권의 관습에 따라 그냥 큐복음서로 부르기로 합의했다. 19세기 전반에 이미 두자료가설(Two Document Hypothesis. TDH)이 확립됨에 따라, 마태와 누가에서 마가자료를 제외한 또 하나의 공통자료를 큐라고 불렀던 것이다. 즉 마태와 누가는 마가자료와 큐자료, 두 자료를 원전으로 삼아 보다 확대된 내러티브 복음서를 완성했던 것이다.

20세기 초에 베를린대학의 교회사·신학 교수인 하르낙은 큐자료를 희랍어 원문으로 재구성하였고, 그 뒤로 큐자료의 순서와 범위에 관하여 많은 논의가 이루어졌으나, 큐자료의 가장 큰 문제점은 그것이 어디까지나 가설적 문헌이라는 사실에 있다. 그리고 기존의 복음서에서 추출되는 문헌이기 때문에 기존의 복음서와 독립된 하나의 새로운 실체로서 인지되지를 못했다. 단지 큐자료가 내러티브 복음서 즉 드라마적 복음서와는 전혀 성격이 다른, 가라사대파편(로기온 자료)으로만 이루어진 어록복음서라는 사실이 그 특징으로만 두드러지게 인지되어 있었다. 그리고 전문적 신학논쟁이나 주석이나 문헌비평의 배경으로서 큐자료라는 가설은 많은 상상력과 논리를 제공했지만 그것은 어디까지나 가설로서 머물러 있었던 것이다.

그러다가 1945년 12월, 이집트 나일강 상류의 나그 함마디 지역에서 출토된 고문서들 중에서 도마복음서라는 어록복음서가 그 전모를 드러내기 시작하자 큐라는 어록복음서의 가설이, 가설이 아닌 실체로서 그 독립적 존재성을 확립하기에 이른다. 큐자료는 큐복음서로서 격상되었고, 어록복음서라는 장르가 내러티브 복음서 이전에 성립한 또 하나의 복음서 장르라는 사실이 밝혀지게 되었다. 이것은 단순히 문학장르로서 그치는 문제가 아니라 그러한 어록복음서의 편집의 필연성을 잉태시킨 집단, 즉 여태까지 우리가 초대교회를 규정한 속성과는 다른 어떤 운동을 표방하는 공동체의 존재를 상정하게 만든다. 큐복음서는 큐공동체의 존재를 불가피하게 만든다. 큐공동체는 예루살렘교회와는 다른 계열의 어떤 운동체였다는 것이다.

큐복음서나 도마복음서의 일차적 특징은 『논어』가 공자의 말씀집인 것처럼, 예수의 말씀만을 모아놓은 것이라는 사실에 있다. 이 사실은 과연 무엇을 뜻하는가? 그것은 예수에 관한 스토리 텔링(story-telling), 즉 예수 생애의 드라마가 소멸된다는 것을 의미한다. 이 사실은 또 무엇을 뜻하는가?

예수는 물론 기독교인이 아니다. 예수가 전개했던 운동도 물론 기독교운동이 아니다. 기독교(Christianity)는 반드시 교회를 전제로 한다. 그런데 예수시대에는 시나고그는 있었으나 교회는 없었다. 교회란 무엇인가? 교회는 역사적 예수를 그리스도 즉 메시아로 신봉하는 사도들의 신념을 따르는 자들의 집단이다. 예수를 메시아로서 인식하지 않는 단계에서는 기독교라는 개념은 성립하기 어렵다. 큐복음서나 도마복음서의 예수는 결코 메시아가 아니다. 지혜의 스승이며 기독론적 윤색 이전의 살아있는 인간이다. 큐운동을 과연 기독교라고 말할 수 있겠는가? 기독교의 성경 안에서 기독교가 아닌 새로운 복음서를 발견한다는 이 아이러니를 과연 어떻게 설명할 것인가? 바로 김명수의 본서가 이러한 문제에 대한 다양한 논의를 소개하고, 그러한 논의에 대한 자신의 민중신학적 입장을 밝히는 내용을 담고 있기 때문에 내가 그것을 독자들에게 부언할 필요는 없다. 김명수의 본서는 큐복음서에 관한 가장 포괄적인 신학적 논의의 집합체라고 나는 자신있게 말한다.

불트만은 도마복음서의 출현에 관한 정보를 가지고 있었지만 그 문헌의 의미가 충분히 드러나기 전에 세상을 떴다. 그리고 안병무도 큐복음서나 도마복음서의 의미가 신학적으로 정립되기 이전에 그의 지적 활동을 마쳤다. 그러나 김명수의 시대는 문제상황이 다르다. 20세기까지의 세계 신학계는, 예수의 시대로부터 최초의 내러티브 복음서인 마가복음이 성립하기까지, 즉 AD 30년경부터 AD 70년경에 이르기까지 약 40년간의 정황에 관하여 별다른 사유의 실마리들을 포착하지 못했다. 그 시기는 바울이라는, 지독하게 헬레니즘의 사유에 젖은 관념적 사상가의 독무대였다. 그러나 도마복음서와 큐복음서의 출현, 그리고 방대한 쿰란문헌의 발굴과 더불어 그동안 등한시되었던 외경적 자료들과 역사자료들의 새로운 검토는 안병무가 지향하고자 했던 "민중사건"의 역사적 지평에 관하여 상상키 어려울 정도로 다양하고 심도있는 새로운 정보들을 쏟아놓았다. 21세기 신학은 20세기의 케리그마중심 신학과는 비교되기 어려울 만큼 그 폭이 넓어졌다. 그리고 우리의 신학적 관심을 우리가 신봉해온 신화적 담론에 관한 논의로부터 그 신화적 담론을 창출한 역사적 인간들의 삶 그 자체의 논의로 이동시켰다. 그들이 어떠한 사회적 비젼을 위해 투쟁했어야만 했는지에 관한 매우 구체적인 그림들을 우리에게 제공하고 있는 것이다. 비신화화를 요구할 필요조차 없는 생생한 역사의 지평을 우리에게 보여주고 있는 것이다.

그러나 안병무의 생명력은 그의 시대적 제약에 갇혀있지 않다. 그는 그의 시대의 불의와의 투쟁 속에서 실천적으로 민중을 발견했다. 그리고 김명수의 민중신학도 그러한 투쟁에 동참한 삶의 결과이다. 김명수는 다년간의 옥고를 치르면서 인간의 극한상황을 체험하고 흉악한 범죄자인 듯이 보이는 사형수들이 형장의 이슬로 사라져가는 모습 속에서 갈릴리의 풍진을 맨발로 밟고 방랑하는 예수를 발견했다.

그런데 오늘날 민중신학의 문제점은 바로 안병무나 김명수가 발견했던, 그토록 억압받고 소외당했던 민중이 또 다시 억압과 소외시킴의 주체로 등장하고 있다는 사실에 있다. 안병무가 가치관의 극한점에 둘 수 있었던 민중의 선명성이 사라지고, 그 민중이 이제는 도저히 민중의 지도자의 자격이 될 수 없는 자를 금송아지 떠받듯이 떠받들고 광란의 춤을 추는가 하면, 거짓 예수를 십자가에 올려놓고 가시면류관을

씨우며 바카날리아의 바코이들처럼 음란의 춤을 춘다. 민중의 실종, 그것이 바로 민중신학이 힘을 잃고 성서신학의 양심이 교권의 노리개가 되어버리고 마는 비극의 원천이다.

지금의 신학도들은 과연 왜 신학을 공부하는가? 유창한 설교를 하여 대형교회의 대중을 현혹시키는 잘 나가는 목사가 되기 위한 수업을 쌓는 것일까? 아니면 작은 공장을 찾아다니며 소외받는 외국인 노동자들의 설움을 달래주는 소소한 일들을 하기 위함인가? 아니면 캠퍼스의 외곽에서 멍청한 젊은이들을 교회로 인도하기 위하여 동분서주할 생각인가? 아니면 개척교회랍시고 또 다시 새로운 명분을 내걸고 여기저기 신도들을 모아 새 성전의 건축을 꿈꾸려는가? 아니면 북한에 삐라라도 보내려는가? 도대체 민중을 어디서 발견할 것인가? 그 민중이 나의 실존을 좀먹고 타락시키는 주체인데, 도대체 예수 그 자체인 민중을 어디서 발견할 것인가? 어느 시대에든 소외받는 소수는 항상 있다. 민중을 찾기 위해 끊임없이 그 소수를 발견하는 역정이 민중신학의 진실일까? 나는 이러한 역정이 오히려 민중신학의 도피처가 될 수도 있다고 생각한다.

나는 감히 말한다. 민중을 해체시켜라! 임제가 부처를 만나면 부처를 죽이고 조사(祖師)를 만나면 조사를 죽이라 했듯이, 민중신학은 민중을 죽여야 한다. 이것은 뭔 끔찍한 말인가? 나는 그대들에게 더 끔찍한 이야기를 해야겠다. 기독교를 해체시켜라! 기독교를 해체시키는 일이 과연 기독교를 죽이는 일일까? 바로 이러한 질문에 대한 진실한 생각의 실마리들을 김명수의 본서는 제공할 것이다. 큐복음서는 결코 무시될 수 없다. 그것은 가장 보수적인 교단이라 할지라도 그들이 신봉하는 성경 내의 성경을 부정할 길은 없다.

나는 신학을 공부하는 이 땅의 젊은이들이 민중의 소외를 구원한다고 하여 오히려 민중으로부터 소외당하는 인간이 되는 비극이 없기를 바란다. 기독교인이 아닌, 예수를 진정으로 따르는 자들(Jesus-followers)이 이 땅의 기독교의 주체가 되어 기독교를 혁명시키는 하나님의 일꾼이 되기를 갈망한다. 나는 큐복음서가 오늘날 한국교회에 던지는 궁극적 메시지가 바로 이렇게 기독교를 해체시키는 혁명의 사명이라고 말하고 싶다. 큐복음서는 기독교 이전의 새로운 기독교를 우리에게 전해주고 있는 것이다.

예수는 하나님의 아들이었을지는 모르지만 최소한 자신이 하나님의 독생자라고 하는 자의식을 가진 사람은 아니었다. 예수가 하나님의 아들이었다면 인간 모두가 하나님의 아들이다. 예수를 예수답게 만드는 것은 하나님의 아들이라는 사실이 아니라, 바로 이 땅에 하나님 나라를 선포하고 그것을 실현하는 데 사람의 아들(Son of man)로서의 자신의 모든 것을 바친 그 열정의 일관성에 있다. 그런데 "나라"(바실레이아)는 공간적 개념이 아니다. 그것은 하나님의 질서이며 다스림이며 우리 존재의 양식이다.

"회개"(메타노이아)란 과거의 죄를 뉘우침이 아니라, 미래를 새롭게 창조하는 생각(노이아)의 회향(메타)이다. 민중신학의 과제는 소외된 극빈자의 문제일 뿐만 아니라 바로 민중이라는 대중의 회심이며 생각의 혁명이다. 교회를 생각하기 이전에 하나님 나라를 생각해야 하고, 하나님 나라를 생각하기 이전에 땅의 나라를 생각해야 하고, 땅의 나라를 생각하기 이전에 인간의 존재양식을 변화시켜야 하고, 인간의 존재양식을 변화시키기 이전에 나의 몸을 혁명시켜야 한다. 일신우일신(日新又日新)의 몸을 재건하는 역사가 곧 사회변혁의 사역과 일치되는 삶, 그 속에 하나님 나라는 임하게 되는 것이다. 큐복음서는 결코 분석적으로 읽혀서는 아니 된다. 그것은 반드시 통째로 읽혀야 한다. 명백한 것을 명백하게 인지하는 자들에게만 큐복음서는 그 진가를 드러낸다. 인자담론이나 종말담론의 그림자가 비친다 해서 그러한 부분을 확대해석하는 것은 어리석은 짓이다. 그리고 기존의 복음서 속에 들어있다 해서 그 단계적 발전의 틀을 기존의 케리그마의 틀과 대차 없는 논의로 만들어 버리는 우매한 신학도들의 말장난도 경계되어야 한다.

새 술은 새 푸대에! 김명수 교수의 본서가 새 술을 발견한 자들이 찾는 새 푸대가 되기만을, 그리고 예수와 하나님과 성령과 인간에 관한 모든 논의가 이 조선 민중의 땅에서 자유로워지기만을 갈망하고 또 갈망한다.

2009년 2월 26일 밤
낙송암(駱松菴)에서 쓰다
도올 김용옥

저자 서문

1970년대는 한국사회의 근대화 과정에서 경제적 불평등으로 인한 사회적 모순이 누적되었던 시기였다. 박정희 군사정권 시절, 1970년 11월 3일 "우리는 기계가 아니다"라는 현수막을 들고 자기 몸을 불태워 항거했던 전태일 열사의 분신(焚身) 사건은 한국사회에 큰 충격을 던져주었고, 이를 계기로 근대화의 주역이면서 동시에 그 혜택에서 배제당한 사회적 약자들인 민중에 관한 담론들은 한국 지식인 사회의 화두로 떠올랐다.

한국 기독교 신학계도 예외가 아니었다. 한국 기독교 교회협의회(NCCK) 계열의 수도권 특수선교를 비롯한 민중선교 운동과 이를 신학적으로 뒷받침하기 위한 민중신학 운동이 진보 신학자들에 의해서 활발하게 진행되었고, 1980년대에 이르러 한국의 민중신학은 남미의 해방신학과 더불어 세계 신학계에 주목을 받기에 이르렀다.

민중신학의 초석을 놓았던 안병무는 한국사회의 민중사건들을 신학적으로 증언하는 전거(典據)로서 마가복음을 택하였다. 그는 마가복음이 전하는 오클로스(*ochlos*)의 예수 이야기에서 오늘날 한국 민중의 모습을 보았고, 역(逆)으로 오늘의 한국 민중이 겪는 고난의 현실에서 마가복음에 등장하는 예수 민중(오클로스)의 수난을 보았다. 안병무는 마가복음이 전하는 수난사건을 매개로 예수의 민중과 오늘의 민중 사이에 접점(接點)을 모색했던 것이다.

이와 달리 필자는 민중신학의 전거로서 마가복음이 아닌 최초의 복음서요 동시에 잃어버린 복음서인 Q를 선택하였다. 마가복음서가 전하는 예수 이야기(story of Jesus)보다 오히려 Q가 전하는 예수 말씀들(Sayings of Jesus)이 초기그리스도교 안디옥 케리그마에 의해서 덜 채색되었고, 갈릴리를 활동 무대로 하나님 나라 운동을 펼친 나사렛 예수에 보다 더 가까이 서 있을 것이라는 평소의 믿음에서다.

마태와 누가에 의해서 공통으로 사용된 Q자료는 구전(口傳)이 아닌 일종의 문서(Document)로 애초부터 존재했었다는 것이 학자들 사이에서 일치된 견해이다. 또한 학자들은 Q복음서의 내용이 마태보다는 누가에 의해서 보다 더 순서적으로 보존되었을 것이라고 본다. 따라서 필자도 학자들의 일반적인 견해에 동조하여 누가의 병행구절을 Q의 본문으로 편의상 사용한다. 예를 들면 Q 13:24는 눅 13:24를, 그리고 Q 마 5:20은 마 5:20을 지칭한다.

필자는 함부르크 대학에 유학하면서 역사적 예수 탐구의 일환으로 Q복음서 배후에 서 있는 초기그리스도교 Q공동체의 신학과 선교 행태에 대한 사회사적 연구를 하였고, 『Q복음서의 전승자들』(*Die Trägergruppe von Q*)이라는 제하의 학위논문을 제출하였다. 이 책은 IQP(International Q Project)에 의해서 Q 캐논(Canon) 100권 중 하나로 선정되기도 하였다.

2008년 5월 27일 감리교 신학대학에서 개최된 도올 김용옥 선생과 함께 하는 "Q복음서와 한국교회"라는 신학 심포지엄에서 참여한 적이 있다. 그 때 『큐복음서』(통나무, 2008)를 저술한 도올 선생께서 필자에게 그동안 발표된 Q 연구논문들을 정리하여 한권의 단행본으로 출판하면 좋겠다는 권면이 있었는데, 이제 그 결실을 맺게 되었다. 도올 선생께 경애하는 마음을 드린다. 그리고 이 책의 출판을 허락하고 성의있게 만들어준 통나무 출판사 관계자 여러분에게도 감사를 드린다.

2009년 3월
부산 대연동에서
김명수

제1편

제1장
예수복음의 원형을 찾아서
- 니케아에서 갈릴리에로(from Nicaea to Galilee)

제2장
잃어버린 복음서 Q, 무엇이 문제인가?

제3장
큐복음서 연구 발자취

제1장

예수복음의 원형을 찾아서
― 니케아에서 갈릴리에로(from Nicaea to Galilee)

한국교회의 반(反)지성주의

21세기 인류문명의 전환기에 한국교회는 어떠한 자세로 선교에 임해야 하는가? 21세기에 접어들면서 한국교회는 양적인 성장이 둔화되고 있는 실정이며, 최근 이명박 정권이 들어선 이후 개신교의 사회적 신뢰도는 타종교에 비해서 훨씬 낮은 편으로 나타나고 있다.

최근 여론조사에 따르면 젊은층들의 교회 이탈율은 가장 높게 나타나고 있으며, 비종교인들이 종교를 선택할 경우 개신교를 택하겠다는 사람은 22%에 불과했다. 불교 40%, 천주교 37%에 비하면 저조한 편이 아닐 수 없다. 젊은층과 고학력자들의 교회 이탈율이 늘어나고 있는 추세를 우리는 어떻게 이해해야 하는가? 그 원인이 어디에 있으며, 어떤 문제가 있는가?

성장 제일주의를 들 수 있다. 한국교회는 개(個) 교회 성장이라는 강박관념에 사로잡혀 한편으로는 교회가 하나님의 뜻과 진리를 전파하고 실천하는 일에 게을리 하였고, 다른 한편으로는 교회에게 부여된 사회적 책무에 충실하지 못했다. 한국 개신교회가 선교를 복음전도의 제1차적 목표로 내 걸고 있지만, 사회에 환원되는 부분은 교회의 전체 재정 중 평균 4%에 불과하다. 이는 한국교회의 자폐증세가 얼마나 심각한지 짐작케 한다. 앞으로 목회와 선교의 방향이 '성장'에서 '보살핌'에로, 교세확장에서 '나눔'에로 그 패러다임이 바뀌어야 할 것이다.

반지성주의(反知性主義)를 들 수 있다. 한국교회는 지식을 신앙과 대립되는 개념으로 받아들이고 있다. 성서에 대한 지식이 많을수록 상대적으로 믿음이 약해진다고 생각한다. 그리하여 지식에 근거한 신앙을 터부시한다. 오직 이신칭의(以信稱義) 사상을 절대화하여 맹목적인 믿음을 강요하거나, 성서에 대한 물음 자체를 불신앙(不信仰)으로 정죄하는 태도는 지양(止揚)되어야 한다. 신앙과 이성적 사유가 서로 균형을 이루어, 현대 사상의 기본을 이루고 있는 합리성이 무시당하지 않는 신앙의 재건에 힘써야 한다.

'삶의 모델'로서의 예수상이 회복되어야 한다. 예수 그리스도는 단지 속죄나 구원을 매개하는 예배와 숭배의 대상을 넘어서, 신앙인이 본받아야 할 '삶의 모델'로서 증거 되어야 한다. 이신칭의(justification)의 목적은 정의(justice)를 세우는 것임을 잊어서는 안 된다. 신앙생활에서 '무엇을 바르게 믿어야 하는가'(orthodoxy)

도 중요하지만, 그리스도인으로서 '어떻게 바르게 살아야 하는가' (orthopraxis)도 중요한 문제이다. 기복(祈福)신앙의 대상을 넘어서, 삶의 모델로서의 예수의 회복이 중요하다.

한국교회 신도들의 교육 수준이 전에 비하여 월등히 높아졌다. 그에 비례하여 신도들의 지적 욕구 또한 높아졌음을 고려해야 한다. 앞으로 한국교회의 목회는 맹목적인 믿음을 강조하는 신앙에서, 이해하고 깨치는 신앙의 단계로 그 수준을 업그레이드시켜야 한다. 요한복음 저자는 지식 신앙을 강조했다. "영생은 곧 유일하신 참 하나님과 그가 보내신 예수 그리스도를 아는 것입니다."(요17:3) 하나님과 예수에 대해서 바르게 알고 깨달음에 이르는 것이야말로, 영생을 얻고 구원에 이르는 첩경이다. 신앙의 열정 없는 지식이 공허(空虛)할 뿐이라면, 깨달음이 동반되지 않은 신앙은 맹목(盲目)으로 흐를 수 있다.

성서는 은유적으로(metaphorical) 표현된 하나님 말씀이다. 성서를 읽을 때는 문자 뒤에 있는 뜻을 잡아야 한다. 뜻을 잡으면 문자는 놓아버려야 한다. 실체적으로(substantial) 읽거나 문자주의적으로 읽으면 저자의 의도를 놓치기 쉽다. 문자주의적 성서해석은 성경을 그 시대의 역사적 정황(Sitz im Leben)으로부터 떼어놓게 만들고, 근본주의 신앙은 복음의 진리를 오늘의 현실로부터 단절시킨다. 어떻게 바르게 알고 바르게 믿을 것인가?

그리스도교 신앙의 주춧돌

불란서의 신학자 로이씨(A. Loissy)는 "예수는 하나님 나라의 도래를 선포했는데, 실제로 도래한 것은 교회였다"고 지적했다. 예수가 의도했던 바대로 하나님 나라는 오지 않고, 그 예수를 천상의 그리스도로 예배하고 떠받드는 그리스도교 교회가 태어났다는 것이다. 선포자(Verkündiger) 예수는 교회(제자들)에 의해서 선포의 대상(Verkündigte)이 되었고, 신앙의 그리스도(Christ of faith)로 되었던 것이다.

알버트 슈바이처는 "역사의 예수가 현대의 예수를 뒤집어엎는 것은 바람직한 일이다"라고 쓰고 있다. 현대의 학자들은 그들이 상상하고 있는 이상적인 인간형을 예수에게 투영시키고 있다. 오늘날 교회의 신앙과 신조들 속에서 고백되고 칭송되는 예수의 이미지(image)들은 나사렛 예수의 그것과 상당한 편차(偏差)가 있음을 지적한 말이다.

지금까지 200년에 걸친 역사의 예수에 대한 탐구에서 얻은 결론 중 하나는 초기그리스도교 세계에서 "하나의 그리스도교, 하나의 예수 이미지"는 존재하지 않았다는 것이다. 초기그리스도교 예수운동에서 나타나고 있는 예수 이미지는 복합성(complexity)과 다양성(diversity)을 지니고 있다.

역사의 예수를 탐구하는 궁극적 목표는 다른 데 있지 않다. 신조들(creeds)의 포로상태에 갇혀 있는 예수를 성서가 말하고 있는 예수에게로 해방시켜 본래의 모습을 되찾게 하는 것이다. 우리는 역사의 예수를 탐험하면서, 신조들에 의해서 고백이 강요되는 천상의 그리스도와 역사의 예수 사이에, 일종의 불일치(uncontinuity)를 경험하게 된다.

역사적 예수의 탐험을 떠나기 앞서 한 가지 짚고 넘어가야 할 문제가 있다. 역사비평학의 결과를 고려하면, 현재 신약성서 책들의 단편(fragment) 가운데 AD 125년 이전에 기록된 것은 남아있지 않다. 현존(現存)하는 그리스도교 단행본 문서 사본(manuscript) 총 299권 가운데 AD 200년 이전에 기록된 것도 남아있지 않다. 15세기(1454년) 구텐베르크에 의해 인쇄술이 발명되기 이전까지 성서의 모든 사본들은 사람들의 손에 의해서 필사(筆寫)되고, 필사된 것이 또 베껴져 내려왔던 것이다. 무려 1300년 동안 필경(筆耕) 작업이 계속되었다. 비록 성서가 모두 성령의 감동에 의해서 쓰였다는 것을 인정한다 하더라도(딤후 3:16), 사람의 손으로 베껴 쓰는 과정에서 어쩔 수 없이 오류가 생길 수 밖에 없음을 부정해서는 안 된다. 1456년에 최초로 라틴어 성서인 제롬의 불가타(Vulgate) 역본이 인쇄되었다.

예수는 그리스도인이 아니었다

"예수는 최초의 그리스도인이 아니었다. 예수는 유대인이었다." 그리스도교의 창시자는 예수가 아니라 그의 제자들이었다. 초기그리스도교 신앙 전통은 예수께서 죽은 후 부활하여 하늘에 올라 하나님 오른편에 앉아 계시다가 세상 끝 날에 우주적 심판자인 '아담(사람)'의 아들'(人子)로서 다시 오리라는 천상(天上)의 그리스도에 대한 신앙고백을 뼈대로 형성되었다.

이와 같이 고정된 틀을 갖춘 신앙고백 전승은 AD 325년 니케아 공의회에서 의결 공포된 니케아 신조(Nicea creed)에서 완성되었다. AD 150년경 마르시온에서 출발하여 3세기에 걸쳐 진행되어 왔던 경전(canon)화 작업은 AD 367년 아타나시우스에 의해서 27권으로 선정되었고, AD 397년 카르타고 공의회에서 27권이 최종 경전으로 공포되었다. 초기그리스도교 역사의 이정표를 결정했던 이 회의들은 모두 로마 황제에 의해서 주도되었다(Konstantinus, Theodosius).

30년경 예수의 하나님 나라 운동에서부터 325년 니케아공의회에서 의결된 니케아 신조에 이르기까지 약 300년에 걸친 사이에 발생한 예수의 이해를 둘러싼 변천사를 연구한 학자들은 흔히 '역사적 예수'(Historical Jesus)로 지칭되는 '갈릴리 예수'(Jesus of Galilee)와 이른바 '신앙의 그리스도'(Christ of faith)를 구분하게 되었다. '신앙의 그리스도' 이미지는 베드로와 바울에게서 시작되어 4세기 이후 신조들에서 천상의 그리스도로 구체화되었다.

역사적 예수 탐구는 예수가 누구였으며 무슨 꿈을 이루려고 했는가, 어떻게 살았고 무슨 가르침을 펼쳤는가에 관심한다. 예수에 대한 서사적 이야기로 꾸며진 '예수에 관한 종교'(religion about Jesus)에서 '예수의 종교'(religion of Jesus)에로의 회귀(回歸)에 관심한다. 예수의 종교는 예수에 관한 종교를 형성하는데 역할을 했는가? 했다면, 어떤 역할을 했는가? 역사의 예수는 예수에 관한 종교인 그리스도교에게 어떤 존재인가? 초기 그리스도교 지도자들은 그들의 종교를 만드는데 있어서 단지 예수의 이름만을 빌렸을 뿐인가?

역사의 예수에 관한 증거들

초기그리스도교 시대(1~4세기)에 쓰인 것으로 보이는 나사렛 예수의 삶과 가르침을 주제로 한 복음서들은 대략 20여권에 달한다. 그 가운데 4권이 경전으로 선택되었다. 마태, 마가, 누가, 요한복음서가 그것이다.

이 4복음서들이 인정하는 예수에 대한 공통된 정보는 그리 많지 않다.

예수는 헤롯대왕(BC 38~4)의 통치 말기에 태어나 AD 36년 빌라도(Pontius Pilate)의 총독 재임 시절(AD 26~37재임) 사이에 살았다는 것, 그는 팔레스타인의 북부 갈릴리를 주 무대로 활동했으며, 한 때 요한 세례자의 메타노이아 운동에 가담했다는 것, 그를 따랐던 핵심 제자들이 시몬 베드로와 세배대오의 두 아들 야고보와 요한이라는 것, 예수의 제자 가운데 여인들도 상당수 있었는데, 그 중 막달라 마리아가 돋보였다는 것 등이다.

예수의 고향은 나사렛인데, 그가 주로 활동했던 갈릴리는 지역 사람들 중에는 혼혈 이방인들이 많았다는 것, 그들은 예루살렘 유대인들에 의해서 이방죄인으로 멸시와 천대를 받았다. 예수는 그의 아버지 직업을 계승하여 일정기간 동안 목수로 생계를 유지했을 것이다(13:55). 그의 모친은 마리아이며, 4명의 형제, 곧 야고보, 요셉, 유다, 시몬과 누이들이 있었을 것이다(막 6:3).

예수가 쓴 언어는 시리아 방언인 아람어(aramaic)였다(마 26:73). Q에 따르면 예수는 공생애(public life) 동안 갈릴리의 시골마을을 주요 무대로 활동했다. 하지만, 그가 셉포리(Seporis) 또는 티베리아스(Tiberias)와 같은 헬라화된 도시에서 활동한 흔적을 찾아보기 힘들다. 예수의 공생애는 대략 1년(공관서 기준)에서 3년(제4복음서 기준)에 이르는 비교적 짧은 기간이었을 것이다. 공생애 마지막 기간에, 예수는 예루살렘으로 들어가 신전 정화(淨化) 운동을 펼쳤고, 그것이 신전 당국자들의 비위를 거슬리는 계기가 되었다. 예수는 총독 빌라도에 의해서 십자가에 처형당했다.

복음서에 나오는 예수의 말씀들 가운데는 진정성(authenticity)이 인정되는 것들도 있고, 복음서 저자들의 손에 의해서 예수의 입을 빌려 수록된 고대 현인(賢人)들의 말씀도 상당수 존재한다. 『예수 세미나』의 자료에 따르면(*The Five Gospels*), 복음서의 예수 말씀 중 단지 18% 정도가 진정성을 지닌 것으로 보도되고 있다. 복음서의 예수 말씀들이 그에 관해 많은 정보를 알려주고 있는 것은 부인할 수 없는 사실이지만, 모든 말씀들은 예수에 관한 간접적인 정보를 제공할 수 있을 뿐이다.

베드로와 바울의 라이벌 관계

예수께서 십자가에 처형된 후 얼마 지나지 않아 33년 내지 34년경에, 바울은 다마스커스로 가는 길목에서 환상 가운데 부활한 예수의 음성을 듣고 그리스도교에로 회향(回向)하였다. 그는 소아시아의 남동쪽 길리기아의 수도 다소(Tarsus)로 이민을 떠났던 디아스포라 유대인 가정에서 태어났다. 그는 그레코-로만세계의 헬레니즘 종교와 문화권 속에서 인문학적인 교육을 받았고, 바리새파의 율법 생활화 신앙에 철저한 가정에서 자랐다. 그는 헬라철학과 문화 그리고 유대의 종교를 두루 섭렵한 엘리트 지식인이었다.

바울이 예루살렘에 유학하던 기간에 예수 사건이 일어났을 터인데, 그는 예수를 사적(私的)으로 만난 적이 없다. 바울이 전한 복음의 내용 중에 예수의 삶과 가르침이 거의 등장하지 않은 것은 아마도 이와 연관성이 있을 것이다. 바울의 회향은 역사적 예수와의 연관성 속에서 이루어진 것이 아니다. 다마스커스 근교에서 환상 중에 해후(邂逅)한 부활한 예수가 바울 신앙의 근간을 이루고 있다.

부활 사상은 어디에서 유래한 것인가? 유대교 전통에서는 부활 사상이 나타나지 않는다. 당시 이집트 지역에서 태어난 이시스 종교(Isis cult)에서 우리는 부활 신앙을 찾아볼 수 있다. 본래 하늘의 여왕이며 만물의 어머니인 이시스(Isis)는 그녀의 오빠 오시리스(Osiris)의 아내였다. 오시리스는 쌍둥이 동생 세트(Set)에 의해 살해되었고, 그의 토막난 몸뚱이들은 나일강에 버려졌다. 그러나 이시스는 토막난 남편의 시체들을 모두 찾아 결합하여 소생시켰고, 부활한 남편을 통하여 호루스(Horus)를 낳았다는 것이다. 이시스 종교는 로마 전역에서 많은 신봉자를 얻었다. 바울의 부활 신앙은 당시 그레코-로만 세계에서 팽배해 있던 이시스 종교로부터 많은 암시를 받았을 것이다.

 베드로는 독자적으로 아무 문서를 남기지 않았다. 베드로전후서는 후대 익명의 저자에 의해서 바울의 이름으로 쓰여진 것들이다. 단지 사도행전에서 우리는 베드로에 관한 선교 행적에 관한 기록을 찾아볼 수 있을 뿐이다. 초기그리스도교 예수운동에서 베드로의 역할에 대해서는 사도행전과 복음서들 그리고 바울의 서신들을 통해서 간접적으로 평가될 수밖에 없다.

 이와 달리 바울은 수많은 편지를 남겼다. 13편의 편지들이 바울의 이름으로 작성되었고, 그 중에 바울의 진정한 작품으로서 이론(異論)의 여지가 없는 것도 7편에 이른다(데살로니카 전서, 로마서, 고린도 전서, 후서, 갈라디아서, 빌립보서, 빌레몬서). 그의 편지들은 바울 자신에 관한 상당한 정보들을 제공한다. 바울의 편지들이 수집되고 교회들 사이에서 돌려가며 읽혀진 것은 1세기 말엽이었다. 바울과 베드로는 AD 60년대 중반에 그들의 생애를 마감했다.

 바울과 베드로는 초기 그리스도교 예수운동에서 서로 라이벌 관계에 있었다. 그들은 안디옥 교회에서 유대 그리스도인들이 이방인 그리스도인과 함께 식사하는 문제를 비롯하여 바울의 조교인 이방인 디도에게 할례를 요구하는 문제로 서로 갈등을 빚었음을 갈라디아서는 언급한다. 바울은 이방인 그리스도인과의 식탁교제(table fellowship)와 이방 그리스도인들에게 할례를 강요해서는 안 된다는 자신의 입장을 '복음의 진리'(갈 2:14)로 분명히 했다.

AD 49년에 있었던 예루살렘 에큐메니칼 공의회(Ecumenical Council)에서 결의된 것으로 보이는 이러한 합의사항들이 베드로에 의해서 일방적으로 파기되었던 것 같다. 베드로가 안디옥에 왔을 때, 그는 이방인들과 함께 식사를 하다가 슬그머니 자리를 피한 일이 있었다. 바울이 보기엔, 베드로의 이러한 행위가 이방인에게 그리스도인이 되기 위해서 유대인처럼 할례와 정결법 지키는 것을 강요해선 안된다는 합의사항을 파기했던 것이다. 이러한 베드로의 이중적이고 위선적인 행태를 보고, 바울은 그를 질책하였다.

베드로는 역사적 예수의 가장 가까운 동반자였으며, 그의 가장 충실한 동지였다. 반면에 바울은 환상 중에 만난 부활한 예수 체험이 전부였다. 바울서신들 보다 훨씬 늦게 기록된 복음서에 바울에 대한 언급이 일체 나타나지 않은 이유는 무엇일까? 역사적 예수와 동고동락했던 사도집단을 대표했던 인물 베드로와의 갈등 때문이 아니었을까?

바울이 갈라디아교회와 고린도교회에 편지를 쓰던 거의 같은 시기 AD 50년경 예수의 말씀복음서(Sayings Gospel) Q가 작성되었을 것이다. 그리스도교가 지중해 연안에서 널리 퍼질 수 있었던 것은 일차적으로 바울의 이방선교와 로마 황제 콘스탄티누스의 덕일 것이다.

콘스탄티누스 황제와 니케아 공의회

바울은 그리스도교 복음을 시리아의 안디옥, 소아시아, 지중해 연안 도시들을 거쳐 유럽세계로 들고 갔다. 그는 그레코-로만 세계의 도시들에 위치한 디아스포라 유대교 회당을 매개로 수많은 그리스도교 공동체들을 조직하고 확장시켜 나갔다.

초기그리스도교 예수운동 집단에는 바울만이 있었던 것은 아니다. 갈릴리 지역에 뿌리를 둔 초기그리스도교 집단은 바울에 앞서 갈릴리 북부와 시리아 남부의 접경지대를 선교 대상지로 삼았다. 또한 에티오피아와 이집트의 알렉산드리아 지역에도 초기그리스도교 집단이 상당수 존재하였다. 그러나 유감스럽게도 이쪽 지역에서 활발하게 전개되었던 초기그리스도교 예수운동을 탐구할 수 있는 자료들은 한정되어 있다.

바울이 초기그리스도교 예수운동에서 거목으로 떠오르게 된 이유는 그가 남긴 서신들과 그의 신학이 가지는 대중성 때문이었을 것이다. 인종, 사회계급, 신분, 성별을 초월하여 예수를 믿기만 하면 구원을 얻게 된다는 바울의 이신칭의(justification) 사상은 그레코-로만 도시의 서민층에게 큰 호감을 주었을 것이다. 구원에 이를 수 있는 손쉬운 길, 곧 이행도(易行道)를 가르쳐주기 때문이다.

AD 313년 콘스탄티누스 황제에 의하여 '밀라노 칙령'(the Edict of Milan)이 내려지기 전까지 그리스도교는 로마세계에서 수많은 종교중의 하나로서도 정식 인정을 받지 못하였다. 일종의 불법 사이비 종교로 박해를 받고 있었던 것이다. 이 칙령을 계기로 그리스도교는 로마제국 내에서 자유롭게 선교할 수 있는 길이 트이게 되었고, 그동안 몰수되었던 재산들도 돌려받게 되었다.

AD 325년에 6월 콘스탄티누스는 정치적 의도를 가지고 동방교회 및 서방교회 주교들 250여명을 니케아에 있는 황제의 별궁에 소집하고 후히 대접하였다. 황제는 석 달동안 이곳에서 진행된 니케아 공의회에서 니케아 신조를 통과시켰다. 황제는 신조를 끝까지 반대했던 아리우스 추종자 두 명의 리비아 출신 주교들을 즉각 유배시킨 후, 신조를 만장일치로 통과시켰던 것이다.

로마제국을 하나로 통일시킨 콘스탄티누스 황제는 하나의 로마, 하나의 황제통치를 기치로 내세웠다. 니케아 공의회 배경에는 분열되었던 로마제국의 이념을 하나로 통일시키려는데 그리스도교 신조를 이용하려는 황제의 정치적 계산이 깔려 있었다. 니케아 공의회를 계기로 그리스도교가 정통과 이단으로 갈라졌다. 예수의 신성을 주장했던 알렉산더 주교파는 승리하여 정통이 되었고, 아리우스 장로파는 패배하여 이단이 되었다.

AD 381년 콘스탄티노폴 공의회에서 테오도시우스황제가 니케아 종교회의(325)의 신조를 보편적 규범으로서 재천명함에 따라, 그리스도교는 명실 공히 황제의 종교로 군림하게 되었다. 그 이후에 니케아 신조 지지파는 로마 가톨릭으로 발전하였고, 아리우스의 입장을 끝까지 고수했던 그리스지역의 주교들은 후에 형성되었던 그리스 정교회의 초석을 놓았다.

AD 367년 알렉산드리아 주교 아타나시우스(Athanasius)는 수많은 그리스도교 문헌들 가운데 27권을 선정하여 정경(Canon)으로 삼았다. 정경 목록을 모든 교회에게 보내면서, 그 외의 이단적으로 여겨지는 그리스도교 문서들을 모두 폐기처분하도록 명령을 내렸다. 일종의 분서갱유(焚書坑儒) 사건이 일어났던 것이다. 당시 이집트 지역에서 최초로 세워진 수도원 파코미우스(Pachomius)의 수도사들은 수도원 도서관에 소장되어 있던 이단문서로 단정된 책들을 몰래 빼내어 마을 어귀를 파고 항아리에 묻었다. 1945년 12월 어느 농부 형제가 밭을 갈다가 항아리에서 콥트어로 쓰인 문서 뭉치를 발견하였다. 이것이 나그함마디(Nag Hammadi) 문서이다. 52종의 문서 가운데 정경에 들어있지 않은 복음서들이 다수가 들어 있었다. 『도마복음』, 『빌립복음』, 『마리아복음』, 『진리복음』, 『이집트인복음』 등이 그것이다. 이 복음서들은 글씨의 필체로 보아 AD 350년경에 필사(筆寫)된 것으로 추정된다. 그러나 그 중에 도마복음은 여러 가지 정황을 고려할 때 요한복음이 기록된 AD 100년경에 헬라어로 쓰였을 것이다. 그러나 그 내용의 절반가량이 공관복음서, 특히 Q문서와 겹치는 것으로 보아, 그 이전에 쓰였을 개연성도 완전히 배제할 수는 없을 것이다.

사도신조의 기본 패러다임

바울은 역사의 예수를 만난 적이 없다. 그의 복음은 예수 그리스도의 죽음과 부활이 전부였다. 신약성서에는 실제 바울에 의해서 쓰인 것으로 보이는 서신들이 7편 실려 있는 데, 모두 50~60년경에 쓰인 것들이다. 이와 비슷한 시기에 갈릴리와 시리아 접경지역에서 존재했던 그리스도교 집단에 의해서 일종의 말씀복음서(Sayings Gospel) Q가 쓰였다.

이들보다 약간 뒤에 이집트 지역에서 도마복음서가 형성되었을 것이다. Q와 도마복음서에는 일반적으로 두 가지 공통점이 발견된다. 첫째로 두 책은 모두 예수의 말씀들만을 수집하여 하나의 복음서로 작성되었다는 것이다. 두 복음서에는 동정녀 탄생, 수난, 부활, 예수의 활동에 대한 이야기들은 등장하지 않는다. 예수의 묵시 예언 말씀과 지혜 말씀들이 대부분을 이루고 있다. 둘째로 영적 지식(*gnosis*)을 통한 '깨달음'과 '자비의 실천'이 복음의 핵심 요소로 강조되고 있는 것도 위 두 책의 공통적인 특징이다.

바울 서신들과 거의 같은 시기에 작성된 것으로 보이는 Q와 도마복음서는 초기그리스도교 세력의 또 다른 분포지형(分包地形)을 우리에게 암시해 준다. 바울서신들 배후에 소아시아와 지중해 연안과 유럽지역에 널리 퍼져있던 서방 그리스도교 세력이 서 있다면, Q복음서 배후에는 갈릴리와 시리아 접경 지역의 농촌지역을 중심으로 복음을 전파했던 디아스포라 유대 그리스도교 집단들이 서 있다. 도마복음 배후에는 알렉산드리아를 거점으로 한 이집트의 광범위한 지역에 퍼져있던 동방의 콥틱 그리스도교 예수운동 세력들이 있었음을 알 수 있다.

초기그리스도교의 지형을 이루고 있는 세 세력들 간에는 상생상극 관계를 이루고 있었을 것이다. 바울에서 예수가 신성을 지닌 하나님의 아들로 이해되고 있다면, Q에서는 민중의 동반자인 '아담의 아들'(人子)과 떠돌이 현인(賢人)으로 이해되고 있다. 도마복음에서 예수는 깨달음의 스승(Gnostiker: 大覺者)으로 이해되고 있다.

니케아 신조의 뿌리는 바울의 편지에서 발견된다: "**내가 전해 받은 중요한 것을, 여러분에게 전해드렸습니다. 그것은 곧, 그리스도께서 성경대로 우리 죄를 위하여 죽고, 무덤에 묻히셨다는 것과, 성경대로 사흘째 되는 날에 살아나셨다는 것과, 게바에게 나타나시고 다음에 열두 제자에게 나타나셨다고 하는 것입니다.**"(고전 15:3~5)

이 본문은 그리스도교 복음의 가장 초기 형태를 보여준다. 이 본문을 학자들은 케리그마(kerygma)라고 부르는데, 케리그마는 메시지를 뜻하는 헬라어이다. 설교 또는 선포로 번역되기도 한다. 바울이 전해받았다고 하는 이 케리그마는 이사야 53장 및 시편 16편의 대속신앙(욤 키푸르)과, 죽었다가 다시 살아나는 신에 관한 헬라 신비종교를 연상케 한다. 이 케리그마는 하나의 사건, 곧 그리스도께서 죽고 부활했다는 등식으로 구성되어 있다.

이러한 등식의 케리그마는 빌립보서 2장에서 보다 확장되어 심화되고 있다(빌 2:5~11). 예수는 본래 하나님의 성품(morphe)을 지닌 분이셨지만, 자기를 낮추어 사람으로 오시고 십자가에 죽으셨다는 것이다. 하나님의 자기 비움(自己空化) 사건이 다름 아닌 예수 사건이라는 것이다. 요한복음 서시(序詩)에서 케리그마는 완벽한 형태를 띤다(요 1:1~18). 본래 신성을 지닌 말씀(logos)이 육(sarks)이 되어 우리 가운데 머물렀다는 것이다.

이러한 예수 그리스도에 관한 신성 케리그마가 사도신조의 기본 패러다임을 이루고 있다. 이러한 케리그마는 어떻게 생겨났을까? 예수의 십자가 처형은 그를 따르는 제자들에게 엄청난 충격으로 다가왔을 것이다. 예수를 메시아로 믿고 따랐던 추종자들에게 그의 처형은 해명하지 않으면 안 되는 수치스러운 사건으로 다가왔다.

가장 오래된 바울전승에 따르면 부활한 예수는 베드로에게 제일 먼저 나타났고, 열두 사도, 500 형제, 야고보, 모든 신도, 마지막에 바울에게 나타났다(고전 15:5~8). 바울서신보다 20·30년 뒤에 쓰여 진 복음서들에서는 막달라 마리아를 비롯한 여성제자들이 부활의 첫 목격자로 나타난다. 바울 서신에서 부활자 예수의 첫 목격자가 베드로로 나온다면, 복음서에서는 막달라 마리아로 나온다. 이미 초기그리스도교 내에서 부활 전승이 다양하게 존재했음을 알 수 있다.

신앙의 그리스도

공관복음서에서 보여지는 역사적 예수 전승과 신앙의 그리스도 전승의 공존은 오래 지속되지 아니 했다. 초기그리스도교가 제도화되고 확장되어가는 과정에서 점차적으로 신앙의 그리스도 전승이 역사적 예수 전승에 앞서 주도권을 잡게 되었다. 사도신조(Apostle's creed)의 초기형태는 이렇게 시작된다:

> 나는 하나님의 외아들, 우리 주 예수 그리스도를 믿사오니,
> 이 분은 성령으로 잉태되어, 동정녀 마리아에게 나시고 (…)
> 본디오 빌라도에게 고난을 받으사, 십자가에 달려 죽으시고,
> 무덤에 묻히사 죽은 자들의 세계로 내려 가셨습니다.
> 그분은 사흘만에 다시 살아나서, 하늘에 오르사,
> 아버지 오른 편에 앉혀지셨고,
> 산 자와 죽은 자를 심판하러 다시 오실 것입니다.

이 신조에서 역사의 예수를 회상케 하는 것은 단지 수난당하고 죽어 매장되었다는 고백뿐이다. 역사적 예수의 생애나 가르침에 대한 고백은 일언반구도 없다는 사실은 당혹하게 한다. 사도신조는 역사적 예수 전승이 아니라, 전적으로 신적 그리스도 전승에 근거하여 작성되었음을 알 수 있다. 더 나아가 예수의 출생, 수난, 부활 장면이 모두 수동태로 되어 있다. 예수는 스스로의 주체적인 결단에 의해 행동하는 것이 아니라, 하나님의 구원계획에 따라 단지 피동적으로 움직일 따름이다.

사도신조에서 볼 수 있는 바와 같이 예수에 관한 종교(religion about Jesus)는 예수의 부활, 승천, 재림을 근거로 구성되었다. 예수에게서 역사적 인간으로서의 면모와 체취는 점차 사라지고, 그는 일종의 종교적 제의 시스템(cultic system)의 대상으로 되었다. 역사적 예수는 '신적 그리스도'라는 패러다임으로 바뀌었고, 예배와 기복의 대상으로 숭배되었던 것이다. 신적 그리스도는 나사렛 예수라는 이름으로 십자가에 처형되었다는 사실을 제외하면, 전적으로 신(화)적 존재로 형상화된다. 사도신조에서 역사적 예수 이야기는 신이신 그리스도의 활동에 관한 이야기로 패러다임이 변경되었다. 성령 잉태, 동정녀 탄생, 죽은 자들의 세계로 내려감, 다시 살아남, 하늘에 오름, 하나님 우편에 앉아 계심, 다시 오심이라는 구원 드라마에서 역사적 예수를 위한 여지(餘地)는 찾아볼 수 없다. 오직 신만이 할 수 있는 활동들로 장식되었다.

이와 같이 역사의 예수를 철저히 배제시키고 그의 신성만을 강조하고 있는 사도신조는 초기그리스도교가 이단으로 정죄했던 영지주의 가현설(Doketimus)에 빠질 위험성이 있다. 가현설은 예수 그리스도는 인간으로 오신 것이 아니라, 단지 그렇게 보였을 뿐(幻影)이라는 신앙에 기초한다.

이러한 위험성을 간파했던 칼케톤 공의회(451년)에서는 예수의 인간성을 부인하는 것을 그의 신성을 부인하는 것과 동일한 선상에서 이단으로 규정하였다:

우리는 한 분 성자이신 우리 주 예수 그리스도가 신성에 있어서 완전하며 동시에 인성에 있어서도 완전한 참 하나님, 참 인간으로서 이상적인 영과 몸으로 이루어진 분임을 인정한다. 그 분은 신성에 관한 한 성부와 하나의 본체이며, 인성에 관한 한 우리와 하나의 본체로서, 죄가 없다는 점을 제외하고는 우리와 같은 분이다. …

아브라함의 후예들은 어느 누구도 하나님을 볼 수 없으며, 하나님을 모양짓는 것(相化)을 경계하였다. 상화된 하나님은 더 이상 본래의 하나님일 수 없기 때문이다. 그러나 그리스의 전통 사회에서 인간들은 신들과 더불어 사는 것이 일상적으로 있는 일이었다. 고대 그리스 세계에서는 따라서 신들의 형상을 만드는 것이 일반화되었다.

본래 역사의 예수는 일체의 상 짓는 일을 거부했던 우상거부자요 자유인이었다. 그런데 그리스도교 복음이 그레코-로만 세계에 전파되면서, 아이러니칼하게도 우상거부자 예수는 하나의 성상(icon)으로 되어갔다. 그리스도교는 우상 파괴의 유대전통과 성상 숭배라는 그레코-로만 전통을 유산으로 물려받았다. 그레코-로만 세계의 그리스도교는 처음에는 형상의 종교로 남을 것인지, 아니면 형상 파괴의 종교로 남을 것인지에 대해서 결정하지 못하였다. 그러나 특별한 경우를 제외하고 점차적으로 성상(聖像)의 종교로 정착되어 갔다. 그 후로 그레코-로만 세계의 성상숭배 전통이 그리스도교 역사에서 주도권을 잡기 시작했던 것이다.

갈릴리에로의 회향(回向)

니케아에서 갈릴리까지는 1600Km 떨어져 있다. 그러나 이러한 지리적 거리보다도 더 현격한 차이는 다른 데서 찾아보아야 한다. AD 30년 갈릴리 예수가 사회적 소수자들을 중심으로 펼쳐졌던 역사적 예수의 하나님 나라 운동의 유산과, AD 325년 그리스도 신성(神性)을 둘러싼 교리논쟁 및 정치적 술수로 얼룩진 니케아공의회의 신적 그리스도 케리그마 사이에는 그 어떠한 접점(接點)도 찾아볼 수 없다는 것은 유감이 아닐 수 없다.

이제 그리스도교의 신앙과 복음은 '니케아에서 갈릴리에로'(from Nicaea to Galilee) 회향(回向)해야 한다. 황제종교에서 사회적 소수자들의 종교에로 복음의 패러다임을 바꾸고, 복음의 원형을 회복해야 한다. 갈릴리에서 복음을 전파했던 역사적 예수의 삶과 가르침을 오롯이 전하고 있는 Q복음서 연구가 의미가 있는 것은 바로 이러한 연유에서다. 물론 Q가 역사적 예수의 말 그 자체는 아니다. 그러나 Q는 역사적 예수에 가장 가까이 서서 한 인간으로 살았던 예수의 모습을 우리에게 여실하게 보여준다. 이제 Q복음서를 중심으로 역사적 예수운동에 대한 탐험을 시작해야 할 차례이다.

제2장

잃어버린 복음서 Q, 무엇이 문제인가?

Q의 발견

그리스도교는 역사에서 실존했던 인물 나사렛 예수의 하나님 나라 운동에 뿌리를 두고 있다. 예수는 기원전 4년 경 로마제국의 식민지였던 팔레스타인의 북부 갈릴리의 나사렛이라는 산촌마을에서 가난한 목수의 아들로 태어났다. 그는 장성한 후, 출가하여 갈릴리 호수 지역을 무대로 삼아 노동자, 농민, 실업자를 비롯한 사회적 약자들을 대상으로 하나님 나라가 임박했음을 선포하였다. 예수의 하나님 나라운동은 한편으로 로마 식민지 치하에서 고통을 당하던 사회적 약자들의 인권을 함양시키는 일이었고, 다른 한편 그들을 일상적인 고통에서 벗어날 수 있도록 돕는 일이었다.

예수의 하나님 나라 운동은 한편으로 사회적 가치나 관습을 초월하여 율법을 철저히 지키는 의인이나 강자들뿐만 아니라, 그들에 의해서 죄인으로 낙인찍힌 사회적 약자들도 하나님의 아들딸이라는 자긍심과 인간으로서의 자존감을 갖도록 하였다. 예수는 편견에 사로잡히지 않고 모든 인간을 하나님의 자녀라는 절대 평등의 관점에서 대하였다. 다른 한편 하나님 나라 운동은 병자들의 치유와 밥상공동체에서 찾아볼 수 있다. 예수는 병자들이나 정신병으로 고통을 겪고 있는 사람들을 무료로 치유해주는 것과 사회적 약자들과 밥을 함께 나누는 데서 하나님 나라가 현재화하고 있음을 보았다.

이러한 하나님 나라 운동에 적극적으로 동참하고 그를 따랐던 예수민중(Jesus people)은 오늘날 우리에게 친숙한 복음서들과 다른 유형의 예수 이야기를 전해주었다. 신약성서에는 4개의 복음서가 있다. 그들은 예수에 관한 완결된 이야기를 전해준다. 곧 예수가 하나님의 아들이요 구원자라는 관점에서 그분의 생애 전체를 하나의 드라마(drama) 형식으로 구성하였다.

그러나 예수민중은 아직까지 그들의 기억 속에 생생한 예수의 가르침이나 교훈말씀에 근거하여 예수를 이해하였다. 그들은 예수 사건을 하나님의 거창한 구원사건이라는 패러다임에서 이해한 것이 아니라, 사회적 약자들과 동고동락했던 그들의 삶의 동반자라는 시각에서 이해하였다. 그의 하나님 나라 운동은 사회적 약자들을 위한 일종의 대안적인 사회프로그램(alternative social program)이었다고 볼 수 있다. 예수민중에 의해서 전승되고 있는 예수 이야기는 오늘날 그리스도인들이 믿고 있는 하나님의 아들로서의 그리스도 예수에 관한 스토리(story about Jesus)와는 편차가 크다. 그들은 오히려 예수 자신의 이야기(story of Jesus), 곧 그가 가르치고 생각하고 꿈꾸었던 세계가 무엇인지에 더 관심을 기울였다. 이를 일컬어 예수 말씀복음서(sayings Gospel) Q라고 한다.

Q복음서를 전승한 초창기 예수민중은 기존의 세계질서나 가치관이 무너지고 아직 새로운 세계질서가 형성되기 이전의 사회적 혼란기를 경험하면서 그들이 꿈꾸는 대안적 삶의 교본으로서 예수의 가르침을 수집하고 정리하였을 것이다. Q복음서는 초기그리스도교 역사에서 대안적인 삶과 선교를 위한 일종의 신앙 지침서(guidebook) 역할을 하였다.

초기기독교가 전하는 다양한 예수 얼굴들

그런데 안타깝게도 Q복음서는 현존하는 복음서가 아니다. 단지 마태와 누가복음서 자료들을 비교 연구하여 추정하고 있을 뿐이다. 초기그리스도교 역사에서 복음 선교의 대상이 사회적 약자에서 중산층으로 바뀌면서, 말씀복음서 대신에 예수의 생애에 관한 통일된 형태의 드라마틱한 예수 이야기들이 더 관심을 끌게 되었다.

AD 70년경부터 마가복음을 시작으로 드라마틱한 예수 이야기들이 초기그리스도교 세계에서 중심적인 위치를 차지하면서부터

Q복음서는 독자적인 전승을 유지하지 못하고, 특히 AD 80년경에 기록된 마태복음서를 생산한 교회공동체에로 흡수되어 갔을 것이다. 1세기말경에는 그리스도교 역사에서 자취를 감추게 되었을 것이다.

Q복음서는 예수의 중요성을 무엇보다도 그의 가르침에서 찾았다. 역사적 예수에 근거한 말씀들, 곧 통찰력 있는 설교, 날카로운 사회비판, 폐부를 찌르는 촌철살인의 말씀, 자연에 대한 예리한 관찰, 엄격한 선교명령, 비타협적인 언사, 묵시 종말적 예언은 Q공동체의 선교방향을 설정하는데 있어서 중요한 지침이 되었다.

초기그리스도교 세계에서 예수를 어떻게 이해했느냐는 그 집단의 성격을 규정하였다. 당대 그리스도교 세계에서는 예수에 관한 상(image)이 하나로 통일되어있지 아니 하였다. 예수를 '지혜 스승'으로 이해하는 공동체가 있었는가 하면, 사회에 대하여 비판적 입장을 취하는 '묵시적 예언자'로 이해하는 공동체도 있었다. 병 고치는 일을 전문으로 하는 '치유자'로 이해하는 공동체가 있었는가 하면, 귀신을 추방하는 '축귀자'로 이해하는 공동체도 있었다. 예수를 헬라적인 문화의 틀에서 기적을 행하는 '신적 인간'(divine man)으로 이해하는 공동체가 있었는가 하면, 민중의 동반자로 이해하는 공동체도 있었다. 이와 같이 초기그리스도교 세계에서 예수 이미지는 하나로 고정된 것이 아니라, 다양한 모습을 띠고 나타나고 있음을 볼 수 있다.

구원 신화적인 예수 드라마

예수에 대한 관심이 그의 역사적인 가르침(his teaching)이나 삶(his life)에서, 그의 인격(his person)과 그의 운명(his destiny)으로 옮겨감으로써 다양한 형태를 지닌 예수에 관한 드라마가 형성되기에 이르렀다.

신약성서의 공관복음서와 제4복음서에서 만날 수 있는 예수에 관한 드라마는 기원후 1세기 말에서 2세기 초에 북시리아와 소아시아 지역에서 존재했던 그리스도교 공동체들 사이에서 형성되고 발전된 것들이 대부분을 이루고 있다. 최초의 복음서인 Q에서 예수의 죽음은 사회 비판적 의미를 지닌 구약 예언자들의 순교 지평에서 이해되었으나, 예수 이야기는 시간이 흐름에 따라 십자가와 부활을 중심으로 구원신화적인 패러다임에서 재구성되었다.

이러한 구원신화의 배경에는 '신의 아들'의 운명을 핵심으로 하는 그레코-로만 세계의 구원신화가 깔려 있다. 그레코-로만 지역의 그리스도교 공동체들에 의해서 예수에게 '그리스도'(Christus) 또는 '주님'(kyrios)이라는 칭호가 붙여졌다. 그들은 신의 아들 예수 그리스도를 제의(cult)와 예배의 대상으로 삼았던 것이다.

마가복음서

최초로 통일된 예수 드라마를 연출한 복음서는 무엇인가? 마가복음서이다. 이 복음서는 예루살렘 성전이 파괴됨으로써 참패로 막을 내린 유대전쟁 말기에 쓰였다(AD 66~73). 아마도 70년 즈음에 쓰였을 것이다.

마가복음의 저자는 AD 70년 8월 로마인들에 의해서 예루살렘이 함락되고, 돌 위에 돌 하나 남지 않고 파괴되어 돌 더미가 되어버린 성전의 모습을 묵시 종말적 은유(metaphor)로 보도하고 있다(막 13장). 패전 후 유대민중이 처한 처참한 생활상이 마가복음서의 전체 분위기를 이끌어가고 있다. 마가는 전쟁에서 패배한 유대민중의 처참한 모습에서, 그보다 정확히 40년 전에 있었던 예수사건을 회상한다. 곧 동일한 로마인들의 손에 의해서 십자가에 처형당한 예수의 수난사건을 떠올리고 있다.

마태와 누가는 마가복음서에 의해서 전승된 예수 드라마를 각기 그들이 속한 공동체가 놓인 선교적 상황에 따라 적절하게 확대하거나 변형시켜, 그들 나름의 복음서를 작성했던 것이다. 이들 세 복음서의 예수 드라마는 그 기본 줄거리가 거의 동일하다. 그런 이유로 공관복음서(synoptic Gospel)라는 명칭이 부쳐졌다.

공관복음서에 따르면 예수는 요한에게 침례를 받음으로서, 하나님의 아들 메시아로 이 세상에 등장한다. 하나님의 아들 예수는 세상의 왕인 로마 황제와 갈등과 충돌을 빚을 수밖에 없었다. 공관복음서가 전하는 예수 드라마에 따르면, 갈릴리에서 시작된 예수의 공생애

(public life) 사역 기간 동안에 양자 (兩者) 사이의 충돌과 갈등이 점차로 고조된다. 결국 하나님의 아들 메시아 예수는 세상 통치자인 로마 황제에 의해서 십자가에 달려 처형되는 것으로 끝맺는다. 그러나 십자가에 달린 예수는 죽음에서 부활하여 제자들에게 나타난다. 예수의 부활 소식이야말로 그리스도교의 시작이다.

역사비평학의 공로

그러나 초창기 예수를 따랐고 그의 가르침을 전했던 Q의 민중은 그들과 달리 단순했다. Q의 민중은 예수를 신적 인물로 가르침과 삶을 본받고 전파하는 것으로 충분했다. 그들은 예수 이야기를 신화적인 지평을 끌어들여 재구성해야 할 당위성이나 필요성을 느끼지 아니했던 것 같다. 공관복음서가 쓰여질 때만 해도 Q복음서는 원형 그대로 보존되었을 것이다. Q복음서는 일정 그리스도교 공동체들에 의해서 베껴지고 두루 읽혀졌을 것이다. 그러나 Q복음서를 원본(原本)과 다른 변형된 모습으로 읽었던 공동체들도 생겨났을 것이다.

그러나 결과적으로 통일된 예수의 생애와 운명을 줄거리로 한 '드라마 복음서'(dramatic Gospel)들이 말씀복음서에 비하여 그리스도교 공동체 세계에서 우세를 보이며 보편성을 띠고 널리 읽히게 되기 시작하면서, Q복음서는 초기그리스도교 세계에서 주변으로 밀려나게 되었고 기억에서 사라지게 되었다.

마태와 누가복음의 저자가 Q복음서 들어있는 예수 말씀의 상당 부분을 그들이 기록한 복음서의 예수 드라마에 끼워 넣지 않았더라면, 아마도 Q복음서의 존재는 그리스도교 역사에서 빛을 보지 못하고 말았을 것이다. 그렇다면 우리는 극히 제한된 범위 안에서 예수의 말씀을 만날 수 있었을 것이다. 다행히도 마태와 누가는 각기 다른 경로를 통하여 Q복음서의 필사본을 입수했는데, 그 내용이 거의 일치하였다. 이러한 우연의 일치는 Q복음서의 존재를 추적하는데 중요한 단서를 제공하였다.

역사 비평학(historical Criticism)이 성서해석에 도입되면서, 학자들은 마태복음과 누가복음이 두 개의 서로 다른 전승에 의해서 쓰였다는 '두 자료설'(Zwei Quelle Theorie)을 제창하였다. 두 복음서가 공(共)히 마가복음서를 기초자료로 사용하고 있다는 것이 그 하나이고, 마가복음 자료 외에 '제2의 문서자료'를 사용하였다는 것이 다른 하나이다. 학자들은 마태와 누가에 의해서 동일하게 사용된 문서자료를 일컬어 Q라고 불렀다. 독일어에서 자료를 뜻하는 크벨레(Quelle)의 머리글자를 따서 Q로 명명한 것이다.

그런데 Q가 마태복음과 누가복음에 들어있는 예수 말씀에 관한 공통자료로서 의미있는 것은 아니다. 기존에 독립되어 존재했던 Q자료(또는 복음서)를 기초삼아 마태와 누가가 예수 말씀을 기록했다는 사실이 역사비평학에 의해서 밝혀지자, 학계에서 Q자체가 연구의 대상으로 떠오르기 시작하였다. 1945년 12월 나그 함마디(Nag Hammadi)에서 도마복음이 발견되자, 독립적인 Q복음서가 존재했다는 가설은 더욱 신빙성을 얻게 되었다.

마태와 누가는 그들의 복음서를 작성하면서, Q복음에서 전하는 예수말씀들을 끼워 넣음으로서 역사적 예수(AD 30)의 하나님 나라 선교운동을 둘러싼 초기그리스도교의 기원(origin)과 그 전승 역사의 복원을 가능하게 만들었다.

Q 민중은 그리스도인이었는가?

Q복음서를 찬찬히 살펴보면 초창기 예수민중의 일상적인 삶의 모습이 반영되어 있음을 엿볼 수 있다. Q의 민중은 우리가 흔히 일상적인 생활세계(life world)에서 자주 만나는 사람들이다. 길거리나 들판에서 만나는 사람들, 시장바닥이나 가정에서 만나는 사람들이다. 소위 오클로스(ochlos)로 불리는 Q의 민중이 예수와 요한 세례자를 만나 그들의 삶과 운명이 바뀌는 체험을 하게 되었다.

Q의 민중은 그리스도인이라 부를 수 있는가? 만약 신적 존재로서의 하나님의 아들 예수 그리스도를 떠받들고 예배하는 사람들에 한정시켜 그리스도인이라 부른다면, Q의 민중은 전통적 의미에서 그리스도인이라 부를 수 없을 것이다. 왜 그런가? Q에서는 예수의 죽음에 대한 대속적인 해석이나, 죽은 자 가운데서 그의 부활에 대한 보도 또한 찾아볼 수 없기 때문이다. 바울의 회중교회 공동체에서 흔히 볼 수 있는

'그리스도 제의'(Christ cult) 예배가 Q에서는 나타나지 않는다. Q공동체는 예수를 하나님으로 떠받들어 예배하거나, 그의 이름을 찬양하고 숭배하기 위하여 모이지 아니했다.

그들에게 예수는 일차적으로 그들과 더불어 동고동락했던 삶의 동반자요, 인생을 살아가는데 필요한 삶의 지혜를 깨우쳐 주신 선각자(先覺者)였다. 예수는 Q의 민중에게 한 곳에 정착하지 않고 떠돌아다니는 무주(無住)의 카리스마적 예언자였다. 임박한 하나님 나라 앞에서 한 생각을 바꾸고, 지금까지 살아왔던 패배주의적인 삶의 방향을 바꾸는 것이 Q 민중의 예수운동이었다. 예수의 종말적 예언이나 지혜의 말씀은 로마의 식민지 치하에서 힘든 삶을 살아가지 않으면 안 되는 Q 민중에게는 삶의 새로운 활력소이며 꿈과 희망이었다.

드라마 복음서의 예수 스토리

Q의 발견은 그리스도교의 뿌리에 대한 기존적인 이해를 전면적으로 재검토하게 만들었다. 그러면 드라마 복음서에 기반을 두고 있는 예수 이해는 어떤 것이었는가? 예수는 유대교를 개혁하기 위해서 등장한 유대인의 메시아였다. 율법학자나 바리새파의 가르침에 도전하여 유대인들에게 앞으로 올 하나님 나라에 대비하여 회개의 삶을 살 것을 촉구하는 묵시 종말적 예언자였다. 제자들을 모으고 그들과 함께 묵시적 하나님 통치 운동을 펼친 분이었다. 그들이 펼친 하나님 통치 운동에서는 병자치유와 식탁 공동체 운동이 주요 잇슈였다.

예수는 예루살렘에 들어가 성전을 숙청하였고, 성전의 파괴를 예언하였다. 그것이 화근이 되어 유대 지도층 및 로마 당국과 충돌을 빚게 되었고, 결국 그들의 손에 의해서 십자가에 처형되기에 이르렀다. 예수가 죽은 후 제자들은 실의에 빠져 있었으나, 부활하신 주요 신적인 하나님의 아들 모습으로 예수께서 나타났을 때, 그들은 힘을 얻었고 조직을 재정비하였다. 부활자 예수는 그들과 더불어 40여 일 동안 지상에 계시다가 그들이 보는 가운데서 하늘로 오르셨다. 예수는 승천하던 그 모습으로 다시 오실 것이다. 그들은 예루살렘에 최초의 교회공동체를 세우고 유대인과 이방인을 위한 전도를 시작했다.

이상에서 살펴본 그리스도교 기원에 대한 드라마 복음서의 예수상을 Q는 거의 담고 있지 않음을 알 수 있다. Q는 우리로 하여금 그리스도교 기원에 대하여 새로운 전망을 제시하며, 이를 전면 재고하도록 한다. 물론 Q복음서 전체가 예수의 입에서 나온 말씀이라고 단정할 수는 없다. 예수는 글을 남긴 적이 없기 때문이다. 그분의 말씀을 들었던 제자들에 의해서 입에서 입으로 전해 내려오다가 어느 단계에서 문서로 정착하여 오늘에 이르게 되었다. 문서로 정착된 예수 말씀들도 시간이 경과하면서 Q공동체의 선교 상황에 맞게 변형되고 재구성되었음을 알 수 있다. 역사비평학의 성과에 따르면, Q복음서는 몇 차례의 수정과 변형을 거쳐 재구성된 전승층(傳承層)이 있었다.

Q에는 예수의 진정한 말씀(authentic sayings)과 진정성이 의심되는 말씀(inauthentic sayings)이 동시에 들어 있다. 『예수 세미나』학자

들은 Q의 예수말씀을 진정성의 정도에 따라 빨강색, 분홍색, 회색, 검은색으로 분류하였다. 비교적 진정성이 인정되는 빨강색과 분홍색에 속하는 예수 말씀들이 전체의 18%정도에 그친다고 한다. 그러나 필자가 보기에는 Q에 의해서 전승된 예수말씀에 대한 진정성-비진정성 논란은 그리 중요하지 않다. 왜냐하면 Q의 민중은 그들의 기억 속에 있는 예수 말씀을 그들이 처한 선교의 컨텍스트에서 적절하게 변형시키거나 확장하여 예수의 말씀으로 전하고 있기 때문이다. Q교회 공동체의 선교 상황에서 생산된 말씀을 예수에게 귀속시키는 것은 그리스도교 창시자로서 예수의 권위를 높이기 위한 하나의 통상적인 방편이었을 것이다. 이러한 첨가현상은 모든 종교에서 거의 동일하게 나타난다. 초기그리스도교 문헌들로부터 수집된 예수의 말씀들은 학자들 사이에 편차는 있으나 대략 500개 정도로 추산되고 있다(J. D. Crossan, *Sayings Parallels: A Workbook for the Jesus Tradition*, Philadelphia, 1986). 그러나 일반적으로 그 가운데 1/10에 해당하는 50개 정도가 진정한 예수의 말씀으로 간주된다.

Q의 민중은 스승의 가르침에 따라 살았기 때문에, 선교 상황에서 필요한 지침들을 예수에게 소급시키는 것은 공동체의 유지나 성장을 위해서 필수불가결한 일로 생각했을지 모른다. 예수에게 소급된 Q의 선교 지침들(instructions)은 예수의 진정한 말씀과 거의 동일한 권위를 지닐 수 있었다. 이러한 작업은 공동체의 정체성을 바로 세우고, 선교 프로그램을 실행하는데 있어서 결정적인 역할을 하였다. Q는 십자가에 죽었다가 사흘 만에 부활한 메시아라는 구원 신화적 관념에 의존하

지 않고, 예수의 메시아적 권위를 그의 일상성과의 연관성 속에서 주장하였다.

아노미 현상과 새로운 가치 창출

바빌론 포로기 이후 팔레스타인 유대사회는 어떠했는가? 팔레스타인은 차례대로 페르시아, 알렉산더 대왕, 프톨레미우스, 셀레우코스, 로마의 식민지로 되었다. 팔레스타인 사회에서 전개된 정치 군사적 패권의 어지러운 교체는 유대사회의 종교 문화적인 전통과 가치를 그리고 유대민중의 생활패턴을 송두리째 파괴하고 말았다. 예루살렘 성전 중심의 준(準)아시아적 국가사회 제도는 붕괴되었고, 아노미(anomie) 현상이 유대사회 전체를 지배하였다. 기존 유대사회를 지탱하고 있던 성전국가(temple states)의 사회제도들은 종말을 고하게 되었던 것이다. 팔레스타인에서는 유대사회의 단일 문화나 가치가 붕괴되고 로마제국의 식민지 통치 하에서 다양한 문화들이 흘러들어 국제화 시대에 접어들었다. 이와 같이 유대문화와 이방문화의 가치들이 혼용된 복합 사회에서 타자들과 어떻게 상생과 공존의 삶을 살 수 있는가는 중요한 문제가 아닐 수 없었다. 1세기 중엽의 팔레스타인 사회는 폐쇄적인 전통적인 가치나 민족문화의 경계를 넘어서 제3의 공동체 운동을 펼치기에 적절한 외부환경이 조성되어 있었다. 이와 같이 종교나 전통문화의 기존 가치들이 붕괴되고 새로운 가치들이 아직 나타나지 않은 유대 사회의 묵시적 혼돈 시기에 Q공동체의 예수운동이 자리하고 있다.

Q공동체의 예수운동은 사회적 아노미 상태에서 새로운 가치나 문화를 창출하는 장소로서 사람들의 관심을 끌었다. Q는 기존의 지배적인 종교 문화적인 가치들에 대한 비판적인 자세를 유지했기 때문이다. 기존의 권력, 재산, 사회구조에 대해서 뿐만 아니라 유대인들이 소중히 여기는 정결법, 안식일법, 세금제도 등에 대해서도 Q는 비판적인 입장을 취했다.

보편적 인류애 공동체 건설

Q의 민중은 스스로를 폐쇄적이고 편협한 민족주의나 전통적인 유대사회의 굴레로부터 벗어나 보편적 인류애를 바탕으로 한 인류공동체 속해있다는 자의식을 가지게 되었던 것이다. Q는 분별심과 경계짓는 일을 경계한다. 원수를 사랑하며, 미워하는 사람을 선대하라고 한다. 저주하는 자들을 위하여 축복하고, 모욕하는 자들을 위하여 기도하라고 가르친다(Q 6:27~28). 원수까지 사랑하여 일체의 경계가 해체될 때, 하나님의 자녀가 되고, 하늘 아버지와 같이 온전하게 된다는 것이다(Q 6:35). "만일 너희들이 너희를 사랑하는 사람들만 사랑한다면 무슨 상을 받겠느냐, 세리들도 이같이 행동하지 않느냐? 또 너희가 너희 형제에게만 문안하면 남보다 더 나은 것이 무엇이냐, 이방인들도 이와 같이 하지 않느냐?"(Q 마5:46~47) 이와 같이 Q의 민중은 하나님의 온전하심을 본받아, 사회 계층적이고 인종적인 경계를 초월하여 '예수 따르미'로 살면서, 하나님 아들로서의 자의식을 확장시켜 나갔던 것이다.

주인과 종이라는 사회적 신분 간의 경계, 남자와 여자라는 성차별의 경계, 유대인과 이방인이라는 인종간의 경계, 의인과 죄인이라는 종교 간의 경계 등, 일체의 사회적 경계를 초월하여 오로지 예수의 가르침과 형제애에 근거한 예수 신앙공동체의 형성은 당시 사회적 약자들에게 관심을 가지게 하고 큰 반향을 불러일으켰을 것으로 짐작된다. 예수운동 그룹들은 그리스-로마 세계를 지배하고 있던 기존의 생활양식이나 가치관에 대하여 비판적인 입장을 취하고 있었다.

Q의 민중은 처음에는 지도자를 필요로 하지 않았을 것이다. 모든 공동체 구성원이 서로가 서로에게 지지자가 되고 인도자가 되어 기존 사회의 인습에 매이지 않는 삶을 살도록 도와주는 것으로 족했을 것이다. 그러나 사회적 이념과 뜻을 같이한 사람들이 모여 강화된 하나의 집단을 이루게 되고, 이 공동체를 통해서 공동의 사회적인 꿈을 실천하려고 했을 때, 이를 지탱하고 목적을 실현하기 위한 지도자가 선정되고, 공동체 규율이 제정되지 않으면 안 되었다. 예수민중의 하나님 나라 운동은 예수의 가르침을 바탕으로 한 확대된 가족의 형태를 띠게 되었다.

Q_1: 지혜스승 예수

『예수 세미나』는 Q복음서가 3단계에 걸쳐 성장되어 왔음을 주장하였다. 지혜문서(Q_1), 묵시종말 문서(Q_2), 서사문서(Q_3) 전승 단계가 그것이다. 그들의 주장이 지나치게 도식적인 면이 있기는 하지만, 『예수 세미나』에서 일반적으로 받아들여지고 있는 구분을 따라 가보자.

예수말씀의 초기 단계는 일반적으로 말하는 Q_1이라고 하는 경구들과 함께 등장한다. Q_1 경구들을 근거로 판단한다면 예수의 말씀들은 한편으로 재치가 있고 공격적이며 다른 한편으로 공적(公的)이며 사회 전복적(顚覆的)인 경향을 띠고 있음을 알 수 있다. Q_1의 예수말씀에서 두드러지게 나타나는 개념의 하나로 '하나님 나라'라는 용어의 사용을 들 수 있다.

사회에 대하여 비판적인 입장을 견지한 이와 유사한 집단으로는 소위 헬라 세계의 견유학파적 현자(cynic sage)에게서 발견된다. 물론 Q의 예수와 견유학파적 현자 사이에는 분명한 차이가 있다. 견유학파적 현자의 격언, 지혜말씀, 독설이 어디까지나 개인주의적 차원에 머물고 있다면, 이와 달리 Q의 떠돌이 영적 스승(wandering spiritual teacher)들의 전복적 경구들은 공동체 지향적이다. 곧 '하나님 나라'라는 구체적인 사회개혁 프로그램 앞에서 예수민중의 일상적인 고통과 그들의 운명을 변화시키는 힘이 나타난다. 그들의 하나님 나라 운동에서는 한편으로는 오고 있는 하나님 나라 앞에서 민중의 생활양식을 바꾸도록 종용하고, 다른 한편에서는 그 나라 도래의 일환으로 그들이 겪고 있는 일상적인 고통을 덜어주는 일이다. 병자치유와 귀신 축출 선교에서 우리는 대표적인 예를 찾아볼 수 있다.

Q₂: 사람의 아들 예수

Q₁에서 볼 수 있는 전복적 말씀을 전하는 지혜스승(wisdom teacher)으로서의 예수상은 Q₂의 단계에서 보다 더 이스라엘 역사의 지평에서 신학적 성찰을 더 한다. 예수는 지혜스승에서 이제 하나님의 보냄을 받은 사람(divine agent) 또는 카리스마적 예언자(charismatic prophet)상을 지니게 된다. 지혜스승으로서의 예수와 카리스마적 예언자로서의 예수를 확연히 구분할 수는 없다. 양자는 예수말씀 전승에서 서로 중첩되어 나타나기 때문이다. 단지 Q₂ 단계에서 예수에 대한 상이 보다 풍부하게 된 것임을 우리는 짐작할 수 있을 뿐이다.

이러한 Q의 예수상은 순교자적이고 대속적인 예수의 죽음이나 예수가 죽은 사람들 가운데서 부활했다는 부활 이야기와 상관없이 형성된 것이다. 이러한 경향성의 발견은 예수운동을 단순히 유대교 내 개혁운동의 하나로 성격 짓는 견해(타이쎈)에 이의를 제기한다. Q의 예수운동은 물론 유대민족에게 한정되어 있지 않다. 그럼에도 불구하고 주로 Q가 유대사회에 대한 비판적이고 전복적인 입장을 취하는 것은 그들의 선교 지역이 유대-갈릴리 지역을 주요 무대로 삼았기 때문이다.

Q₂의 문제는 지혜스승으로서의 예수상과 후기 유대교의 묵시적 종말사상의 지평에서 카리스마적 예언자 예수상을 어떻게 무리 없이 연결시켜나가느냐 하는 문제였다. 이를 해결하기 위하여 Q₂는 지혜스승 예수를 당시 유대사회에서 묵시적 종말 예언자로 민중 사이에서 널리 알려졌던 요한 세례자와 예수를 연결시킴으로써 예수의 묵시적 예

언자 됨을 공식화하려고 한다. 그러나 예수를 묵시적 예언자로 규정할 경우에는 두 가지 문제가 발생하게 된다. 예수가 이미 예언자로서가 아니라 지혜스승으로서 받아들여졌다는 사실이다. 다른 하나는 하나님의 지혜가 민중에 대한 관심보다는 왕, 제사장을 비롯한 사회의 기득권 계층을 위한 대변자 역할을 한다는 것이다. 이 문제를 해결하기 위해서 Q_2는 지혜의 계획이 '현자들과 예언자들'을 파견하는 것이었다고 설명함으로서 그 역할을 확대했다(Q 10:23~34).

Q_2의 저자들에 의하면 요한 침례자는 예수를 한 번도 만나본 적이 없다. 그러므로 요한 세례자는 제자들이 예수의 치유사건에 대해서 보고하기 전까지 예수가 누구인지 알지 못한다. 그래서 요한 침례자는 예수가 '오실 그 분'(*ho erchomenos*)인지 아닌지 확인하려고 한다. 그는 제자들을 예수에게 파견한다. 예수는 그들에게 "가서 너희가 보고 들은 대로 요한에게 말하라"고 하면서 이렇게 대답한다. "소경이 보고, 절름발이가 걷게 되고, 문둥병자가 깨끗해지고, 귀머거리가 들으며 죽은 자들이 일어나며 가난한 사람들에게 복된 소식이 전해진다"(Q 7:22). 이것은 이사야가 예언한 이스라엘의 치유의 때에 대한 예수의 언급이다. 예수의 치유 이야기, 요한 세례자의 물음, 이스라엘 회복의 때에 대한 예수의 언급은 예수를 예언자 전통에서 생각할 수 있는 길을 터놓았다. 위 본문에서 볼 수 있는 예수의 자기소개는 요한 세례자뿐만 아니라 Q_1의 지혜스승으로서의 예수상에 익숙한 독자들에게 놀라운 것이었다. 요한 세례자는 예수를 '오실 그분'으로 생각했다. 그러나 예수는 "아니다"라고 대답하였다. 예수는 요한이 기대했던 그

러한 예언자는 아니었다. 예수는 요한 세례자를 예언자보다 큰 분으로 묘사한다. 여인이 낳은 사람 가운데 가장 위대한 사람이라고 치켜세운다. 허나 하나님 나라에서는 가장 작은 자보다 못하다고 한다(Q 7:28). Q₂는 요한 세례자를 들었다 제 자리에 놓았다. 요한 세례자는 옛 시대의 예언자 계보에 속하는 마지막 사람으로서 경의를 표하지만, 그는 과거에 속하는 사람이다. 이제 예수의 등장과 그의 가르침으로 요한 세례자는 Q₂ 선교역사의 무대에서 사라지게 된다. '이 세대'(*geneas tautes*)가 요한과 예수에게 어떻게 대했는가를 말해준다. 시장바닥에서 아이들이 노래를 부르며 호객행위를 한다. 피리를 불며 축제기분을 내는 아이들이 있는가 하면, 장송곡을 부르며 소리 내어 울어주기를 바라는 아이들도 있다. 그러나 이에 응하는 사람들이 하나도 없었다(Q 7:31~32).

'이 세대'(*geneas tautes*)도 이와 같다는 것이다. 여기에서 피리를 부는 아이들은 Q의 예수운동에 그리고 장송곡을 읊는 아이들은 요한의 종말적 심판운동에 비유되고 있다. '이 세대'(*geneas tautes*)는 엄격한 금욕주의자 요한 세례자를 미친 사람이라고 생각했다. 반면에 그들은 예수를 자유분방한 '먹보요 술꾼'(*phagos kai oinopotes*)이요 '세리와 죄인의 친구'(*teleinon philos kai hamartolon*)라고 비난하였다(Q 7:34). 그러나 '지혜의 아들'(*hyios tou sophia*)은 지혜가 옳음을 보여주었다고 한다. '지혜의 아들'은 물론 요한과 예수를 지칭한다. 요한 세례자가 금욕주의적인 현자로 묘사된다면, 예수는 그 어느 것에도 걸림이 없는 자유자재한 현자로 묘사된다. 그들은 둘 다 '지혜의 아들'이었다는 것이다.

Q에서는 유대사회의 기존체제에 대한 '비판기능'과 민중에 대한 '치유기능'을 동시에 담당할 수 있는 이미지가 예수에게 부여되었다. 예수는 이제 피리를 불고 장송곡을 부르는 두 가지 기능을 수행하는 자로, 곧 지혜스승이요 동시에 묵시적 예언자로 이해되었던 것이다. '지혜의 아들'에 대한 말씀을 포함해서 Q_1과 Q_2에 나오는 지혜말씀 모두를 북미학자들은 역사적 예수에게로 소급시키는 경향이 있다.

어떤 사람이 예수께 와서 표적을 구하자 예수는 요나의 표적밖에는 보여줄 것이 없다고 하였다. '이 세대'(*geneas tautes*)에 대한 심판이 주제를 이루고 있다(Q 11:30~32). 본문에서 예수는 심판 설교자 요나와 지혜자 솔로몬보다 더 위대한 분으로 묘사된다. 지혜와 심판을 동시에 포함할 수 있는 적절한 개념으로서 Q공동체는 '사람(아담)의 아들'(*ho hyios tou anthropou*) 표상을 찾아내어 예수에게 부여하였다(Q 17:24). 그들은 예수를 종말시의 마지막 심판자로 드러내기 위해서 '사람(아담)의 아들' 표상을 사용하였다.

'사람의 아들'에 해당하는 그리스어 '휘오스 투 안쓰로푸'(*hyos tou anthropou*)는 아람어 '바르 아노쉬'(*bar anosh*)의 번역인데, 문자적으로는 '사람 새끼'를 뜻한다. 이 용어는 또한 말하는 사람이 단순히 '나'를 에둘러 표현할 때 사용하는 말이기도 하다. 그런데 이런 용어가 다니엘서(7:13~14)에서는 묵시 종말적 환상 가운데 나타난 하나님의 주권을 행사하는 심판자가 '사람 비슷한 모습'(*ki bar anosh*)을 지녔다는 의미로 사용되었다. Q는 이와 같이 현세적이며 종말적인 이중성을 지닌 모호한 칭호를 예수에게 적용시켰던 것이다.

그러나 예수는 단순히 자기 자신을 가리킬 때 '사람의 아들'을 사용하기도 한다(Q 9:58). "**누구든지 나를 공공의 자리에서 인정하면, 사람의 아들도 하나님의 천사들 앞에서 그를 인정할 것이다.**"(Q 12:8) 본문에서 예수와 '사람의 아들'은 동일한 분도 아니요 그렇다고 다른 분도 아닌 일종의 불일불이(不一不異)의 관계로 묘사된다.

닥쳐올 심판 날에 '사람의 아들'이 나타나는 일이 강조된다(Q12:40). 이 칭호는 '하나님의 영'(spirit of God) 또는 '하나님의 지혜'(wisdom of God)와 더불어 Q공동체에서는 대표적인 묵시종말적 표상으로서 예수에게 부쳐진 것임을 알 수 있다. 이 칭호들은 Q민중으로 하여금 역사에 대한 포괄적인 비전을 갖도록 하였다. 예수의 역할 또한 지혜스승과 묵시적 종말 예언자 역할로 종합되었다. 사람의 아들 칭호는 Q_2의 전승단계에서 합류된 것으로 보인다.

재판정에서의 성령의 역할이 언급되기도 한다. 선교 과정에서 불거진 일로 세상 재판정에 설 수 밖에 없다는 것이 아마도 Q공동체에게는 큰 충격으로 다가왔을 것이다(Q 12:8~11). 재판정에서 Q선교사들이 무슨 말을 할 것인가 하는 것은 매우 중요하였다. 그들은 아마도 예수의 말씀으로부터 무언가 기억해 내려고 하였을 것이다. 그러나 예수의 말씀은 그때 그 장소에서 도움을 받게 되리라는 것을 약속한다. 성령은 Q선교가 그들의 이념과 현실을 연결시키는 고리역할을 하였음을 알 수 있다.

Q₃: 하나님 아들 예수

『예수 세미나』에 따르면, Q₃는 10년에 걸쳐 계속되었던 유대해방 전쟁 직후 Q공동체의 상황을 암시한다. 그러나 필자의 생각으로는 로마의 제3대 황제였던 가이우스 칼리굴라(Gaius Caligula, 37~41)(Bell. C. 2.184~203; Ant. 18.261~88)가 갈릴리 지역에 로마 신전을 세우도록 명령하자 이에 대한 유대인들의 항거사건(39년)이 시험사화의 배경을 이루고 있다. 마귀가 자기에게 절을 하면 주겠다고 제안한 '세상'(oikumene)은 로마제국을 지칭하고 있음이 분명하다(Q 4:2~13). 마귀로부터 예수께서 시험을 받는 이야기는 3개의 주제가 도입되고 있다. 예수를 하나님의 아들로 고백하는 것과 예수와 예루살렘 성전과의 관계, 로마제국과 예수의 대립적인 관계 설정이 그것이다.

본문에서 '하나님 아들' 개념은 『예수 세미나』 회원들이 주장하는 바와 같이 신적인 존재로서 예수에 대한 Q공동체의 신앙고백이 전제되어 있다기보다는, 신의 아들로 섬기기를 강요한 로마황제 제의에 대한 대응 개념으로서 쓰이고 있음을 알 수 있다.

Q₃에서 예루살렘 성전이 등장하는 것은 인상적이다. 예루살렘 성전은 예수의 시험사화 뿐만 아니라 예루살렘 탄식 이야기(Q 13:34~35)에서 중요한 메타포(metaphor)로 등장한다. 성전은 악마의 권위와 예수

의 권위가 충돌하는 장소요 무대로 작용한다. 예루살렘에 대한 탄식은 예루살렘 자녀들을 날개 아래 모으는 것이 숙원이었던 하나님의 지혜와 일치한다. 제단과 지성소 사이에서 죽임당한 스가랴에 대한 언급은 전쟁중에 있었던 성전 안에서의 유혈사건을 반영하고 있을 것이다.

Q복음서의 초기 전승이 AD 40년경부터 기록되기 시작하여 Q가 AD 60경에 최종 편집되었을 개연성은 크다. 설사 이를 인정한다 하더라도 Q전승 단계를 분명하게 경계짓는다는 것은 불가능하고 의미도 없다. Q를 통전적인 시각에서 보아야 할 것이다.

Q복음서와 현대사회

Q공동체의 예수운동은 역사적 예수의 삶과 가르침에 뿌리를 두고 전개되었다. Q가 전하는 역사적 예수의 하나님 나라 운동은 우리에게 사회적 비전을 제시해준다. 그 사회적 비전(social vision)은 유대 사회에서 기득권을 쥐고 있는 계층에 대한 비판과 아울러 그들에 의해서 인간다운 삶을 박탈당한 소외된 민중의 치유와 상생공동체 회복을 주 내용으로 하고 있다. 이는 Q의 예수운동이 주로 유대 사회의 중심부에서 소외된 사회적 약자들을 주요 대상으로 전개되었고, 바로 그들에 의해서 지지되었다는 것을 보여준다. 사회적 약자들도 강자들과 마찬가지로 역사의 주체로 살아가고 그들이 몸담고 있는 사회에서 세계의 주인으로써 살아갈 수 있도록 Q공동체는 소외된 소수자들에게 사회적 비전과 미래의 희망을 제시해주었다.

그런데 초창기 그리스도교 역사가 전개되는 과정에서 부활체험 신앙이 복음의 중심을 차지하게 되었고, 상대적으로 역사적 예수의 삶과 가르침은 부활신앙을 증명하고 해석하기 위한 일종의 보조수단 정도로 취급되었다. 그 이후 그리스도교 2천년 역사에서 특히 서방교회 전통을 계승하고 있는 그리스도교 교회에서는 부활하여 하늘에 올랐다가 마지막 심판자로 군림할 신적 그리스도에 대한 신앙이 절대적으로 우위를 차지하게 되어 오늘에 이르고 있다.

Q의 민중이 생각했던 예수는 바울에 의해서 시작된 소위 회중교회(congregational church)의 예수이해와 전적으로 다르다. Q의 민중에게 예수는 신적 그리스도요(divine Christ) 최후 심판자로 내림하게 될 묵시적 사람의 아들(apocalyptic Son of man)이라기보다는 오히려 삶을 살아가는데 있어서 필요한 지혜를 가르친 선생(wisdom teacher)이요 동시에 미래에 대한 비전과 희망을 제시한 사회비판적 예언자(social critical prophet)에 훨씬 더 가까웠다. Q가 전하는 예수의 말씀들은 현대를 살아가는 우리에게 삶의 지표를 제공해준다.

"가난한 사람들은 복이 있다. …"(Q 6:20) "원수를 사랑하라! …"(Q 6:35) "심판하지 말라! 그러면 너희도 심판받지 않을 것이다. …"(Q 6:37) "너희는 어찌하여 형제 눈 속에 있는 가시는 볼 수 있으면서 네 자신의 눈 속에 있는 막대기는 보지 못하느냐?"(Q 6:41~42) "좋은 나무는 나쁜 열매를 맺지 않고 나쁜 나무 또한 좋은 열매를 맺지 않는다."(Q 6:43~44) "한 쪽 뺨을 때리거든 다른 쪽을 돌려대라." "구하라, 그리하면 주어질 것이다. 찾으라, 찾을 것이다. 두드리라, 열릴 것이다."(Q 6:29) "좁은 문으로 들어가라, …"(Q 13:24) "소금은 좋은 것이다. 그러나 맛을 잃으면 어찌 그 맛을 되찾을 수 있겠느냐, …"(Q 14:34~35) "… 너희는 하나님과 맘몬(재물)을 동시에 섬길 수 없다."(Q 16:13)

우리는 21세기 글로벌 자본주의 시대에 살아가고 있다. 세계화의 바람을 타고 신자유주의와 시장경제의 글로벌 경제체제가 지구촌을 재편한 후 세계는 지금 남과 북, 나라와 나라, 사회적 계층과 계층 사이에 간극이 더욱 벌어지고 있다. 부익부(富益富) 빈익빈(貧益貧), 강익강(強益強) 약익약(弱益弱)의 세계 체제가 굳어지고 있다. 이런 상황에서 세계 각처에서 사회적 약자들은 삶의 뿌리가 뽑힌 채 설 자리를 잃고 떠돌아다닌다. 세계 각 곳에서 굶주림과 빈곤 속에서 생명을 잃어가고 있는 21세기 글로벌 민중(global *minjung*)들은 마치 예수께서 긍휼의 대상으로 삼았던 그 시대의 목자 잃은 양떼를 연상케 한다.

21세기 세계는 새로운 문명전환의 시대에 접어들고 있다. 그리스도교는 지난 2천년동안 지탱해왔던 기존의 방식에 안주한 채 복음을 전파하려고 해서는 안 될 것이다. 새 술은 새 부대를 필요로 하듯, 21세기 그리스도교는 새로운 문명의 전환기에 적합한 새로운 복음의 패러다임을 필요로 한다. 복음의 새로운 패러다임을 추구하는데 있어서, Q공동체가 전하는 예수 이야기는 많은 시사점을 던져준다.

Q공동체가 전해주고 있는 예수 이야기, 곧 민중의 '치유'와 '상생'을

두 축으로 하는 예수의 하나님 나라 운동 이야기가 오늘날 우리에게 깊은 울림을 주는 것도 예수와 Q의 민중 그리고 21세기 글로벌 시대를 살아가는 사회적 소수자들 사이에 일어나는 동기감응(同氣感應) 또는 동기연계(同氣連繫) 덕분일 것이다.

제 3 장

큐복음서 연구 발자취

문학비평[1]과 Q의 발견

아이히호른(J. G. Eichhorn)은 1794년 최초로 마태복음과 누가복음을 비교하는 가운데, 두 복음서가 마가복음서 이외에 또 다른 공통의 문서자료를 사용하고 있다는 것을 추론하였다.[2] 그는 공통으로 상용된 자료문서가 원래 히브리어 혹은 갈대아-시리아어로 쓰여 졌으며,

---

1) 공관서 문제들에 대한 문학비평적 접근은 이미 1788년 J. D. Michaelis로 부터 시작된다. 그러나 본격적인 문학비평은 19세기 중엽에 등장한 원본가설(Vorlage-Hypothese)과 사용가설(Benutzungs-Hypothese)을 중심으로 전개된다. 원본가설에는 원복음서설(D. F. Michaelis; G. E. Lessing), 단편설(F. D. E. Schleiermacher) 그리고 설명가설(K. Lachmann; Weizcker; Lindsez)이 있다. 이에 반하여 사용가설의 주창자로는 J. J. Griesvach, H. Grotius, B. Bauer를 들 수 있다. 이에 대해서는 H. Conzelmann-A. Lindemann, *Arbeitsbuch zum Neuen Testament*(UTB52), Tübingen, 1983, 52ff. 참조.
2) J. G. Eichhorn, *Über die drei ersten Evangelien, Einige Bemerkungen, Zu ihrer künftigen kritischen Behandlung*, Leipzig, 1794, 759ff.

마태와 누가복음에 기록된 희랍어 본문은 그 원 자료의 상이한 번역에서 유래하였다고 주장하였다.[3] 여기에서 슐라이에르마허(F. D. E. Schleiermacher)는 한 걸음 더 나아가 파피아스(Papias)의 마태-비망록으로부터 하나의 말씀(Logion) 자료를 추론해 내었다. 그 말씀자료가 물론 사도 마태에 의해서 기록되었다는 것이다.[4] 그의 뒤를 이어 바이쎄(C. H. Weisse)는 예수의 말씀자료(Q)를 추정하였는데, 마가복음과 더불어 예수 말씀자료를 그는 예수 생애를 복원하기 위해서 없어서는 안 될 중요한 토대로 생각하였다.[5] 이와 동시에 바이쎄는 소위 "두 자료설"의 정초(定礎)를 닦아 놓았다.

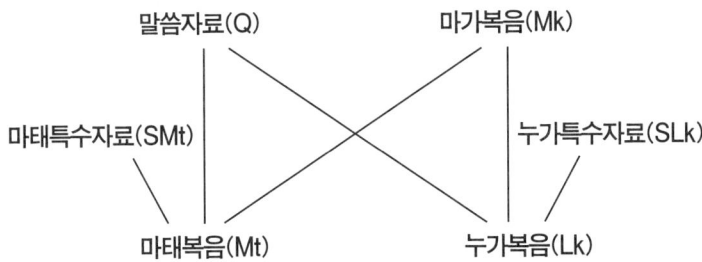

홀츠만(H. J. Holtzmann)은 "두 자료설"을 학문적으로 탐구하였다. 그는 원(原)마가복음서 자료 이외에 마태와 누가에 의해서 공통으로 사용된 자료를 예수의 '로기아'(Logia)로 명명하였는데, 산상설교가

---

3) J. G. Eichhorn, 앞 책, 365.
4) F. D. E. Schleiermacher, *Über die Zeugnisse des Papias von unseren beiden ersten Evangelien*, Leipzig, 1832, 369.
5) C. H. Weisse, *Die evangelische Geschichte Kritisch and Philosophisch bearbeitet I*, Leipzig, 1838, 47.

그 중심에 서있다고 보았다.[6] 바이쎄와 달리 홀츠만은 마가복음서에서 예수생애의 윤곽을 얻을 수 있다고 확신했으며, 마가복음서에 근거하여 "예수 생애"를 재구성하고자 하였다.[7] 홀츠만 이후로 소위 "예수 전기(傳記) 신학"의 시대가 도래하였다. 학자들은 주로 마가복음서를 기초로 예수 전기 신학을 기록하였다.

마태가 가장 오래된 예수 말씀자료의 저자라는 슐라이에르마허의 가설에 이의를 제기한 사람은 베른레(P. Wernle)였다.[8] 그는 마태복음서 원본이 사도집단에 속했던 익명의 제자에 의해 쓰였다고 주장하였다. 베른레는 예수 말씀자료 Q를 새 신자를 위한 일종의 교리학습서에 해당한다고 생각하였다.[9]

마태복음서와 누가복음서 가운데 어느 것이 예수 말씀의 원래 모습을 지니고 있는가? 베른레는 대체적으로 마태가 누가 보다 Q의 원형에 근접해 있다고 판단한다.[10] 이와 달리 벨하우젠(J. Wellhause)은 마태복음서보다 누가복음서 우선설을 주장하였다. 마태복음서 저자는 구약성서와의 연관성 속에서 예수 말씀을 포괄적으로 재편집하고 있기 때문이다.[11] 마태와 누가가 전하는 예수 말씀들이 차이가 나는 것은 Q

---

6) H. J. Holtzmann, *Die synoptischen Evangelien, ihr Ursprung and geschichtlicher Charakter*, Leipzig, 1836, 141.
7) H. J. Holtzmann, 앞 책, 468.
8) P. Wernle, *Die synoptische Frage*, Tübingen, 1899, 438.
9) P. Wernle, 앞 책, 253.
10) 앞 책, 795. 베른레는 마태와 누가에서 Q의 원형이 서로 교차하고 있다고 생각한다.
11) J. Wellhause, *Einleitung in die drei erster Evangelien*, Berlin, 1905, 58f.

의 아람어(aramaic) 원본에 대한 해석상의 차이에서 유래한다고 그는 생각하였다.[12] 벨하우젠은 Q가 마가에 의존해 있다고 보고 있으며,[13] 마가복음서와 Q자료가 공히 예루살렘에서 기원한다고 주장하였다.[14]

벨하우젠에 의존하면서 하르낙(A. Harnack)은 예수 말씀의 범위와 내용을 마가복음서와의 연관성 속에서 보다 명확하게 규정하고 있다. 그는 Q의 예수 말씀들이 일정한 체계나 신학적 의도 없이 편집되어 있다고 보았다. 그는 Q가 세 복음서에 비해서 예수의 수난사건을 결여하고 있다는 점을 최초로 지적하였다. "Q는 예수의 수난이 중심에 서 있지 아니한 예수 말씀과 격언들에 관한 말씀 모음집이며, 그것을 동시에 철저히 갈릴리 지평에서 기록되었다." 그에 의하면 Q는 원래 아람어로 쓰여 진 예수 말씀집이며 그것이 기록된 연대는 사도시대에 속한다. Q는 팔레스타인 지역에서 기록되었다.[15] 마가와 Q는 "시간적으로 근접해 있으나, 서로 독립된 자료"이다.[16]

슐츠(S. Schulz)는 이상에서 언급된 예수 말씀에 관한 자료까지의 문학비평학적 논구의 결실들을 다음과 같이 요약하고 있다:

---

12) J. Wellhausen, 앞 책, 36.
13) 앞 책, 73.
14) 앞 책, 88.
15) A. Harnack, *Beiträge zur Einleitung in das Neue Testament 2, Spruche und Reden Jesu. Die zweite Quelle des Matthus und Lukas*, Leipzig, 1904, 121.
16) A. Harnack, 앞 책, 171f. 그는 마가복음이 로마에서 쓰여 졌다는 점과, 따라서 Q와 마가 사이에는 문학적 친근성이 없다는 점을 증명하려고 한다.

1) Q는 마태복음서와 누가복음서에 있는 마가복음서 자료 이외의 공통 자료를 말한다.
2) Q에 관한 문학비평적 연구의 과제는 Q의 범위를 규정하는 일이다.
3) 마가복음서와 Q 가운데 어느 것이 역사적으로 우선하는가에 대해서는 아직도 확실한 결과를 얻지 못하고 있다.
4) 마태복음서와 누가복음의 예수 말씀 가운데 어느 것이 Q에 가까운가의 문제는 분명하게 밝혀지지 못하고 있다.
5) Q의 배열과 구성은 무작위적이 아니라 교리학습과 윤리를 두 축으로 하는 통일성을 유지하고 있다.
6) 그러나 문학비평적의 지평에서 보면, Q는 통일성을 결여하고 있다.
7) Q의 원본이 무슨 언어로 기록되었는가에 대해서는 확실히 알 수 없다.
8) Q문서 전승 배후에는 익명의 편집자가 서 있다. Q편자는 초기 사도 집단에 속하였을 것이다.
9) Q의 진원지가 팔레스타인임은 분명하다. 그러나 예루살렘인지 혹은 갈릴리인지는 논란의 여지가 많다.
10) Q에 수난사와 부활사가 등장하지 않는다는 것은 마가 신학과의 근본적인 차이다.[17]

이상에서 살펴 본 문학비평에 거점을 둔 예수생애의 진정성에 대한 논구는 Q를 둘러싼 백오십년에 걸친 자료 비평적 노력의 결과이다.

Q의 양식사 비평

궁켈(H. Gunkel)은 다음과 같이 말하였다: "모든 옛 유대문학의 양

---

17) S. Schulz, *Q. Die Spruchquelle der Evangelisten*, Zürich, 1972, 17f.

식은 원래 그의 자리를 이스라엘 민중의 삶이라는 특수한 장소와 연결되어 있다."[18] 일반적으로 고대의 문학양식은 '전적으로 특정한 삶의 자리'에서 출발하며,[19] "모든 고대 문학은 원래 문어체가 아니라 구어체로 형성되었다"는[20] 점을 궁켈은 설득력 있게 주장하였다. 궁켈의 이러한 양식사 연구, 곧 문학양식과 양식이 태어난 삶의 정황과의 관계 연구는[21] 지금까지 단지 문학비평에 의해서 주도되어오던 예수 말씀에 대한 연구를 새로운 차원으로 끌어올렸다.

슈미트(K. L. Schmidt), 불트만(R. Bultmann) 그리고 디벨리우스(M. Dibelius)에 의하여 사용된 양식사비평 방법들은 종전의 문학비평적 방법에 대립되는 것이라기보다는 문학비평적 분석의 한계를 비판적으로 전승했다고 볼 수 있다. 슈미트는 공관복음서가 전승하고 있는 예수 이야기의 고정된 '틀'(Rahmen)이 무엇인지를 추적하였다. "가장 오래된 예수전승은 개별적인 단편 전승이라는 점, 즉 개별 장면들과 개별 진술들의 대부분은 공동체 내에서 연대기적인 또는 지정학적인 고려 없이 전승되었다."[22]

---

18) H. Gunkel, "Die Grundproblem der israelistischen Literaturgeschichte und zur Entstehung der formgeschichtlichen Methode," in: ders, *Reden and Aufsatze*, Göttingen, 29-38.(33).
19) H. Gunkel, "Formen oder Hymnen," *ThRsch* 20, 1917, 265-304.(여기에서는 269).
20) H. Gunkel, *Schriften des Alten Testament. Die Urgeschichte and die Patriarchen*, Göttingen, 1920, 6.
21) 궁켈의 "삶의 자리"(Sitz im Leben)에 관해서는 다음을 참조. W. Klatt, *Hermann Gunnkel. Zu seiner Theologie der Religionsgeschichte und zur Entstehung der formgeschichtlichen Methode*, Göttingen, 1969.
22) K. L. Schmidt, *Der Rahmen der Geschichte Jesu. Literarkritische*

디벨리우스는 한 걸음 더 나아가 오늘날 예수 말씀자료 Q 연구에서 유의해야 할 점은 그 전승자료의 '문서'(Schrift)가 아니라 그 자료의 전승 '층'(Schicht)을 밝혀내는 것임을 밝혔다.[23] 양식사비평은 문학 비평의 예수말씀 연구에서 중심 주제를 이루고 있던 자료의 우선성 내지 일차성에 대한 연구에 더 이상 집착하지 않았다. 오히려 이미 수집된 예수 말씀의 문학적 틀 가운데서 고유한 양식을 발견하고, 그 양식의 "삶의 정황"(Sitz im Leben)이 어디에 있는가를 추적하였다.[24] 불트만은 예수 말씀전승의 문학양식(Form)에서 교회공동체의 "삶의 정황"를 추적할 수 있으며, 동시에 교회공동체가 놓인 "삶의 정황"에서 예수 말씀의 문학양식을 이해하여야 한다는 점을 밝혀내었다. 삶의 정황과 문학양식 사이의 상관성에 대한 연구이다.[25]

디벨리우스는 예수 말씀자료 Q를 바울서신에 등장하는 공동체 구성원들을 위한 훈계의 말들과 비교한다. Q는 본래 공동체 구성원들로 하여금 역사적 예수의 말씀, 계명, 교훈에 따라 살도록 하기위한 훈계의 목적으로 수집되었다는 것이다.[26] 따라서 Q는 훈계의 문학 양식에 속하고, 따라서 그것의 "삶의 정황"은 스승인 예수의 말씀을 통한 공

Untersuchungen zur ältesten Jesus berlieferung, Berlin, 1919 (Neuerdruck Darmstadt 1964), 5.
23) M. Dibelius, *Die Formgeschichte des Evangeliums*, Tübingen, 1961, 237.
24) R. Bultmann, *Die Geschichte der synoptischen Tradition*, Göttingen, 1961, 1ff.
25) 참조, M. Dibelius, "Botschaft und Geschichte," *Gesammelte Aufs tze I:Zur Evangelien Forschung*, (Hg). G. Bornkamm, Tübingen, 1953, 37ff.
26) M. Dibelius, *Formgeschichte*, 238ff.

동체의 회개를 겨냥하는 데 있다는 것이다.[27] Q의 집필 목적은 예수의 생애를 재구성하는 데 있었던 것이 아니라, 공동체 구성원들로 하여금 교회의 질서에 순종하는 삶을 살도록 하기 위한 것이다.[28] 따라서 Q에 속하는 예수의 말씀들은 원래 그리스도교 공동체를 위한 하나의 "새 율법"(neues Gesetz)이었다는 것이다.[29]

이상의 전제 하에서 디벨리우스는 마태와 누가에 의해서 사용되어지고 있는 예수 말씀 모음 Q가 이미 훈계 양식(Gattung Paränese)의 점진적 발전 과정을 보여주고 있다고 추론한다.[30] 원래 훈계를 목표로 수집된 전기(前記) Q전승들과 나란히 디벨리우스는 "그리스도론적 관심"을 가진 후기(後記) Q문서를 상정한다. 이와 같이 훈계적 동기 및 그리스도론적 동기와 더불어 디벨리우스는 또 다른 하나의 동기는 말한다. 묵시 종말적 동기가 그것이다: "주후 50년 경에 존재했던 초기그리스도교 공동체는 그들의 신앙생활에 필수적인 규율을 만들기 위하여 주의 가르침으로 요약하고 정리하였다. 그 요약은 그들이 예수를 하늘나라에 대한 새 계명의 수여자로 믿었다는 사실을 알려준다."[31]

이상을 요약하면 디벨리우스는 일차적으로 Q문서(Q-Documents)

---

27) 앞 책, 234.
28) 앞 책, 245.
29) 앞 책, 313.
30) 앞 책, 246.
31) M. Dibelius, "Die Bergpredigt," in:ders, *Botschaft und Geschichte. Gesammelte Aufs tze I:Zur Evangelienforschung*, Tübingen, 97.

를 주의 훈계 문서로, 교리학습을 위한 교회 예배 문서로 그리고 이차적으로 초기그리스도교 공동체 구성원들의 신앙생활 지도를 위한 율법 문서로 받아들였다.

Q는 반쪽 복음인가?

한편 불트만은 양식사 연구가 초기그리스도교 공동체들의 신앙생활과 문학양식의 상호관계를 다루는데 그쳐서는 안 된다는 점을 밝히고 있다. 그는 예수 말씀의 진정성과 보도들의 역사성에 관해서 비판적으로 성찰하지 않으면 안 된다고 보았다.[32] 이러한 작업의 일환으로 불트만은 Q를 공관서 전승들에 있는 다른 예수 말씀자료들과 비교하여 예수 말씀들의 수집과 편집을 구분한다. Q의 수집은 특정한 원칙에 따른다. 그것은 또한 편집 과정에서 의도적으로 강조되거나 확대되기도 한다.[33] 불트만은 여기에서 본문의 문학 양식에만 관심을 기울이는 것이 아니라, 공관복음서 전승 전체의 역사에도 관심을 기울인다. 그는 특히 공관복음서 전승이 초기그리스도교 예수운동이 팔레스타인 세계에서 헬레니즘 세계에로 이행되는 과정에서 형성된 것임에 주목한다. 그는 Q의 편집동기를 권면, 훈계, 공동체 규율 그리고 예언자적 영의 활동 등에서 찾는다.[34]

특히 불트만은 예수말씀 Q를 묵시문학적 문서들, 특히 에티오피아

---

32) R. Bultmann, 앞 책, 6.
33) 앞 책, 352, 347.
34) 앞 책, 318.

에녹서(Ethiopia Henoch) 그리고 디다헤(Didache)와 비교 연구한다. 이들 책의 공통점은 주의 말씀이 훈계와 더불어 종말론적 예언을 중심으로 이루어졌다고 생각한다.[35] Q는 맨 처음에는 아람어를 사용했던 팔레스타인의 초기그리스도교 공동체에서 형성되었지만, 시간이 지나면서 점차적으로 헬레니즘 세계의 그리스도교 공동체에로 이행되었다. 이러한 전승의 이행 과정에서 헬레니즘계 교회공동체는 그들의 고유한 전승 자료들을 첨가하였을 것이다.[36] 예수 말씀자료 가운데서 발견되는 헬레니즘적 경향을 지닌 후대 첨가된 전승 자료로서 불트만은 "계시의 말씀"(Q 10:2~19) "예수의 시험 사화"(Q 4:1~12) 그리고 "가버나움의 백인대장에 관한 이야기"(Q 7:1~11)를 들고 있다.[37]

율리허(A. Jülicher) 그리고 파셔(E. Fascher)도 공관복음서에 등장하는 Q자료 연구에 관심을 기울인다. 그들은 특히 Q문서가 마가복음서와 마찬가지로 온전한 복음으로 볼 수 있는가를 묻는다. 왜 그런가? Q에는 예수의 유년기 설화, 수난사화 그리고 부활사화가 전혀 등장하지 않기 때문이다.[38] 그들은 마가와 Q의 관계를 가장 난해하고 아직 종결되지 아니한 문제로 보았다. 그들은 마가와 Q가 동 시대에 그리고 동일한 지역에서 형성되었다는 설에 대해 회의적이다.[39] 미데와 누가에서 미완성된 채로 재구성될 수 있었던 Q자료는 마가와 비교해 볼

---

35) 앞 책, 399.
36) 앞 책, 354.
37) 동상(同上).
38) A. Jülicher/E. Fascher, *Einleitung in das Neue Testament*, Tübingen, 1931, 337f.
39) 앞 책, 345f.

때 후대의 것에 속하며, 그것은 유대 전쟁 이후의 상황을 반영하고 있다는 것이 그가 내린 결론이다.[40] 따라서 마가의 구상이 Q자료에 영향을 끼쳤을 개연성이 크며, 초기 Q로부터 "반쪽 복음"(Halbesevangelium)으로 점차적으로 편집되어 갔을 것이다. 초기의 미완성의 복음인 Q는 율리허에 의하면 고정된 것이 아니라 여러 차례에 걸쳐 발전 단계를 거쳐 형성된 전승층(傳承層)이다. Q는 맨 처음 마가 이전의 시대 그리고 지역적으로는 아람어가 사용되었던 팔레스타인에서 형성되었지만, 마가복음의 영향 하에서 현재의 상태로 다듬어지고 완결되었다는 것이다.[41]

이와 달리 맨슨(T. W. Manson)은 맨 처음 Q자료의 전승 주체를 팔레스타인에 위치한 초기그리스도교 공동체에 속하면서 독자적인 신앙 노선을 걸어갔던 하나의 소종파(sect) 공동체로 파악하였다. 이 흐름은 마가복음에서 발견되는 초기그리스도교 예수운동의 주도적인 흐름과 구별된다는 것이다.[42] 맨슨은 Q의 계획적이고 주제중심의 문학적 구성 그리고 그의 종말론적 성향을 다음과 같이 요약하고 있다: "Q 자료는 도래할 심판 사상으로 시작하여 심판으로 끝을 맺는다. 곧 Q는 요한 세례자의 묵시 종말적 설교로 시작하여 사람의 아들의 도래에 관한 묵시 종말적인 문장으로 끝맺는다."[43]

---

40) 앞 책, 347.
41) 앞 책, 348.
42) T. W. Manson, *The Sayings of Jesus as Recorded in the Gospels according to St. Matthew and St. Luke. Arranged with Introduction and Commentary*, London, 1949, 11.
43) 앞 책, 16.

맨슨에 따르면, 초기그리스도교 예수운동에서는 예수의 설교가 아니라 십자가가 중심에 서 있었다. Q 수집의 기본 동기는 초기그리스도교 공동체의 신앙생활을 위한 윤리와 지침에서 찾을 수 있다.[44] 따라서 맨슨은 Q를 선포된 복음이 아니라 초기그리스도교 공동체의 복음을 위한 일종의 '보충자료'(supplementary sources)로 생각하였다.[45]

이상에서 언급된 예수 말씀의 양식사적 연구의 성과들을 요약하면 다음과 같다:

1) Q자료는 초기그리스도교의 훈계적 목적을 위하여 수집되었다.[46] 반면에 마가는 예수 이야기 전승을 바울의 부활 케리그마와 접합시켰다.[47] 따라서 마가복음이 케리그마적 요소들을 포함하고 있다면, Q는 단지 훈계를 위한 말씀만으로 구성되었을 뿐이다.

2) 원래 훈계의 목적으로 수집된 Q는 이미 구전(口傳) 단계에서 마가와 독립적으로 전승되었다.

3) 공관복음서는 그들 고유의 삶의 정황에서 쓰였다면, 편집과정에서 Q의 고유한 삶의 정황이 희생되고 있다.

---

44) "교회의 목회적 처방, 스승의 지도 하에 있는 제자들의 개인적 관심, 이방세계에서 이러한 가르침의 사도적 가치 그리고 그와 다른 교설들에 대항하여 스스로를 방어하기 위한 팔레스타인 그리스도교 공동체의 필요"에 의해서 Q가 형성되었다는 것이다.(앞 책, 11)
45) 앞 책, 147.
46) R. Bultmann, 앞 책, 348; M. Dibilius, *Formgeschichte*, 234f.
47) 참조: M. Dibelius, 앞 책, 232; R. Bultmann, 앞 책, 375f.

Q의 편집사 비평

마르크센(W. Marxsen)에 의해서 맨 처음 사용된 편집사적 방법은 1950년경부터 복음서 연구의 독자적 분야로 발전하였다.[48] 편집사적 방법은 자료 비평과 전승사 비평을 전제로 깔고 있으며, 한 걸음 더 나아가 이에 근거하여 총체적 문학서적으로서의 복음서에 대하여 질문을 던진다. 편집사 비평은 일차적으로 전승의 진정성에 대하여 관심하기 보다는 해당 복음서를 작성한 편자들이 처한 선교적 상황 그리고 그들의 신학적 관심사에 주목한다. 물론 복음서 편자들은 복음서 전체의 문학적 구성을 위한 기초 자료로서 그의 전승들을 배척하지 않는다. 따라서 편집사 비평은 예수 말씀 Q에서 발견되는 신학적 특수성을 탐구한다. 편집사 비평은 종교사(Religionsgeschichte)와 전통사(Traditionsgeschichte)적 연구를 함께 병행한다.

필하우어(Ph. Vielhauer)는 Q를 유대교와 초기그리스도교 문헌 사이에 존재했던 하나의 지혜(*sophia*) 사상에 뿌리를 문학양식의 하나로 보았다. Q는 "지혜 말씀"(*logoi sophon*)이라는 문학양식의 소산이라는 것이다.[49] Q에서 발견되는 '로고이 소폰'의 문학양식을 로빈슨(J. M. Robinson)은 또한 콥트어(Coptics)로 쓰여진 영지주의 문서 중

---

48) 양식사와 편집사의 관계에 대해서는 W. Marxsen, *Der Evangelist Markus. Studien zur Redaktionsgeschichte des Evangeliums*, Göttingen, 1959, 11f 참조.
49) Ph.Vielhauer, *Geschichte der urchristlichen Literatur*, Berlin, 1975, 316-319.

하나님 도마복음서에서 찾는다.[50] Q와 도마복음서는 예수의 지혜말씀들을 모아 놓은 대표적인 초기그리스도교 문서에 해당된다는 것이다.

독자성을 띤 Q 케리그마

보른캄(G. Bornkamm)은 Q문서를 초기그리스도교 공동체의 수난 케리그마에 대한 훈계적-윤리적 보충 자료로 간주했던 하르낙과 맨슨의 입장에 이의를 제기하였다. 예수 말씀자료 Q문서는 수난 케리그마를 위한 일종의 '보조 자료'가 아니라, 공동체 내에 존재했던 다양한 신학적 성향을 나타낸다는 것이다.[51] 초기그리스도교 예수운동에는 하나의 교회, 하나의 케리그마가 아니라, 다양한 색깔을 가진 교회, 다양한 케리그마가 존재했다. 다만 Q의 케리그마는 마가의 그것과 다를 뿐이다. 보른캄은 Q가 수난 케리그마에 대한 보충 자료가 아니라 하나의 독자성을 지닌 케리그마로 간주했다. 그는 Q의 독자적인 신학 특성을 "하나님 통치의 도래 혹은 사람의 아들의 도래에 대한 예수의 설교"에서 찾는다.[52]

보른캄보다 먼저 퇴트(H. G. Tödt)는 예수 말씀자료 Q에 들어있는 '사람의 아들'(Menschensohn) 칭호에 관한 연구를 하였다. 훈계적인 모티프만을 가지고 Q의 형성 과정을 충분하게 설명할 수 없다고 판단

---

50) J. M. Robinson, *Logoi Sophon, Zur Gattung der Spruchguelle Q*, in: Dinkler E.(Hg.): *Zeit and Geschichte*(FS R. Bultmann), Tübingen, 1964, 77-96.
51) G. Bornkamm, "Synoptische Evangelien," *RGG* 2, 753-768.
52) 앞 책, 759.

한 퇴트는 특히 Q에 고난과 부활 케리그마가 나타나지 않는다는 점에 주목하였다. 그는 Q에서 나타나고 있는 수난과 부활 케리그마의 부재(不在)를 공동체의 신학적 입장 차이에서 찾는다. Q복음서는 초기그리스도교 내에서 독자적인 신학노선을 견지했던 교회 공동체의 작품이었을 것이다. Q는 수난과 부활 케리그마보다 역사적 예수의 케리그마에 더 관심했다. 곧 하나님 나라의 도래를 사회 역사적 정황에서 "다시 선포"(Weiterverkündigung)하는 것을 선교적 사명으로 알았다. 바로 그 점에서 Q는 수난과 부활 케리그마를 선포의 주 내용으로 삼았던 초기그리스도교의 공동체들과 스스로를 구분하였다:[53]

> 하나님 나라의 도래에 관한 예수의 사실을 새롭게 설교하였던 공동체는 그럼에도 불구하고 수난과 부활 사건들에 근원적인 의의를 부여하지 않으면 안 되었을 것이다. 그런데 더욱 주목하지 않으면 안 될 사항은 Q가 수난과 부활을 선포의 내용으로 삼고 있지 않다는 점이다. Q는 수난과 부활 케리그마를 선포하는 대신에 예수의 하나님 나라 설교를 다시 선포하기를 원하였다. 그렇다면 Q가 전하는 예수의 설교는 수난 및 부활과 어떠한 관계를 맺고 있는가? …[54]

퇴트는 공관복음서 내에서 발견되는 두 전승집단이 전승사적으로 그리고 사실적인 면에서 구별되어야 한다는 점을 강조한다.[55] 초기그리스도교 예수운동에는 두 그룹이 있었다. 수난과 부활 케리그마를 중심으로 복음을 받아들인 그룹이 있었는가 하면, 다른 한 편으로 예수

---

53) H. E. Tödt, *Der Menschensohn in der synoptischer Überlieferung*, Gütersloh, 1963, 212-245.
54) 앞 책, 228.
55) 앞 책, 244.

의 케리그마, 곧 하나님 나라 선포를 복음의 중심으로 선포하는 그룹이 있었다. Q문서는 두번째 그룹에 속해 있었다는 것이다.

Q는 그리스도론에 있어서 하나의 독자적인 영역을 확보하고 있는데, 그것은 곧 사람의 아들-그리스도론(Menschensohn Christologie)이었다.[56] 퇴트는 역사적 예수의 하나님 나라 케리그마를 그들의 사회 역사적 정황에서 다시 선포한다는 관점에서 Q를 이해하고 있다. Q공동체는 바로 그 점에서 수난과 부활 케리그마를 신봉했던 초기그리스도교 그룹과 차이가 존재한다는 것이다.

Q의 편집신학

류어만(D. Lührmann)은 Q의 편집신학에 대하여 몇 가지 예를 들어 질문을 제기하고 있다. 일차적으로 그는 Q가 과연 일관된 의도 하에서 편성되고 배열되었는가 하는 점을 묻는다: "예수 말씀자료의 존재는 Q가 오랜 기간의 전승과정의 마지막 단계에서 형성되었다는 사실과 그에 일치하여 Q자료들이 통일성을 갖고 수집되거나 편집되지 않았다는 사실을 암시한다. Q뿐만 아니라 공관복음서 전승의 도처에서 우리는 하나님 나라가 초기그리스도교 공동체들에 의해서 여러 단계를 거쳐 선포되고 있음을 발견한다."[57]

---

56) 앞 책, 244.
57) D. Lührmann, *Die Redaktion der Logienquelle*, Neukirchen-Vluyn, 1962, 19.

이로부터 류어만은 최종 편집 이전에 Q는 오랜 기간에 걸쳐 전승과정을 거쳤다는 결론에 도달하였다. Q의 최종 편집은 이스라엘에 대응한 심판사상에서 나타난다.[58] 이러한 편집 배후에는 개별 편집자 또는 특정한 편집 공동체가 서 있음을 그는 추정한다. Q의 편집은 곧 그 자료를 수집하고 배열하여 편집하였던 초기그리스도교의 특정한 Q교회 공동체가 서 있다는 것이다.[59] 류어만은 Q복음서를 작성한 Q교회 공동체설을 최초로 제창하였다. 그는 또한 Q의 형식을 "로고스의 문학양식"에 따라 배열하였는데, 이러한 로고스 문학양식은 유다의 지혜묵시문학에서부터 후기 영지주의 문헌에 이르기까지 광범위한 스펙트럼에 걸쳐서 나타난다.[60]

Q의 가장 핵심적인 편집 동기는 무엇인가? "이스라엘에 대한 대립"과 묵시 종말론적 "심판예고"이다.[61] 류어만은 지상예수와 초기그리스도교 공동체 사이의 연속성을 "케리그마"에서가 아니라 "묵시 종말사상"에서 찾아야 한다고 주장하였다. 부활 케리그마와 달리 묵시 종말사상에서 예수는 '선포의 대상'(der Verkündigte)이 아니라 선포의 주어가 된다. 예수는 '사람의 아들'로서 그에게 속한 공동체를 구원한다는 것이다.[62]

---

58) 앞 책, 84.
59) 앞 책, 95.
60) 앞 책, 91.
61) 앞 책, 93.
62) 앞 책, 96f.

가장 오래된 전승층이 팔레스타인에 존재했던 초창기 그리스도교 공동체의 전승들을 포함하고 있다면, Q의 마지막 편집은 기원후 50/60년경 갈릴리와 시리아 접경 지역에서 활동했던 헬레니즘계 초기그리스도교 공동체에 의해서 진행되었을 것이다.[63]

호프만(P. Hoffmann)은 Q 전체를 문학비평적 지평에서 재구성할 수 있다는 생각을 포기하였다.[64] 그는 Q에 포함되어있는 신학 내용의 특성을 발견하였고, 그것을 초기그리스도교 신학사와의 연관성 속에서 파악하려고 하였다: "예수말씀들은 단지 회상적 관점에서 수집하였을 뿐만 아니라, 포괄성을 지닌 하나의 신학적 경향에 따라 배열되었고 새롭게 해석되었다."[65]

그는 누가복음의 순서에 따라 Q의 개괄적인 구성을 다음과 같이 요약한다:

1) 눅 3:7~9.16절/마 3:7~12; 요한의 심판설교.
눅 3:21~22/마 3:16~17; 예수께서 침례를 받으심.
2) 눅 4:2~12/마 4:1~11; 예수께서 시험받으심.

---

63) 앞 책, 88. 이와 달리 벨하우젠은 Q가 예루살렘에서 형성되었다고 본다(앞 책, 88). 하르낙은 Q의 갈릴리아 유래를 주장한다(앞 책, 118). 필하우어는 Q를 초기 팔레스타인의 초기그리스도교 공동체에 소급시킨다. 그리고 그것은 이미 부분적으로 이미 아람어로 문서화 되었다고 본다(앞 책, 328f).
64) P. Hoffmann, *Studien zur Theologie der Logienquelle*, Münster, 1975, 1f. 호프만은 Q어록의 배열 순서를 누가에 따라 재구성한다.
65) 앞 책, 4.

3) 눅 6:20~23. 27~49/마 5:3~4. 6. 15. 39~42. 44~48;
   7:1~5. 16~20. 21. 24~27; 예수설교
4) 눅 9:1~10/마 8:5~10.13; 이방인의 신앙과 이스라엘의 불신앙
5) 눅 7:18~28. 31~35/마 11:2~11. 16~19; 요한과 예수
6) 눅 10:2~16. 21/마 9:37; 10:7~16.
   40; 11:20~27; 파송과 계시의 말씀
7) 눅 11:2~4/마 6:9~13; 기도의 성취에 관하여
8) 눅 11:14~26. 29~33/마 12:22~30. 43~45.
   38~42; 귀신축출과 하나님 나라의 현재
9) 눅 11:39~52/마 23:4~13. 23~27. 29~32.
   34~36; 바리새파와 율법학자
10) 눅 12:2~9.10/마 10:26~33:12:32; 현재의 박해와 미래의
    의로움
11) 눅 12:22~31/마 6:25~33; 먼저 그 나라를 구하라
12) 눅 12:39. 42~46/마 24:43~51; 사람의 아들의 도래
13) 눅 12:51~53/마 10:34; 마지막 때의 재산
14) 눅 17:23. 37. 26. 30. 34/마 24:26~28.
    37~41; 사람의 아들의 도래.[66]

이와 더불어 호프만은 Q와 묵시적 종말에 대한 '근접대망' (Naherwartung) 사이의 상호관계를 탐구하였다. Q가 수집한 예수 말씀들 중에 임박한 심판 사상과 침례자 요한 의해서 선포된 임박한 '불심판자'(Feuerrichter)가 예고되어 있다.[67] 특히 침례자 요한에 관한 짧은 이야기들에서 그는 세 가지 동기를 발견한다. 심판의 위협, 묵시

---
66) 앞 책, 4f.
67) 앞 책, 33.

적 근접대망 그리고 마지막 때 도래할 심판자의 인물됨이 그것이다. 예수와 불심판자를 동일시는 Q의 마지막 편집단계에서 비로소 형성되었다고 그는 주장한다.[68]

호프만은 Q의 전승집단이 박두한 묵시 종말의식에 사로잡혀 살았다고 보았다. Q공동체는 침례자 요한과 예수의 활동, 그리고 그들 자신의 선교 활동 속에서 종말의 시작을 보았다는 것이다. 물론 Q의 이러한 묵시적 근접대망 사상은 Q공동체의 고유한 것이라고 볼 수 없다. 이미 기원전 2세기부터 유대 민중역사에 널리 퍼져있던 묵시문학 운동 집단들 가운데서도 찾아볼 수 있다.[69] 호프만은 Q 전승집단의 묵시적 근접대망 사상의 사회적 '삶의 정황'을 다음과 같이 서술하고 있다: "…무엇보다도 유대전쟁 발발 이전의 수 십 년 동안 유대 민중이 겪어야만 했던 심각한 경제적 위기와 정치적 상황의 악화가 그 주요 원인이었음에 틀림없다. 이러한 위기상황에서 마지막 때에 대한 희망이 팔레스타인 전 지역에 확산되었을 것이다. 정치적 메시아 운동과 종말에 대한 묵시적 대망은 유대민중의 사상에서 떼어 놓고 생각할 수 없다."[70]

그렇다면 Q전승집단과 동시대에 존재했던 유대-묵시문학집단들과의 차이점은 무엇인가? 비교적 최근에 존재했던 역사적 인물 예수와 마지막 때에 올 '사람의 아들'을 동일시함으로서 Q공동체는 스스로를 묵시문학 집단과 구분한다.[71] '사람의 아들' 예수에 대한 Q공

---

68) 앞 책, 34.
69) 앞 책, 102.
70) 앞 책, 102.
71) 앞 책, 103.

동체의 신앙고백은 이스라엘 민중운동 집단 내에서 고유한 특성을 지닌다. Q공동체는 특히 예수가 선포한 평화의 사신을 공동체가 처한 구체적인 선교정황에서 해석하였다. 호프만은 Q공동체가 종말의 때에 이스라엘에게 주어진 역사적 책임의식을 느끼고 있던 집단 가운데 하나였으며, 이스라엘 내부에 존재하였던 "의식 각성 운동"(Erweckungsbewegung)의 한 형태로 보았다: "Q공동체의 예언자들은 이 마을 저 마을을 분주히 순회하면서 '평화의 아들들'을 모으기 위하여 동분서주하였다. 그들은 이스라엘 백성 가운데 온갖 질병으로 고생하는 사람들을 무상으로 치유하고 그들에게 하나님 나라의 임박함과 마지막 날에 다가올 모든 재앙에 대하여 선포하였다."[72]

젤롯당의 무력을 동반한 저항 행태에 반대하는 Q공동체의 이러한 입장, 곧 평화의 아들들을 모으고, 사랑의 계명을 선포하며, 자비의 실천을 요구하는 것은 Q 선교의 기본 뼈대를 이루고 있다. 마지막으로 호프만은 Q공동체 예수 말씀복음이 카리스마적 예언운동의 컨텍스트에서 형성되었음을 보고 있다.[73]

Q편집의 세 단계

폴라그(A. Polag)는 Q전승에서 세 단계의 전승층(Traditionsschicht)을 찾는다: 초기 전승층, 중기 전승층, 후기 전승층이 그것이다. 초기

---

72) 앞 책, 311.
73) 앞 책, 332.

전승층에서는 그리스도론적 진술이 암시되어 있을 뿐 분명하게 나타나지 않는다.[74] 중기 전승층에서 그리스도론적 성향이 분명하게 자리 잡고 있으며,[75] 후기 편집에서 그리스도론이 완성된다는 것이다.

이와 아울러 그는 Q자료들의 그리스도론적 진술내용들에 대해서 물음을 제기한다. 그리스도론적 전승층에 속한 말씀자료에서 만날 수 있는 예수의 사신은 "계시적 특성"(Offenbarungscharakter)을 지니고 있다는 것이다.[76] 이러한 계시적 특성은 예수의 등장에서 이미 나타나고 있다. 예수의 등장은 곧 계시적 사건인데, 그것은 사회적 소수자들에 대한 기쁜 소식이다. 즉 예수는 하나님과의 화해를 위한 "죄 용서"의 의미를 지닌다.[77] 예수가 오신 것은 이스라엘과 하나님 사이에 맺은 계약을 성취하기 위하여 이스라엘 백성을 재소집하려는 것이었다. 폴라그는 예수의 의의를 그리스도론적 칭호에서 찾지 않는다. 예수가 파송된 것은 인간들에게 특정한 결단을 촉구하기 위해서다. Q공동체에서는 "칭호(稱號) 그리스도론"이나 "진술(陳述)의 그리스도론"이 중요한 게 아니라, "결단을 촉구하는 그리스도론"이 중요하다.[78]

---

74) 눅6:27-38;9:18-26;10:4-11. 16;11:14-23. Q복음서의 핵심에 해당하는 이 말씀들은 이미 복음서가 최종편집되기 이전에 형성되었을 것이다. C. A. Polag, *Die Christologie der Logienquelle*(WMANT 45), Neukirchen-Vluyn, 1977, 129.
75) 눅17:30;12:8-9;6:22;17:23-23;12:35-48.
76) A. Polag, 앞 책, 50.
77) 앞 책, 38. 46f.
78) 앞 책, 127.

이와 더불어 폴라그는 Q의 그리스도론적 성향을 전체 구성의 틀에서 파악하려고 한다. 그리스도론적 진술들은 Q공동체로 하여금 예수의 가르침을 보존케 하고, 현재의 박해상황 또는 앞으로 예상되는 박해상황에 대해서 고발한다.[79] Q의 최종 편집단계에서는 하나의 발전된 형태의 그리스도론이 등장한다. 심판자로서의 '사람의 아들' 칭호보다는 오히려 고백의 대상으로서의 '사람의 아들'이 중요한 위치를 차지한다.[80] Q의 중심 내용들은 박해와 적대감이 팽배해 있는 공동체의 위기상황에서 청중들을 위로하고, 그들에게 용기와 권면을 준다. 마지막으로 폴라그는 후기 편집 과정에서의 새로운 그리스도론적 고찰이 예수와 하나님 사이의 특수한 관계를 밝히고 있음에 주목한다. 후기 편집 단계에 이르러서야 예수는 비로소 '하나님의 아들'로 등장한다는 것이다.[81]

이와 다르게 슐츠(S. Schulz)는 전승사적 지평에서 볼 때 Q는 통일성을 결여하고 있다는 점을 지적했다: "Q자료에 대한 전승사적 고찰에서 다음과 같은 몇 가지 사실을 인식할 수 있다. 가장 오래된 전승층, 곧 팔레스타인에 뿌리를 둔 Q의 초기 전승 단계는 헬레니즘 세계의 유대 그리스도교의 전승단계에 속하는 Q자료들과 구분되어야 한다."[82]

---

79) 앞 책, 22. 참조 K. Koch, *Was ist Formgeschichte?*, Neukirchen-Vluyn, 1964, 93.
80) 앞 책, 142.
81) 앞 책, 170.
82) S. Schulz, *Q.Die Spruchquelle der Evangelisten*, Zürich, 1972, 42.

Q의 가장 오래된 전승층은 팔레스타인 지역의 초기그리스도교 공동체에서 형성되었다. 그러나 헬레니즘 세계의 유대 그리스도교의 공동체에로 이행되는 과정에서 다양한 예수의 말씀들이 첨가되었다.[83] 이러한 전승사적 과정을 거친 후에 일회적 편집에 의하여 Q복음서가 완성되었다는 것이다. 슐츠는 각 전승 단계마다 서로 다른 교회 공동체가 서 있음을 추정하였다.[84]

Q의 초기전승 단계에서는 '내가 너희에게 말한다'(lego hymin)는 문구가 정형화 되어 나타난다. 이러한 정형화된 문구는 하나님의 자기계시 형식을 띠고 있는데, 예언자적 열광주의, 카리스마적 율법주의, 묵시적 근접대망을 내용으로 포함하고 있다. Q공동체는 무엇보다도 예수가 죽음에 머물러 있지 않고 사람의 아들로, 곧 세계의 심판자로서 다시 올 내림(parousie)을 희망하였다.[85] 후기 Q공동체는 내림지연(Parusie Verzögerung)의 상황을 극복하기 위하여 의도적으로 예수의 말씀과 행위를 케리그마로 수용하였다고 슐츠는 생각한다.[86]

마가 이전의 교회 전통과는 달리 후기 Q전승에서는 기적행위자

---

83) 동상(同上).
84) 앞 책, 3. 슐츠는 원시 그리스도교의 전승을 모두 다섯개로 나누어, 그들의 독자성과 차이점을 연구한다. 이 진술들은 서로 상이한 케리그마적 성향을 지니고 있다: 1) Q-재료, 2) 예루살렘교회의 케리그마(히브리인들과 스테반 집단), 3) 마가전승, 4) 바울이전의 교회 전통(즉 묵시문학적 그리고 영지의적 전승층), 5)요한 이전의 전승.
85) 앞 책, 53.
86) 앞 책, 481.

그리스도론이나 "신-인 그리스도론"(theios-aner Christology)이 전혀 등장하지 않는다. 이와 달리 Q에서는 '소피아 그리스도론'(sophia Christology)이 주요한 역할을 한다.[87] 지상 예수는 하늘의 지혜(소피아)에 의해서 파견된 분이다. 하늘의 소피아에 의해서 파송된 예수의 위치는 그가 이스라엘 역사에서 살해당한 예언자들과 달리 죽음에 머물러 있지 않고 묵시적 '사람의 아들'로 들리움을 받았다는 것이다.

슈미트할스(W. Schmithals)는 마가와 Q의 공동 재료들(Dublette)을 연구함으로써, Q의 그리스도론적 편집은 마가 이후에 완료되었다고 추론한다.[88] 그는 Q가 마가를 전제하고 있다는 의견을 제시했다.[89] Q의 초기 말씀(Q_1)은 예언-묵시적으로(prophetisch-apokalyptisch) 구성되어 있으며, 그리스도론으로 발전하기 이전의 세계관을 반영하고 있다고 주장한다.[90]

---

[87] 앞 책, 483. 하늘의 지혜(소피아)는 이스라엘 역사에서 묵시문학적 종말사건들을 포함하여 구원의 기능을 위임받았다고 슐츠는 생각한다. 소피아는 이스라엘의 구원사에서 구원의 중재자로 등장한다.

[88] W. Schmithals, Evangelien, *TRE X*, 570-626. 슈미트할스는 두 자료설을 다음과 같이 보완하고 있다:

```
        GS(기본문서)           Q₁
           /\                  /\
          /  \                /  \
       Mk(마가)              Q
         |                    |
         |                    |
       Mt(마태)              Lk(누가)
```

[89] 앞 책, 622.

[90] W. Schmithals, *Das Evangelium nach Markus*, Gütersloh, 1979, 561.

슐츠와 달리 슈미트할스는 Q에서 팔레스타인 전승과 헬레니즘 전승을 선명하게 구분할 수 없다고 생각한다. Q에서 나타나는 지혜의 말씀 전승은 마가에서는 전혀 등장하지 않는다.[91] 초기 Q전승은 진정한 예수의 말을 담고 있다. 그것은 갈릴리에서 예수를 따라 다녔던 추종자들(Jesus people)이 예루살렘 교회의 부활 케리그마를 경험하지 못했다는 사실을 보여준다.

초기그리스도교 예수운동에서는 다양한 그리스도론이 존재하였다. 특히 Q_1공동체는 예수를 도래하는 구원을 선포한 예언자로서 이해하였고, 그의 죽음을 하나님으로부터 파송된 자의 억울한 순교적 죽음이요 사회적 모순의 결과로 이해하였다. 그에 따르면 Q_1의 전승단계에서 예수는 아직 '사람의 아들'(Son of man)과 동일시되지 않고 있다. 결론적으로 슈미트할스는 Q_1의 전승 담지자들은 임박한 종말 의식을 가지고 갈릴리를 거점으로 선교활동을 펼쳤다고 추론한다.[92]

Q의 사회사적 탐구

문서로 정착되기 이전의 예수 말씀 전승들에 대한 사회학적 연구의 기틀을 마련한 사람은 양식비평 학자인 디벨리우스이다. 그는 초기그리스도교 문헌에 나타나는 모든 문학양식이 초기그리스도교 공동체가 처해있는 사회역사적 정황을 반영하고 있다고 생각하였다. 따라

---

91) 참조, 눅6:31;11:9-13;12:6-7;22-34; 마5:45.
92) 앞 책, 443.

서 누구든지 복음서 문학양식들의 형성 과정을 올바르게 이해하기 위해서는 그 공동체가 처한 사회역사적 정황을 연구하지 않으면 안 된다. 특정한 문학양식을 생산한 공동체의 사회역사적 정황이 고려되어야 한다는 것이다.[93] 그는 초기그리스도교 공동체의 삶의 조건들(Lebensbedingungen)과 삶의 기능(Lebensfunktionen)을 추적하는 일을 양식사 연구의 필수적인 과제로 생각했다: "만일 이러한 작업을 포기하면, 분석에 의해서 발견된 자료들과 통일성을 이루고 있는 작은 전승 개체들은 사회학적 제 관계를 상실하게 될 것이다."[94]

불트만 역시 "문서화되기 이전 예수 말씀 전승의 역사를 밝히고 재구성하는 것"을 양식사의 주요한 과제로 인식하였다: "… 초기그리스도교 공동체의 삶이 각인되어 있는 문학은 그 공동체의 특정한 삶의 형태에 기인하며, 문학의 양식을 규정한다. '삶의 정황'이 개별적이고 역사적 사건이 아니라 하나의 공동체의 사회적 삶의 양식을 결정하는 것과 마찬가지로, 문학적 '유형'(Gattung) 내지 형식(Form) 또한 사회적 삶의 양식에 의해서 결정된다. 따라서 문학양식은 미학적 개념이 아니라 사회학적 개념이다."[95] 문학양식들부터 "공동체의 사회적 삶"(Gemeinschaftsleben)의 동기 추적이 가능하며, 동시에 공동체의 삶으로 부터 문학양식을 추론하는 것이 가능하게 된다.[96]

---

93) M. Dibelius. 앞 책, 8.
94) 앞 책, 9.
95) R. Bultmann, 앞 책, 4f.
96) 앞 책, 5.

초기그리스도교 공동체의 "사회적 삶의 조건"(디벨리우스) 내지 "공동체적 사회적 삶"(불트만)이 양식사 연구 방법에 있어서 사회학적 기본 범주라면, 우리는 여기에서 어떠한 "삶의 조건"이고 어떠한 "공동체적 삶"인가를 반드시 물어야 할 것이다. 그러나 디벨리우스와 불트만은 유감스럽게도 초기그리스도교 문학 전승이 공동체의 삶의 현실을 담고 있고 그 공동체와 그의 생산물인 문학적 전승은 사회학적 방법의 대상이라는 결론에 도달하였음에도 불구하고, 그 구체적인 내용을 밝히는 데까지 나아가지 아니 했다.

슈어만(H. Schürmann)은 처음으로 부활 이후 신앙 공동체의 삶을 넘어서 지상 예수의 삶에 관심을 갖기 시작했다. 부활 이전과 부활 이후 신앙공동체를 연결하기 위하여 그는 둘 사이의 사회학적 연속성을 추적하였다.[97] 그는 일차적으로 부활사건 이전 제자집단의 "삶의 정황"에 대해서 질문을 던졌다: "주의 말씀들은 이미 부활 이전의 제자들의 상황을 반영하는 하나의 전승사적 접점과 제자들의 행동양식을 포함하고 있는가? ― 그것이 우리의 물음이다. 단지 이러한 유형의 전형적인 상황과 부활 이전 제자 집단 공동체의 행동양식을 우리는 주의 말씀의 '첫 번째' 삶의 정황(Sitz im Leben)으로 부르려고 한다. '두 번째' 삶의 정황은 부활을 경험한 공동체가 될 것이다."[98]

---

97) H.Schürmann,"Die vor sterlichen Anfange der Logientradition. Versuch eines formgeschichtlichen Zugangs zum Leben Jesu," in:ders, *Traditionsgeschichtliche Untersuchungen zu den synoptischen Evangelien*,(KBANT), Düsseldorf, 1968, 42.
98) 앞 책, 48.

공동체의 부활체험 이전의 제자집단과 초기그리스도교 부활 공동체 사이의 사회학적 '연속성'(Kontinuität)은 단순히 형식적인 차원에 머물러 있지 않고 있다. 이미 제자직(Nachfolge)의 사실성 그리고 부활 이전 제자집단의 존재가 Q에서 발견되기 때문이다.[99] 슈어만은 부활 이전 예수의 제자집단 가운데서 Q전승의 형성과 초기 전승의 정황을 발견하려고 한다.

이와는 다른 차원에서 케제만(E. Käsemann)은 초기그리스도교의 팔레스타인 지역 선교운동을 소위 예언자 운동으로 성격화한다. 하나님과 이스라엘 백성 사이의 종말적 계약갱신이[100] Q공동체의 삶의 정황을 형성하고 있다는 것이다.[101] 이와 달리 헹엘(M. Hengel)은 제자직(弟子職)에로의 부름에서 카리스마적-예언자적(charismatisch-prophetisch) 특성을 발견한다.[102] 다른 한편으로 크레츠마(G. Kretschmar)는 시리아 지역에서 전개되었던 떠돌이 예언자집단

---

99) 동상(同上). 참조, E. Schweizer, "Der Glaube an Jesus den 'Herrn' in seiner Entwicklung you den ersten Nachfolgern bis zur hellenistischen gemeinde," *EvTh* 17, 1953, 7-21. 여기에서는 훅스도 마가의 소명사화(1, 16-20)를 예를 들어 예수의 수난과 부활 이전에 예수와 그의 제자들 사이에 이미 공동체를 형성하였음을 추론한다(E. Fuchs, "Glaube und Geschichte in Blick auf Frage nach dem historischen Jesus," *ZThK* 54, 1957, 117-115).
100) E. Käsemann, "Zum Thema der urchristlichen Apokalyptik," in:ders, *Exegetische Versuche und Besinnungen II*, Göttingen, 1964, 105-131.
101) 앞 책, 115.
102) M. Hengel, *Nachfolge und Charisma. Eine exegetisch-religiongeschichtliche Studie zu Mt8, 21f. and Jesu Ruf in die Nachfolge*, Berlin, 1968, 41ff.

(Wander-Propheten)의 종말적 예언운동의 성격을 밝히는데 관심을 기울인다.[103] 이들의 연구는 Q공동체의 신학적 그리고 실천적 경향을 이해하는데 중요한 실마리를 제공하였다.

이와 유사한 지평에서 타이쎈(G. Theissen)은 예수의 말씀 전승들을 본격적으로 소위 "문학 사회학적 방법"을 동원하여 탐구하였다.[104] 예수의 과격한 말씀들을 전승했던 공동체는 "어떤 방법으로든지 그 전승에 일치한 삶"을 살았을 것이다. 그들은 아마도 사회적으로 삶의 근거를 잃어버린 부랑자 집단 가운데 하나일 것이다.[105] Q의 전승자들은 그들이 몸담고 있는 사회의 총체적 위기의식 속에서 아노미적 (anomic) 상황을 극복하기 위해서 예수운동에 가담했다는 것이다.[106] 즉 Q공동체의 예수운동은 유대 사회의 통합기능을 수행하였다.

Q의 사회적 제(諸) 관계를 타이쎈은 세 가지 사회학적 범주로 설명한다. 사회경제적 요인, 사회생태학적 요인 그리고 사회 문학적 요인이 그것이다.[107]

---

103) G. Kretschmar, "Ein Beitrag zur Frage nach dem Urspung Frühchristlicher Askese," ZThK 61, 1964, 27-67.
104) G. Theissen, Studien zur Soziologie des Urchristentums(WUNT19), Tübingen, 1983, 80ff.
105) 앞 책, 106. 타이쎈은 이러한 해석을 예수시대 유대-팔레스타인 사회에 팽배하였던 삶의 근거를 박탈당한 사회적 집단들의 현실을 밝힘으로써 시도하고 있다.
106) 앞 책, 133f.
107) 앞 책, 92. 사회경제적 요인은 이 집단의 생계, 소명 그리고 계층에 대하여 묻는다. 사회 생태학적 요인은 이 운동이 전개되었던 지정학적 그리고 도

사회경제적(Sozio-ökonomische) 측면에서 보면 사회적 양극화로 인한 구걸행위(Bettelen)가 Q의 예수운동에서 떠돌이 카리스마적 예언운동으로 변형되어 나타났다. 초기그리스도교의 떠돌이 카리스마적 예언운동과 유사한 형태를 타이쎈은 그리스 견유학파(犬儒學派)의 방랑철인(kynische Wanderer)에서 찾는다: "초기그리스도교 Q공동체와 그리스 견유학파의 사회적 기풍(氣風)은 세 가지 점에서 유사하다: 고향상실, 가정상실, 무소유의 에토스가 그것이다."108)

사회생태학적(Sozio-ökologische) 측면에서 볼 때 Q전승은 도시가 아니라 시골지역에서 생겨났음을 추론할 수 있다.109) Q전승의 원래적 토양이 시골이었다는 타이쎈의 주장은 주목할 만하다. 왜냐하면 초기그리스도교 예수운동이 철저하게 도시현상으로 이해되었기 때문이다. 시리아-팔레스타인 접경지역에 존재했던 Q공동체는 사회문화적(Sozio-kulturelle) 측면에서 보면 시리아 방언이었던 아람어를 사용하였을 것이다.

Q와 견유학파

타이쎈은 초가그리스도교 Q공동체의 예수운동과 그리스 견유학파

시-시골간의 주변 환경에 대해서 그리고 사회 문학적 요인은 특정 사회집단의 언어, 가치규범 또는 문화에 대해서 설명한다.
108) 앞 책, 90; ders, *Soziologie der Jesusbewegung. Ein Beitrag zur Entstehungsgeschichte des Urchristentums*(TEH 194), München, 1974, 20.
109) G. Theissen, *Studien*, 98ff.

들의 무소유 운동 사이에 차이점을 간과하고 있다. 견유학파의 무소유 운동이 도시에서 일어난 반문화 운동이라면, Q는 시골에서 일어난 사회적 연대 운동이었다. 견유학파는 철저하게 개인주의적 성향을 띠고 있다면, Q의 예언운동은 공동체의 가치를 중요시 한다는 점에서 서로 다르다.

첼러(D. Zeller)는 Q의 전승집단을 선교적 사명을 띤 예언자 집단으로 규정한다. 이 집단의 핵심 세력은 떠돌아다니면서 기적을 행하는 예언자들이라는 것이다. 예수로부터 하나님 나라 도래의 선포를 위임받은 떠돌이 예언자들은 곧 예수의 권능과 카리스마를 계승하였고, 예수와 같은 자리에서 하나님 나라를 선포하였다.[110] 첼러는 시리아 지역에서 활동했던 카리스마적-금욕주의적 방랑의 예언자들이 주와 동일한 과제를 위임받았다는 자의식을 가지고 선교에 임했다고 추론한다. 바로 이들이 실제로 Q전승의 최초 수집가요 전승자일수 있다는 것이다. 방랑의 카리스마적 설교자들은 정기적으로 예배에 참석하는 교인들의 예수에 대한 신앙을 북돋아주고 확고하게 하기위하여 말씀자료 Q를 사용했을 것이다.

Q의 사회사적 연구

쇼트로프(L. Schottroff)와 슈테게만(W. Stegemann)은 Q전승을 사

---

110) D. Zeller, *Die weisheitlichen Mahnsprüche für den Synoptikern*, Würzburg, 1977, 197.

회사적 삶의 정황과의 연관성 속에서 탐구하였다: "여기에서는 단지 예수 말씀자료의 문학적 운명만을 문제삼는 데 그쳐서는 안 된다. 그것의 핵심 내용들이 무엇인가, 그 사회사적 의미를 밝혀내야 한다. 그 내용들은 상호 간에 하나의 통일된 기반을 이루고 있다. 이러한 사회적 삶과 선포 내용의 연관성 속에서 선포의 내용들은 결정적인 의미를 지닌다."[111]

Q의 전승집단은 그들에 의하면 곧 임박한 세계종말을 기대하였던 무소유의 설교자들이었다. 따라서 그들이 선포한 예수 사신의 내용들 가운데는 내용 면에서 무소유에 대한 입장이 분명하게 나타난다.[112] Q에는 생존의 위협을 당하는 가난한 팔레스타인 주민들의 염려가 표출되고 있다. 날품꾼, 극빈자, 노예, 농노, 소농 등 팔레스타인 주민의 절대 다수를 이루고 있는 사회적 소수자들은 일용할 양식을 위해서 염려할 수밖에 없는 절박한 처지에 놓여있었다(Q마 6:25~33).[113] 쇼트로프에 의하면 Q의 떠돌이 예언자들은 생존의 궁핍함에 대한 염려를 하나님의 보호에 대한 전적인 신뢰 가운데서 떨쳐버렸다. 창조주 하나님에 대한 표상과 이것과 밀접하게 결부되고 있는 인간의 유토피아는 Q예언자들에게 있어서는 결정적 의의를 지닌다: "그러나 Q에 나타나고 있는 유토피아는 하나님의 미래적 세계 혹은 피안의 세계를 동경하는데 머물러 있지 않다. Q예언자들은 하나님의 절대 요청으로서의 하나님의

---

111) L. Schottroff/W. Stegemann, *Jesus von Nazareth-Hoffnung der Armen*, Stuttgart, 1981, 55.
112) 앞 책, 54.
113) 앞 책, 55.

통치를 주어진 사회적 삶의 한복판에서 실현하였다. 그와 동시에 Q는 인간의 생존권은 그 어떤 세력에 의해서도 침해당해서는 안 된다는 점을 보여준다."[114]

쇼트로프와 슈테게만은 이를 넘어서 Q의 전승자들은 비록 그들이 극빈자(ptochos)는 아니었을지라도 절대다수의 팔레스타인 주민들과 마찬가지로 가난한 형편에서 생활했음을 지적하고 있다. 가난한 사람들을 위한 복음은 하나님의 왕적 통치에서 실현되는 빈곤으로부터의 해방에 대한 희망과 결부되어 있다. 동시에 인간을 억압하고 있는 모든 악의 세력으로부터의 해방과 결부되어 있다. 물질적 구원뿐만 아니라 물질적 억압에 의해서 일그러지고 파손된 영혼의 구원, 즉 하나님의 왕적 통치 앞에서 인간의 총체적 구원을 Q는 지향했다.[115]

이와 다른 차원에서 사토(M. Sato)는 Q의 전승집단을 구약성서의 예언자 전통에서 파악하려고 한다.[116] 그는 Q공동체의 이중 구조에 주목한다. Q공동체는 떠돌이 선교사들 그리고 각 지역의 교인들로 이중적인 구조를 이루고 있다는 것이다.[117] 사토는 타이쎈의 견해를 받아들여 지역교회 구성원들이 곧 떠돌이 예언자들을 재정적으로 후원하고 있었다고 본다.[118] 동시에 그들은 Q복음서의 최종 편집자라는 것이다.

---

114) 앞 책, 70.
115) 앞 책, 64.
116) M. Sato, *Q und Prophetie. Studien zur Gattungs- und Traditionsgeschichte der Quelle Q*, Tübingen, 1985.
117) 앞 책, 407.
118) 동상(同上).

우로(R. Uro)는 Q전승의 선교 지침에 대한 사회사적 "삶의 정황"을 탐구한다.[119] 그는 일차적으로 선교 지침을 전승으로부터 분리하고, 특히 선교 지침에 나타나있는 사회적 선교 정황에 주목한다. Q의 떠돌이 카리스마적 예언자들은 로마인에 의해서 십자가에 처형된 예수사건을 직접 목격하였던 그리스도교 제1세대에 속한다는 것이다. "이 세대 사람들(the men of this generation)"(Q 7:31-35)의 그리스도인들은 지상 예수처럼 평화의 아들들을 모으고 그와 더불어 근접한 하나님 나라의 선포를 선교의 중심 과제로 삼았다.[120] 그러나 후기 Q전승에서는 떠돌이 예언자들은 고발당하고 박해를 받는 등 부정적인 경험들이 반영되어있다.

필자는 Q복음서를 생산했던 Q공동체의 예수운동을 갈릴리 민중의 사회사적 지평에서 해석하였다. 특히 예수운동을 그레코-로만 사회의 중심부에서 변두리로 밀려난 사회적 소수자들인 갈릴리 사회의 민중에 의한(by the *minjung*), 민중을 위한(for the *minjung*), 민중의(of the *minjung*) 해방과 각성운동으로 성격을 규정하였다. 갈릴리의 사회적 소수자들은 역사적 예수의 가르침에 근거하여, 그는 최초로 Q의 예수운동을 사회적 소수자의 자존감 회복운동이요, 해방이라는 틀에서 해석하였다.[121]

---

119) R. Uro, *Sheep among the Wolves. A Study on the Mission Instructions of Q*, Soumalainen, 1988.
120) 앞 책, 241.
121) Kim Myungsoo, *Die Trägergruppe von Q, Sozialgeschichtliche Forschung zur Q-Übrelieferung in den synoptischen Evangelien*, Hamburg, 1990.

우리는 이상에서 주로 독일을 중심으로 전개된 Q연구의 발자취를 살펴보았다. 최근 미국에서 행해지고 있는 Q연구들은 독일에서 연구된 테제들을 기초로 하면서 부분적인 테제들을 확대시키고 있다. 독일의 Q연구가 유대 문화의 묵시 종말적 특수성과 공동체성의 지평에서 연구되고 있다면, 북미의 연구는 헬레니즘 문화의 보편성과 개인주의적 지평에서 연구되고 있다.

『예수 세미나』운동 이후 북미에서 진행되고 있는 Q연구들에 대해서는 다른 장에서 상세하게 다루어질 것이다.

Q 예수운동의 현대적 의의

지금까지 우리는 공관복음서가 전하고 있는 예수 말씀전승인 Q복음서에 대한 연구를 역사비평학적 지평에서 고찰하였다. 문학 비평에서는 두 자료설에 근거한 마가와 Q의 문학적 관계가 그리고 양식사 연구에서는 개체 말씀전승들의 유형 및 각 전승층의 연구가 중심 주제였다. 편집사비평에서는 Q의 신학적 특성이 주제였고, 사회사적 연구에서는 공동체가 놓인 전체 사회의 틀과의 연관성 속에서 Q복음서를 탐구하였다. Q전승집단의 사회적 성격을 밝히는 것 또한 사회사적 연구의 과제였다. Q에 대한 일련의 공시적(diachrone)이고 통시적(synchrone)인 접근을 통해서 우리는 초기그리스도교 Q공동체가 전개했던 예수운동의 연구 발자취를 더듬어 보았다.

초기그리스도교 Q공동체의 예수운동이 오늘을 사는 그리스도인에게 어떠한 의미를 주는가? Q공동체 구성원들은 단순히 역사적 예수에 대한 지적인 호기심에서 말씀들을 수집, 보존, 전승했던 것이 아니다. 공동체가 놓인 컨텍스트에서 예수의 가르침을 삶의 등불로 삼고 예수를 본받아 살기 위해서였다. Q가 전하고 있는 예수말씀을 어떻게 실천하며 살 것인가는 오늘을 살아가고 있는 우리에게도 여전히 화두가 아닐 수 없다.

갈리리 바다로 들어가는 요단강 물길. 언저리에 보이는 낮은 구릉과 평원의 풍경이 아주 전형적인 갈릴리의 모습이다.

제2편

제4장
큐복음과 초기그리스도교 기원

제5장
큐복음과 묵시 종말사상

제6장
큐복음의 민중 케리그마

제7장
큐복음의 사회 수사적 전략

제 4 장

큐복음과 초기그리스도교 기원

도올의 『큐복음서』

최근 도올 김용옥 선생이 『큐복음서』(통나무, 2008)라는 책을 출간하였다. "신약성서 속의 예수의 참 모습, 참 말씀"이라는 부제가 말해주고 있듯이 이 책에는 평소 선생의 역사적 예수에 관한 지대한 관심이 엿보인다. 책의 앞부분 "도론(導論)"에서는 '예수 가라사대 …'로 시작되는 Q복음의 150년에 걸친 연구사가 평범한 한국인들도 이해하기 쉽도록 개괄적으로 소개되고 있으며, 저자의 독특한 시각이 돋보이는 뒷부분 "Q복음서"에서는 Q-텍스트와 본문에 대한 간략한 해석이 곁들여있다. 이 책에는 그동안 성서학자들에 의해서 진행된 역사비평학(historical criticism)의 연구 성과들이 전제되어 있지만, 저자는 그것에 매이지 않고 경계를 넘나들며 자유자재하게 자신의 신학적 견해를 개진하고 있다.

한국교회는 부흥과 팽창일로에 있는 것 같이 보이지만, 실상은 보편성을 상실하고 사회와의 소통이 부재한 형편이다. 일반인의 상식 세계로부터 점차적으로 고립되어 소수집단(sect)화 되어가고 있는 것이 오늘날 한국교회의 모습이다. 한때 목사가 될 꿈을 안고 신학대학에 다닌 적이 있는 도올선생은 이러한 한국교회의 병든 현실을 직시하면서 한국 그리스도교가 과연 어디에 근거하여 복음의 아이덴티티를 찾고 신앙의 건강성을 회복해야 할 것인가의 문제로 평소에 많은 생각을 했던 것 같다. 『큐복음서』를 집필하게 된 동기는 도올 자신이 고백하고 있듯이 "새벽기도를 한 번도 거른 적이 없는 어머니로부터 물려받은 신앙의 한 결실이요," 기독교 문화 속에서 평생을 살아온 그의 한국교회에 대한 비판적인 사랑에서 비롯되었음을 알 수 있다.

두 자료설(Zwei Quelle Theorie)

일찍이 바울은 '다른 복음'(*heteros euanggelion*)(갈 1:6-9), '다른 예수'(*allos 'Iesus*), '다른 영'(*pneuma heteros*)(고후 11:4)[1]을 전하는 자들에 대해서 공격한 바 있다. '다른 복음,' '다른 예수'를 전하는 자들이 누구를 가리키고 있으며 그 내용이 무엇인지는 확실치 않다. 그러나 우리는 Q복음서를 읽을 때 바울이 전해준 것과 성격이 전혀 '다른 복음'과 '다른 예수'를 만나게 된다. Q가 전하는 복음과 예수는 바울이

---

1) 고린도후서 11장 4절에도 이 다른 복음이 등장하고 있다: "만일 누가 가서 우리의 전파하지 아니한 **다른 예수**를 전파하거나 혹 너희의 받지 아니한 **다른 영**을 받게 하거나 혹 너희의 받지 아니한 **다른 복음**을 받게 할 때에는 너희가 잘 용납하는구나."

전한 부활의 복음 및 부활의 예수와 상당한 편차를 보이고 있으며, 또한 Q가 전하는 예수는 현대 회중교회 그리스도교인의 신앙형태와도 상당한 거리가 있다. 이러한 견지에서 볼 때, Q복음서가 전하는 예수는 현대 그리스도교 문화권에서도 여전히 '낯선 복음'으로 남아있다. Q복음서를 읽으면서 우리는 바울의 저주를 받게 될 것인가, 아니면 바울의 입장을 대변하여 Q복음 전승자들을 저주해야 할 것인가? 이 결단은 우리의 몫으로 남아있다.

마태복음과 누가복음 저자가 마가복음 외에 독립된 예수 로기온(말씀) 전승자료를 기초로 그들의 복음서를 기록했다는 두 자료설(Zwei Quellen Theorie)이 헤르만 바이쎄(Ch. H. Weisse)에 의해서 주창된 이후(1838), 이 가설은 19세기 이후 성서학계에서 일반적으로 수용되어 오늘에 이르고 있다. 두 복음서 저자가 마가복음 이외에 공통으로 사용한 것으로 추정되는 이 말씀자료(Logienquelle)는 요하네스 바이쓰(J. Weiss)에 의하여 최초로 "큐"(Q)로 명명되었다(1890). 그 이후로 Q의 존재는 학계에서 정설로 받아들여지면서 그 문서 자체에 대한 역사비평학적 연구들이 활발하게 진행되었다.

학자들 간에 논란이 있기는 하지만 지난 150년에 걸쳐 진행되어 왔던 Q에 대한 비평학적 연구 성과들은 다음과 같이 몇 가지로 요약될 수 있을 것이다:

1) 마가복음에는 등장하지 않으나 마태복음과 누가복음에 중복되어 나타

나는 자료를 일컬어 Q라고 부른다.
2) Q는 아람어 전승(aramaic tradition)의 헬라어 번역이 아니라, 처음부터 헬라어로 쓰인 문서로 존재했다.
3) Q는 문학양식 상 예수 말씀 모음집(sayings collection)의 형식을 띤다. 예수의 탄생, 기적행위, 수난, 부활 내러티브는 발견되지 않는다. 예수 시험 내러티브(Q 4:1~12)는 예외에 속한다.
4) Q에서 예수는 지혜 선생, 묵시적 심판 예언자, 사람의 아들로 등장한다.
5) Q의 예수는 가정, 고향, 소유의 끈에 매이지 않은 출가자(出家者)의 삶을 살았다. 출가자 예수는 무주(無住), 무상(無相), 무아(無我)의 삶으로 일관했다. 그는 어떤 상(相)에도 머물지 아니한 떠돌이 영적 예언자(Wandercharismatiker)였다.
6) Q전승자료는 몇 차례의 편집단계(Q_1, Q_2, Q_3)를 거쳐서 오늘의 모습을 띠게 되었다.
7) 유대전쟁(66~70)이 암시되어 있지 않은 것으로 보아, Q의 최종편집은 70년을 상회할 수 없으며, 초기 편집 작업은 40년 전후하여 진행되었을 것이다.
8) Q는 하나의 단순한 문서(Document)라기보다는 독자적인 복음서(Gospel)의 성격을 띤다. Q복음서설이 받아들여질 경우, 초기 그리스도교 예수운동에는 사도정통교회와 신학적 입장을 달리했던 교회가 존재했을 것이다. Q교회는 40~60년 경 갈릴리와 시리아 접경지역에서 활동했을 것이다.
9) Q교회와 바울의 본격적인 선교 활동기간(50~60)은 상당 부분 서로 겹친다.
10) 바울의 복음운동이 도시 지향적이라면, Q교회는 목가적이요 반문화적이다.
11) 문장의 배열 면에서 볼 때, 마태보다 누가의 자료가 Q 본문에 더 근접해 있다(A. D. Jacobson).

최초의 복음서 Q

Q를 독자적인 복음서로 인정할 때, 마가복음서가 최초의 복음서라는 종전의 입장은 수정되지 않으면 안 된다. '최초의 복음서'(The First Gospel)(A. D. Jacobson)요 '잃어버린 복음서'(The Lost Gospel)(B. Mack)인 Q는 마가복음서(70년 직후) 보다 대략 10년 이상 앞서 집필되었을 것이다.

학자들 사이에 편차가 있기는 하지만, 두 복음서에 준해서 추산된 Q복음서는 50~65개의 로기온 단위와 220절 내외로 구성되어 있다(H. K. Kee). (도올은 83개의 로기온 단위로 확장한다)

전기 자료비평에 의하면 Q자료는 수난과 부활 케리그마가 결여되었다는 점에서 '반쪽 복음'(das halbes Evangelium: A. Harnack) 또는 신도들의 신앙교육을 위한 '보조자료'(supplementary)에 불과한 것으로 취급되었다. 그러나 80년대 이후 연구 성과에 따라, Q는 사도정통교회의 신앙교육을 위한 이차 자료(secondary source)가 아니라 독자적인 신학체계를 갖춘 독립된 복음서임이 정설로 인정되고 있다. 필자도 함부르크 대학에 제출했던 학위논문에서 Q복음서설을 수용하여, Q교회의 예수운동을 당시 갈릴리의 사회적 소수자들(Die soziale Diskriminierten)의 지평에서 논구한 바 있다(*Die Träggergruppe von Q*. Hamburg. 1990). 이 논문은 IQP에 의해서 Q 캐논(Canon)으로 선정되었다.

"예수는 하나님 나라의 도래를 선포했지만, 도래한 것은 교회였다" (Loissy). 예수는 하나님 나라를 선포했으나, 교회는 예수를 선포했다 (R. Bultmann). '선포자'(Verkündiger)가 '선포 대상'(Verkündigte)으로 바뀐 것이다. 이러한 주장들은 신학의 지월성(指月性)을 연상시킨다. 마치 예수께서 손가락으로 달을 가리키며 보라고 했는데, 교회는 예수의 손가락만 쳐다 본 격이다. '예수의 복음'(Gospel of Jesus)이 교회에 의해서 '예수에 관한 복음'(Gospel about Jesus)으로 바뀌었던 것이다. 불트만은 '예수(의 복음)'를 신학의 전제로, '(부활의) 그리스도'를 신학의 대상으로 삼았다.

그리스도교의 기원

그리스도교의 기원을 어디에서 찾아야 할 것인가? 제자들의 부활체험 사건에서인가, 아니면 예수의 하나님 나라 운동에서인가? 예루살렘교회-바울을 잇는 소위 사도정통교회 복음전통에서는 '수난과 부활'이 케리그마(설교)의 중심에 서있다. 그들은 예수 사후(死後) 제자들의 부활체험 신앙을 교회의 시작으로 삼아 오늘에 이르고 있다.

그러면 Q에서는 어떠한가? Q에서는 바울과 달리 '하나님 나라'가 케리그마의 중심에 서있다. 만약 교회의 기원을 부활체험 사건에 한정시킨다면, Q의 전승집단을 교회로 간주하는 데는 무리가 따를 것이다. 왜 그런가? Q에서는 수난과 부활 케리그마가 전혀 등장하지 않기 때문이다. 교회의 기원을 부활체험 사건에 한정시켜, Q를 교회운동에서 배제시켜야 하는가? 아니면 역사의 예수에 소급하여 교회의 기원을 새롭게 찾아야 할 것인가? 교회의 단초(端草)를 예수의 하나님 나라 운동에서 찾는다면 사정이 달라진다. 역사적 예수의 목소리를 가장 충실하게 담고 있는 Q야말로 교회의 기원에 가장 근접해 있기 때문이다.

Q는 예수와 바울 사이에 위치(*locus*)한다. 다시 말하면 40년 전후하여 시작된 것으로 보이는 Q운동은 예수의 하나님 나라 운동(30년경)과 바울의 회중교회 운동(50년경)을 잇는 가교(架橋) 역할을 하며, 예수에서 바울로 넘어가는 징검다리로 보아도 무방할 것이다.

마태와 누가는 마가복음서 자료로부터 입수한 사도정통교회의 복음전승을 그대로 받아들여 그들의 복음서를 집필에 착수하였다. 그러나 그것으로 만족하지 않았다. 마가에 의해서 전승된 예수 공생애 이야기(public life story)(기적, 수난, 부활이야기)에서 무언가 부족함을 느낀 그들은 보다 생생한 역사적 예수의 모습을 담은 자료들이 필요하지 아니했을까? 그러한 과정에서 그들은 바울과 '다른 복음,' '다른 예수'를 접하게 되었을 것이다. 이 '다른 복음,' '다른 예수'는 팔레스타인의 변두리 갈릴리와 시리아 접경 시골지역에서 명맥을 이어갔던 초기그리스도교 소종파(sect)들에 의해서 전승되었을 것이다. 그들에 의해서 전승된 예수의 육성(肉聲)을 담은 자료들이 다름 아닌 Q복음서였을 것이다.

마태와 누가는 그들의 복음서를 집필하는 과정에서, 마가 자료와 이 '다른 복음' 자료를 두 축(軸)으로 삼아 마가복음서보다 훨씬 다이내

믹하고 풍부하며 역사적 예수에 근접한 복음서를 완성했을 것이다. 마태와 누가에 의해서 '로기온 복음'(Logion Gospel)과 '네러티브 복음'(Narrative Gospel)이 종합된 '제 3의 복음서', 곧 통합 복음서가 집필되었던 것이다. 따라서 마태와 누가복음서를 북미신학자들의 견해에서 볼 수 있는 것처럼 단순히 설화복음서로 규정하는 것은 필자가 보기엔 온당치 않다.

Q복음서뿐만 아니라 마태특수자료(SMt), 누가특수자료(SLk) 역시 이와 유사한 초기그리스도교 소종파 그룹에 의해서 전승되었을 것이다. Q복음서와 비슷한 예수말씀 모음집으로 구성된 도마복음서(*Thomas Evangelium*) 원본은 일반적으로 2세기 초(130년경) 헬라어로 쓰였을 것이다. 이 복음서는 4세기경에 이르러 이집트 나일강 상류, 룩소르 부근의 나그 함마디 지역에서 콥트어(Coptics)로 번역되어 영지주의 그리스도교 소종파들 사이에서 널리 읽혔을 것이다. 콥트어 번역본 이전의 헬라어 원본이 존재하지 않은 것은 아쉬운 일이다.[2]

---

2) 서구 신학자들(특히 영미 신학자들)은 헬라어 도마복음 원본(주후 130년경 편집됨)과 콥트어 도마복음(주후 4세기 중반에 콥트어로 번역됨)을 이분법적으로 분리해서 이해한다. 그들은 Q와 누가, 마태에 나오는 예수의 어록이 도마복음에 겹쳐서 나온다는 이유로 인해 원래 헬라어 도마복음 원본이 영지주의와 관계가 없었을 것이라고 추정한다. 그리고 후대 4세기 중반쯤 콥틱어로 이집트 나그함마디 지역에서 번역될 때, 번역자가 도마복음을 영지주의화 했다고 그들은 가정한다. 그러나 문제는 콥트어로 번역되기 전의 헬라어 원본이 존재하지 않는다는 것이다. 또한 도마복음 저자가 지금 우리가 가지고 있는 Q, 마태, 누가 전승들을 똑같이 가지고 있었는가이다. 헬라어로 쓰인 도마복음 저자는 Q, 마태, 누가 전승들과 유사한, 이미 영지주의화 된 전승들을 소유하고 있었다. 그리고 그는 그들을 자신의 영지주의 공동체를 위해 편집했으며, 후대 콥트어 번역자는 그 헬라어 도마복음을 적당하게 번역했던 것이다. 만일 서구 신학자들의 이분법을 이용하여 도마복음을 이해한다면 도마복음

Q복음서의 구조

일반적으로 Q복음서는 대략 200절로 구성되어 있는 것으로 추정된다. 개략적으로 누가복음과 마태복음에 공통으로 등장하는 Q는 다음과 같다:[3]

요한 세례자의 출현 및 설교	눅 3:7~9. 15~18/마 3:7~12
예수의 세례	눅 3:21~22/마 3:13~17
예수의 시험받음	눅 4:1~13/마 4:1~11
산상설교	눅 6:20~49/마 5:1~7. 29
가버나움의 백부장	눅 7:1~10/마 8:5~13
요한 세례자에 대한 예수의 말씀	눅 7:18~35/마 11, 2~19
제자됨의 길	눅 9:57~62/마 8:19~22
파송 규율	눅 10:1~16 / 마 9:37~10:16; 11:21~23; 10:40
아버지와 아들에 대한 계시	눅 10:21~22/마 11:25~27
목격자에 대한 축복	눅 10:23~24/마 13:16~17
주기도문	눅 11:1~4. 9~13/마 6:9~13; 7:7~11
바알세불 논쟁	눅 11:14~26/마 12:22~30; 12:43~45
요나의 표적	눅 11:29~32/마 12:38~42
빛에 대한 말씀	눅 11:33~36/마 5:15; 6:22~23

은 도깨비 복음서가 될 것이다. 마치 역사의 예수와 신앙의 예수를 분리시켜 버린 역사적 예수 연구의 오류를 그대로 답습하게 되는 것이다.

3) A.Weiser, *Theologie des Neuen Testaments, II: Die Theologie der Evangelien*, Stuttgart, 1993, 22-23.

바리새인과 율법학자들에 대한 저주	눅 11:37~54/마 23:4~36
열매 없는 고백에 대한 경고	눅 12:1~12/마 10:26~33
삶에 대한 걱정과 보화	눅 12:22~34/마 6:19~33
깨어있음에 대한 가르침	눅 12:39~46/마 24:43~51
분쟁을 일으키러 오심	눅 12:51~53/마 10:34~36
시간의 징표에 대하여	눅 12:54~59/마 16:2-3; 5:25~26
겨자씨와 누룩의 비유	눅 13:18~21/마 13:31~33
좁은 문과 닫힌 문	눅 13:22~30/마 7:13~14; 7:22~23; 8:11~12
예루살렘에 대한 탄식	눅 13:34~35/마 23:37~39
큰 잔치의 비유	눅 14:15~24/마 22:1~10
잃어버린 양의 비유	눅 15:3~7/마 18:12~14
하나님과 재물	눅 16:13/마 6:24
율법과 이혼에 대한 말씀	눅 16:16~18/마 11:12~13; 5:18; 5:32
저주, 용서, 믿음	눅 17:1~6/마 18:6~7. 15. 21~22; 17:20
종말의 때에 대한 교훈	눅 17:22~37/마 24:26~27. 37~39. 마 10:39; 24:40~41. 28
맡겨진 돈의 비유	눅 19:12~27/마 25:14~30
열두 지파의 심판	눅 22:28~30/마 19:8

　Q복음서는 예수의 말씀을 무작위적(無作爲的)으로 배열해 놓은 것이 아니다. 공동체의 신학적인 의도에 따라 편집되어 작성되었음을 알 수 있다. Q복음서의 편집 구조를 살펴보면 다음과 같다:[4]

---

4) P. Hoffmann/Ch. Heil, *Die Spruchquelle Q. Studienausgabe Griechisch*

(1) 세례 요한과 나사렛 예수(Q 3:2-7:35)

요한의 선포 (Q 3:2b-17)

세례 받는 예수와 사탄의 시험 (Q 3:21-22; 4:1-13)

축복의 말씀(산상수훈) (Q 4:16; 6:20-49)

이방인의 믿음 (Q 7:1-10)

요한과 예수, 지혜의 자녀 (Q 7:18-35)

(2) 사람의 아들의 파송(Q 9:57-11:13)

제자됨의 길 (Q 9:57-60)

파송 규율 (Q 10:2-16)

아들의 비밀 (Q 10:21-24)

주기도문 (Q 11:2b-4. 9-13)

(3) 예수와 이 세대 사람들과의 갈등(Q 11:14-52)

바알세불 논쟁 (Q 11:14-26)

표적의 요구의 거부 (Q 11:16. 29-35)

심판을 통한 저주 (Q 11:39-52)

(4) 사람의 아들의 내림을 고대하는 제자들(Q 12:2-13:21)

두려워하지 않는 믿음 (Q 12:2-12)

하나님 나라를 구함 (Q 12:33-34. 22b-31)

사람의 아들의 돌연한 내림 (Q 12:39-46. 49-59)

하나님 나라에 대한 두 가지 비유 (Q 13:18-21)

---

und Deutsch, Darmstadt, 2002, 14-15.

(5) 이스라엘의 위기(Q 13:24-14:23)

(6) 예수를 따르는 제자들(Q 14:26-17:21)

(7) 종말(Q 17:23-22:30)

    인자의 날 (Q 17:23-37)
    맡겨진 금에 대한 비유 (Q 19:12-26)
    이스라엘의 열두 지파를 다스림 (Q 22:28.30)

클로펜보르그(J. S. Kloppenborg)의 공과(功過)

마태와 누가가 아니었다면 아마도 Q에 의해서 전승된 예수의 생생한 육성자료는 빛을 보지 못하고 그리스도교 역사의 뒤안길에 영원히 묻혀버리고 말았을 것이다. 그들의 용기와 결단이 없었다면 우리는 예수의 육성을 들을 수 없었을 것이다. 이는 실로 다행한 일이 아닐 수 없다.

예수말씀들(30년)이 일정기간 구전(oral tradition)으로 내려오다가 헬라어 편린(片鱗)문서(초기Q)로 정착되기 시작한 것은 대략 40년 전후로 추정된다.[5] 주로 40년~60년 사이에 활발하게 활동했던 것으로 보이는 Q교회의 말씀전승에 관한 편집사적 탐구는 제임스 로빈슨(J.

---

5) 타이쎈도 Q가 문서로 정착하기 시작한 연대를 가이우스 로마황제 칼리굴라(Gaius Caligula) 사건이 일어난 39년-40년경으로 본다.(G. Theissen, *The Gospel in Context and Political History in the Synoptic Tradition*, Philadelphia, 1991, 203-234.

Robinson: *LOGOI SOPHON*)과 류어만(D. Lührmann: *Die Redaktion der Logienquelle*)에 의해서 본격화되기 시작하면서 클로펜보르그(J. S. Kloppenborg: *The Formation of Q*)에 이르러 꽃을 피우게 되었다.

클로펜보르그는 Q자료를 잘게 썰어 분석한 결과 3가지 서로 다른 편집층(層)을 발견하였다. 지혜말씀층(Q_1)과 묵시말씀층(Q_2)이 중심을 이루고 여기에 예수유혹 내러티브층(Q_3)이 마지막으로 첨가됨으로써 Q편집이 완결되었다는 것이다.[6] 지혜말씀(Q_1)의 청중은 공동체 구성원들이고, 극빈자 축복(Q 6:20b), 제자도(Q 9:59-60), 하나님 나라를 주제로 삼고 있으며, 이 층에서 예수는 지혜스승으로 나타난다. 이에 반해 묵시말씀(Q_2)의 청중은 공동체의 적대자들이고, 심판, 회개의 촉구, 악한 이 세대에 대한 저주가 주제를 형성하고 있으며, 여기에서 예수는 묵시적 예언자로 등장한다. 최종 편집단계인 Q_3는 신화적 언어 사용과 내러티브 형식으로 예수 유혹사건을 기록하고 있으며, 처음이요 마지막으로 여기에서 '하나님의 아들' 칭호가 등장한다.[7]

---

6) 버튼 맥은 클로펜보르그의 3단계설을 더욱 정교화하여 Q 전승을 5단계로 구분한다. Q1 이전층으로써 그는 예수의 아포리즘(금언)을 제시한다 (Q11:9-13; 12:22-23; 6:43-45; 12:2-9; 6:27-36; 16:9-11). B. I. Mack, "The Kingdom That Didn't Come: A Social History of the Q Tradents," *SBL*, 1988, 635.

7) 예수의 유혹 내러티브는 Q뿐만 아니라 마가에도 등장한다. Q 내러티브(Q 4:1-13)를 사전에 인지하고 있었을 것으로 추정되는 마가는 단지 사실보도 차원에 그치고 있다: "성령이 예수를 광야로 몰아내신지라. 광야에서 사십일을 계셔서 사단에게 시험을 받으시며 들짐승과 함께 계시니 천사들이 수종들더라"(막 1:12-13). 왜 그랬을까? 기적을 거부했기 때문이 아닐까? 마가는 예수의 기적행위를 메시아임을 증거하는 중요한 자료로 삼고 있다.

이러한 클로펜보르그의 3단계 편집설은 과연 정당성을 지니는가?[8] 지혜말씀과 묵시말씀이 예수에게서 확연히 이분법적으로 드러나는가?[9] 지혜문학은 유대사회에서 묵시문학보다 먼저 등장했으나, 신구약 중간시대에 이르러 둘 사이의 경계가 모호하게 되었다. 예수의 말씀에서도 마찬가지다. 클로펜보르그에 의해서 대표적 지혜말씀으로 간주되고 있는 하나님 나라는 오히려 묵시-예언적 개념에 더 가깝지 않은가? 그는 지혜말씀을 Q교회의 낙관주의적인 처세철학으로, 묵시말씀을 비관주의적인 종말사상으로 너무 도식적으로 이분화하여 이해하는 것 같다.[10] 그러나 이러한 개념들은 관념의 세계에서가 아니라

---

8) 제이콥슨은 Q의 로기온의 전승단계를 초기층, 기본층, 후기층으로 구분한다.(A. D. Jacobson, *The First Gospel. An Introduction to Q*. Sonoma, CA: Polebridge, 1992, 254.

9) 리차드 홀슬리는 1세기 그리스도교 문학에서 지혜와 묵시를 선명하게 구분지을 수 없음을 그 시대의 사회학적 지평에서 정당하게 지적한다(R. A. Horsley, "Questions about Redactional Strata and the Social Relations Reflected in Q," *SBL* 1989, 186-264).

10) 낙관주의적 처세 철학은 잠언등 아직 묵시문학이 등장하기 전에 이스라엘 사상에서 유행하고 있었다. 그러나 예수 시대와 신구약 중간사에 접어들면서 묵시문학과 지혜문학이 서로 함께 합쳐서 나오기 시작했다. 이러한 시기에 Q의 묵시적 성향이 나타난 것이다. Q에 나오는 지혜의 경향과 묵시의 경향은 서로 분리해서는 이해될 수 없다. 자꾸 서구 신학자들은 분리해서 연구하지만 지혜문학 없이 묵시문학은 있을 수 없다. 묵시문학 이전에, 신구약 중간사 이전에 지혜는 인격적으로 등장하지 않지만, 신구약 중간사와 예수시대에 접어들면서 지혜는 단순한 처세 철학의 중심에서 인격화된, 신적 존재로 나오고 있다. 예를 들면 솔로몬의 지혜서(the Wisdom of Solomon)에서 지혜(소피아)는 세계를 창조하는데 신적 조력자로 나오고 있다. 또한 잠언 8장 30절에 보면 "내가 그 곁에 있어서 창조자가 되어 날마다 그 기뻐하신바가 되었으며 항상 그 앞에서 즐거워하였으며"에서 지혜는 인격적 창조자이며 신적 존재가 된다. 이 부분은 틀림없이 후대의 삽입으로 이해된다.

그 시대의 (지혜묵시적 에토스의) 컨텍스트에서 포괄적으로 이해되어야 할 것이다. Q 형성 단계설이 빠질 수 있는 오류를 도울도 그의 책에서 정당하게 지적하고 있다(위 책, 52).

클로펜보르그는 Q_1(지혜말씀)을 진정한 예수말씀으로 그리고 Q_2(묵시말씀)을 예수의 입을 빌렸지만 교회의 의해서 생성된 2차 전승으로 보는 것 같다. 그러나 필자가 보기엔 Q에서는 지혜말씀과 묵시말씀은 모두 예수에게 뿌리를 두고 있으며, 순차적 편집이라기보다는 오히려 병렬적 편집이다. 묵시말씀과 지혜말씀은 Q복음서에서 한 동전의 양면과 같다. 필자가 보기엔 최근 북미의 연구들은 그레코-로만 세계에서 흔히 발견되는 지혜문학이라는 보편성(Universalität)의 틀에서 Q를 연구하는 데 극단적으로 치우치고 있다. 그들의 연구에서는 Q교회 예수운동이 로마제국의 식민지 치하 도시문화에서 소외된 경계지대의 반문화적 기풍(Counter Cultural Ethos) 속에서 살아갔던 사회적 소수자들에 의해서 전개되었다는 것, 그리고 Q민중(Q-people) 처한 지정학적인 특수성(Partikularität)이 고려되지 않고 있다. 클로펜보르그의 분석은 나름대로 Q연구의 외연(外延)을 넓히는 데 공헌하였다. 이제 Q 연구도 분석을 넘어서 종합의 지평에서 재조명되어야 할 것이다.

또한 나그 함마디 영지주의 문서들에서 지혜(소피아)는 세상을 만든 신, 얄다바옷(Ialdabaoth)을 낳는 신적 존재로 고양된다. 영지주의 문서들에서 신적 존재인 지혜는 영지주의 종말론적 이해와 결합되어 나타난다.

Q복음서의 민중 케리그마

불트만이 말한 바와 같이 모든 복음서는 신앙고백의 산물이다. 우리가 신앙하는 예수는 도대체 어떤 분인가? 복음서는 이에 대한 공동체의 답변이다. Q복음서도 예외가 아니다. 그것은 Q교회의 신앙고백서이다. 복음은 상식을 초월하지만, 동시에 상식 위에 기초해야 한다. 우리는 Q에서 일반인의 상식세계에 기초한 복음을 듣게 된다.

Q교회의 사회적 구성은 어떠했는가? 극빈자(ptochos: Q 6:20~ b21, Q 9:58), 날품꾼(ergates: Q 10:2, 7), 참새와 머리카락(Q 12:6~7), 까마귀와 들꽃(Q 12:24~28), 겨자씨(Q 13:18~19), 누룩(Q 13:20~21) 등으로 형상화되는 사회적 소수자들(soziale Kriminierte), 삶의 뿌리가 뽑힌 채 오로지 조물주의 보살핌에 의지해서만 살아갈 수밖에 없는 무주(無住)의 오클로스(Wander-ochlos)(Q 12:31, Q 9:58, Q 14:26~27), 이들 민중이 Q교회의 주된 사회적 구성이었을 것이다. 그 외에 비록 소수이기는 하지만, 떠돌이 영적 지도자들(Wandercharistmatiker)[11]을 영접하고 민중과 밥상교제를 나눈 지역교회의 후원자들(Sympathisanten)(Q 10:2~12)과 복음서 편찬작업에 참여했던 Q서기관

---

11) 버튼 맥은 Q교회의 떠돌이 영적 지도자들과 헬레니즘 세계의 견유학파(Cynics) 사이의 유사점을 강조한다(B. I. Mack, "Elaboration of the Chreia in the Hellenistic School," *Patterns of Persuasion in the Gospels*, Polibridge, 1989, 85-106). 양자 사이에는 공통점이 있다. 반문화적 에토스가 그것이다. 그러나 차이점도 간과해서는 안 될 것이다. Q의 떠돌이 영적 지도자들은 공동체 지향적이라면, 견유학파는 삶은 개인주의적 경향성을 지니고 있다. 이에 대해서는 홀슬리의 주장이 타당하게 보인다.(R. A. Horsley, *Sociology and the Jesus Movement*, New York, 1989, 43-64.

들도 여기에 포함될 것이다(Q 6:27~35).[12]

그들에게 예수는 누구였는가? 일차적으로 가족, 고향, 소유라는 일체의 상(相)에 머물지 않고 머리 둘 곳 하나 없이 출가자(出家者)의 삶을 살았던 '사람의 아들'이었다(Q 9:57~62). 갈릴리 전역을 떠돌며 무상(choris)으로 병자를 치유하고 악령을 추방했던 치유자요 축귀자였다(Q 7:18~ 22). 먹보요 술꾼이며 세리와 죄인의 친구라는 낙인이 찍힐 정도로 사회적 약자들의 동반자로 살았던 '사람의 아들'이었다(Q 7:33~35). 사회적 소수자들을 하나님 나라의 수혜자로 선언함으로써 그들에게 자존감과 희망을 갖게 해준 예언자였다(Q 6:20b~26). 그의 죽음은 인류를 구원하기 위해서라기보다 사회적 모순으로 인한 필연적인 결과였다(Q 13:34~35). '내가 하나님 아들이다'라는 생각(相)을 놓아 버림으로써 오클로스와 화작(化作)의 삶을 살았던 참 하나님의 아들이었다(Q 4:1~13). 일체의 차별상을 여의고 원수까지 선대하며, 아무 것도 바라지 않고 베푸는 무주상보시(無住相布施)의 삶을 통해서 하나님의 완전하심(teleios)을 본받아 지극히 높으신 분의 아들이 된 분이었다(Q 6:32~35).

바울 케리그마가 회중교회를 위한 복음(Gospel for congregational church)이라면, Q 케리그마는 사회적 소수자들을 위한 복음(Gospel for social outcast)이다. 바울 케리그마에서 예수는 인류구원이라는 거

---

12) J. S. Kloppenborg, "Literary Convention, Self-Evidence and the Social History of the Q People," *Semeia* 55 (1992) 88-89. Q서기관들은 공동체 안에서 주로 예수 말씀을 수집, 보관, 편집, 기록하는 업무를 담당했을 것이다.

대 지평에서 하나님의 아들 그리스도로 선포되지만, Q 케리그마에서는 사회적 소수자들의 일상적 고통을 덜어주는 삶의 동반자로 선포된다. 바울 복음이 예수의 '큰 이야기'(big story)를 선포하고 있다면, Q복음은 예수의 '작은 이야기'(small story)를 선포한다.

바울 케리그마의 중심에 예수의 대속적인 십자가와 부활이 서 있다면, Q 케리그마의 중심에는 예수의 육성(*ipsissima verbum*)과 하나님 나라가 서 있다. 예수의 죽음과 부활사건이 바울에게는 결정적인 의미를 지니고 있지만, 그러나 수난과 부활 케리그마가 Q에게는 결정적 의미를 지니지 못했을 것이다.[13] 오히려 Q에서는 사회적 불의에 의해 희생당한 순교사건으로 선포되고 있다(Q 13:31~35). 복음이 바울의 회중 교회 운동에서 사적제의화(私的祭儀化)되고 있다면, Q의 오클로스교회 운동에서는 사회화되고 있다. Q교회는 예수를 예배 대상으로 숭배하는 데서가 아니라, 그의 가르침(法)을 충실히 본받는 삶에서 자기정체성을 찾았던 것이다. Q 민중에게 예수는 진리의 길을 밝혀준 지혜의 등불이요, 시대의 징조를 예견한 카리스마를 지닌 영적 마이스터였다.

Q와 통전(統全) 복음서의 관계

AD 1세기 초 팔레스타인에서 시작된 초기그리스도교 예수운동은 단선적이 아니라 병렬적으로 진행되었다. 사도정통교회, Q교회, 그리

---

13) B. Mack, "Lord of Logia. Savior or Sage?", *Gospel Origin & Christian Beginnings in Honor of James M. Robinson*, Sponoma, CA. 1990, 6.

고 그들보다 약간 뒤에 나타난 도마교회의 예수운동이 그것이다. 이들은 서로 협조와 경쟁관계를 이루면서 초기그리스도교의 예수운동을 형성했을 것이다. 사도정통교회가 예루살렘과 그레코-로만 세계의 메트로폴리탄들을 선교지로 선택했다면, Q교회는 로마의 도시화 정책에 의해서 소외된 갈릴리-시리아 접경의 농촌마을을 선교지로 설정했다.[14] 바울과 달리 Q의 예수운동은 역사적 예수와의 연장선상에 있는 사회문화적 컨텍스트에서 복음을 증언했던 것이다.

기적과 수난(부활) 내러티브 중심의 복음 선포는 유대전쟁(66~70년)이라는 참화(慘禍) 속에 선교해야 했던 마가교회의 현실에서는 절실하게 요청되었을 것이다. 그러나 전쟁이 끝난 20~30년 후의 달라진 컨텍스트에서 선교하지 않으면 안 되었던 마태와 누가는 마가가 전하는 복음만으로는 그 한계를 느꼈을 것이다. 바울은 다마스커스로 가던 중 환상 가운데서 부활한 예수를 만나 회심하여 이방인의 사도가 되었다(행 9장). 만약 그리스도교가 바울의 다마스커스 체험에 근거해서 복음을 이해하는데 그친다면, 2천년 그리스도교 역사는 사실 그러한 면이 없지 않은데, 가현론(Doketismus)에 빠질 우려가 있다. 마태와 누가가 바울과 동시대에 활동했던 Q교회의 복음서에 눈을 돌렸던 것은 이와 무관하지 않을 것이다. 그들은 바울과 동시대에 활동했던 Q교회의 복음에서 보다 생생한 예수의 육성을 들을 수 있었을 것이다. 마태

---

14) 예수 당시 갈릴리에는 행정수도였던 세포리스와 티베리아스만이 로마제국의 헬레니즘화 정책에 의해서 세워진 데카폴리스에 속한 도시였다. 나머지 200여개의 작은 단위의 농촌 마을들은 유대교 문화권에 속해 있었다. (참조, Fl. Josephus, *Life*. 235.)

와 누가는 바울-마가로 이어지는 '예수에 관한 복음'(Gospel about Jesus)과 Q가 전하는 '예수의 복음'(Gospel of Jesus)을 통합하여 보편성(universality)을 지니면서도 아울러 정체성(identity)을 잃지 아니한 이른 바 '통전(統全) 복음서'를 완성했을 것이다.

Q복음서에는 어찌하여 부활사건에 대한 보도가 없는 것일까? 두 가지 추측이 가능하다. Q의 예수민중은 예루살렘교회 사도들과 같은 부활을 체험하지 못했거나, 아니면 신학적 입장 차이에서였을 것이다. 필자가 보기엔 후자일 개연성이 높다. 그것은 예수와의 연속성을 어디에서 찾을 것인가 하는 신학적 선택의 문제였을 것이다. 예루살렘 사도교회와 바울의 회중교회가 십자가와 부활사건을 복음의 브랜드로 선택했다면,(고전 15:3)[15] 이와 달리 Q교회는 예수의 육성 가르침을 택한 것이 아닐까? 현존(現存)의 예수 체험 자리가 도대체 어디인가? 사도정통교회에서는 예수의 대속적인 죽음과 부활사건이었다. 반면에 Q교회는 예수의 육성말씀이었다. 곧 Q는 예수의 부활이 아니라, 예수의 가르침(법)을 등불로 삼고(法燈明), 그분의 가르침 속에서(法歸依) 예수와의 연속성을 찾았고, '현존(現存)의 예수'를 만났던 것이다. '현존의 예수' 체험 자리는 Q에서는 예수말씀이었다.

---

15) "내가 받은 것을 너희에게 전하였노니, 이는 성경대로 그리스도께서 우리 죄를 위하여 죽으시고, 장사지낸 바 되었다가 성경대로 사흘만에 다시 살아나사, **게바**에게 보이시고 후에 **열두 제자**에게와 그 후에 **오백여 형제**에게 일시에 보이셨으니, … 그 후에 **야고보**에게 보이셨으며… 맨 나중에 만삭되지 못하여 난 자 같은 **내게도** 보이셨느니라."(고전 15:3-9)

Q복음서는 예수의 목소리(肉聲) 자체는 아니다.[16] 그러나 다른 어느 복음서보다도 예수의 육성에 대한 가장 소중한 정보를 담고 있고, 예수의 육성(法)에 가장 진솔하게 가까이 갈 수 있도록 안내하는 가이드북임에 틀림없다. Q는 예수의 컨텍스트에 가장 가까이 서 있으며, 복음의 본모습(原形)을 간직하고 있다. 예수께서는 제자들에게 손가락으로 달을 가리키며 보라고 했다(指月).[17] 사도정통교회와 달리, 최초의 복음서를 기록한 Q교회는 예수의 손가락이 아니라 달을 직시(直視)했던 것이다. Q는 그리스도교의 기원에 대한 물음이며 동시에 답변이라고 할 수 있다. 복음내용이나 선교방법에 있어서 바울의 회중교회 운동이 대승(大乘)기독교의 성향을 지닌다면, Q교회의 예수운동은 소승(小乘)기독교의 성향을 지닌다고 볼 수 있다.

Q와 한국교회

한국개신교는 "십자가와 부활의 복음," "믿음으로 얻어지는 의," "은총으로 주어지는 구원" 등 바울의 복음을 그리스도교 신앙의 전부로 알고 있다. 그러나 Q복음을 살펴보았듯이, 바울 케리그마 외에도 신약성서에는 서로 다른 색깔을 지닌 다양한 케리그마와 복음의 스펙트럼이 존재한다. 바울은 평소에 예수를 만난 적이 없다. 바울은 다마스커스로 가던 중 환상 가운데서 만난 부활자 예수에 근거하여 복음을

---

16) B. Mack, *The Lost Gospel. The Book of Q*. New York, 1993. 제3부 참조.
17) 참조, R. A. Horsley, "Q and Jesus, Assumptioins, Approaches and Analyses." *Semeia* 55(1992), 181-182.

이해했고 그의 신학을 펼쳤다. 바울은 헬레니즘 세계에 그가 체험한 부활자 예수를 전파한 최초의 토착화 신학자이다.

한국교회는 그리스도교의 기원을 어디에서 찾아야 하는가? 예수의 말씀을 가장 진솔하게 전승한 갈릴리의 Q교회에서 찾아야 하는가? 아니면 바울의 회중교회에서 찾아야 하는가? 아니면 마태나 누가처럼 Q의 케리그마와 바울의 케리그마를 종합하는 데서 찾아야 하는가? 한국교회는 자기 정체성을 어디에서 찾아야 하는가? 다시 묻지 않을 수 없다.

한국교회가 Q복음에 귀 기울여야 하는 이유는 또 있다. 보편성과 일반인의 상식을 무시한 기성세대 목회자들의 편협한 설교나 보수적인 목회방식은 젊은 세대와의 소통(communication)을 어렵게 만든다. 젊은 세대와의 소통 불능은 결국 그들의 교회 이탈로 이어진다. 이것이 작금 한국교회가 직면한 현주소이다. 한국사회와의 소통이 가능하기 위해서는, 하나 더하기 하나는 둘이라는 상식과 보편의 세계 위에 복음이 정초해야 한다. 그 위에 하나 더하기 하나는 열 또는 백이 될 수도 있다는 가능성을 열어놓아야 한다. 상식이 무시된 채 초월이나 기적이 강조될 때, 그런 종교는 상식의 세계에서 소외되기 십상이다. 그리스도교 복음이 상식과 보편성 위에 정초했을 때 비로소 주변세계와의 소통이 가능하게 된다. 부활의 예수 없는 역사적 예수가 있을 수 없듯이, 역사적 예수 없는 부활의 예수 또한 있을 수 없지 않은가? 예수의 역사(History)와 해석(Theology)이 초기그리스도교 복음의 두 축

(軸)을 형성한다. 그런데 한국교회는 그리스도교의 복음을 역사가 아니라 해석 위에 세우고 있다.

논어의 학이편(學而篇)에 "본립도생"(本立道生)이라는 말이 나온다. "군자는 근본이 되는 것을 힘써 행하나니 근본이 서야 도가 실현된다. 부모에게 효성스럽고 형제에게 우애로 대하는 것은 어진 마음을 실천하는 근본이 되는 것이다." 근본을 바로 세우고, 근본으로 돌아가야 진리가 나타난다는 뜻이다. 르네상스 시대에 인문주의자들이 외치던 슬로건이 있다. 'Ad fontes!', '근원으로!', '원래의 자료들에로!' 근원으로 되돌아가라는 경구이다. 중세그리스도교나 이슬람교에 의해서 변질된 헬라철학의 본래 모습을 되찾자는 운동이다. '아드 폰테스!'

Q교회의 예수운동은 '본립도생'의 운동이요, '아드 폰테스' 운동이었다. 그리스도교 기원을 형성하고 있는 Q교회의 예수운동은 어떤 성격을 띠고 있는가? 사회 소수자들에 의한(by the *ochlos*), 사회적 소수자들을 위한(for the *ochlos*), 사회적 소수자들의(of the *ochlos*) 예수운동이 Q가 전하는 모습이다. 마태와 누가는 Q복음을 전승함으로써 우리로 하여금 그리스도교의 기원에로 돌아가도록 인도한다.

제 5 장

큐복음과 묵시 종말사상

시한부 종말론

요즈음 한국 교회의 개신교 일각에서는 요한묵시록 해석을 둘러싸고 이단 논쟁이 활발히 진행되고 있다. 사이비 기독교에서 요한묵시록의 종말의 때와 시를 구체적으로 명시하면서 평신도들을 현혹시키는 사례가 사회적 물의를 일으키고 있다. 『마지막 때』, 『휴거』, 『인류의 미래를 대비하라』, 『지구 최후의 날』, 『내가 본 천국』, 『다가온 종말의 날』, 『말세』 등 이와 같은 제목의 책들이 그리스도교 서점에서뿐만 아니라 일반 서점에서 쉽게 눈에 띄는 것도 그 단적인 예이다.

시한부 종말론자들은 종말의 시기를 구체적으로 명시할 뿐만 아니라, 종말 때에 구원받을 사람의 숫자는 극히 제한되어 있다는 점을 제시한다. 구원의 대열에 들기 위해서는 그들이 내거는 구비 조건들을 수행해야 한다는 점을 강조하고 있다. 이러한 시한부 말세신앙이 성행하는 배후에는 우리 사회가 총체적으로 직면해 있는 사회적 위기나 불안 심리와 분리해서 생각할 수 없다. 도덕성을 완전히 상실한 정치 현실, 분배 윤리를 외면한 성장 제일주의, 경쟁 가치의 필연적인 결과로 나타난 사회적 양극화 현상, 이윤 창출의 극대화를 위해서는 생태계 파괴도 불사하는 기업의 비윤리성, 역사적 책임의식을 상실한 종교인들의 집단 이기주의, 현실을 도피하거나 혹은 현실에 안주하려는 무사안일주의, 이러한 사회 지배계층의 부정과 부패, 그리고 도덕성의 상실에서 비롯된 사회적 모순의 심화는 시한부 말세신앙의 토대를 형성하고 있다.

AD 1세기 예수 시대에 팔레스타인에 살고 있던 이스라엘 사회에서도 오늘날 한국의 시한부 말세사상과 흡사한 묵시 종말신앙이 팽배하였다. 그것은 넓게는 로마제국의 고대 노예제 사회제도, 그리고 좁게는 팔레스타인 특유의 성전 중심의 '준(準)아시아적 생산 양식' (subasiatische Produktionsweise)의 사회제도에서 기인된 사회의 총체적 모순들과 분리해서 생각할 수 없다.

이 글은 이러한 사회적 제 모순들을 밝히는 데 목적이 있는 것이 아니라[1] 그들의 상부구조의 한 형태인 초기그리스도교 Q공동체에 나타나고 있는 종말사상과 그의 종말론적 하나님 나라 운동의 역사적 특성

---

[1] 참조, F. Belo, *Markus-Evangelium materialistisch gelesen*, Stuttgart, 1980, 57-120.

을 추적하는데 목적이 있다. 다른 한편으로 최근 미국에서 전개되고 있는 Q연구 경향은 예수 말씀 복음서를 그레코-로만 세계의 견유학파의 지평에서 지혜문학의 한 유형으로 취급하는 것이 일반적인 추세이다. 본 글에서 필자는 그들과 다른 시각에서 Q를 후기 유대사회의 묵시 종말적 문학의 한 유형으로 재구성해보고자 한다.

Q복음서의 묵시 종말적 동기

리차드슨(Richardson)은 Q복음서 전승에서 세 개의 상이한 신학적 동기를 찾고 있다. 묵시 종말론적 동기, 예언 문학적 동기, 지혜 문학적 동기가 그것이다.[2] 여기에서 한 걸음 더 나아가 하워드 클락 키이(Kee)는 Q복음서 전체를 묵시 종말적 지평에서 새롭게 조명하고 있다. 그에 의하면 Q복음서 전승을 형성하고 있는 43개의 말씀묶음 가운데 무려 39개가 내용과 형식면에서 직접적으로 묵시 종말적 사상을 담고 있고, 나머지 4개는 간접적으로 종말론적 성향을 지니고 있다고 말하였다.[3]

Q 문학양식과 Q 전승그룹 사이의 상관관계에 대한 연구가 진행되면서 다양한 결과가 도출되었다. 호프만(Hoffmann)은 Q의 신학적 성향을 소위 묵시 종말론적 "근접대망"(Naherwartung) 신앙에서 찾았다. 묵시적 근접대망 사상이야말로 Q전승의 출발점이라는 것이다. 근접대망 사상을 기본 줄기로 하는 Q전승의 마지막 편집은 AD 1세기 팔레스

---

2) R. A. Richardson, *Theology of Q*, London, 1978.
3) Howard. C. Kee, *Jesus in History*, New York, 1970, 91.

타인을 무대로 활동하였던 하나의 카리스마적 떠돌이 설교자 집단에 의해서 완성되었다는 것이다.[4] Q의 서두에 위치한 말씀(Q 3:7~9)을 예로 들면서, 호프만은 만약 Q전승집단이 요한 세례자의 묵시적 종말 심판 설교를 수정하지 않고 그대로 받아들이고 있다. 이것은 묵시 종말적 근접대망 신앙이 바로 Q의 선교 정황이었음을 반영한다.

이와 다르게 류어만(Lührmann)은 Q전승의 최종 편집이 AD 50~60년경 헬레니즘 세계에 위치한 헬레니즘 계의 초기그리스도교 공동체 가운데서 이루어졌다고 생각한다.[5] 곧 헬레니즘 세계에 살았던 이방 그리스도교 공동체가 예수의 묵시 종말적 개념인 '하나님 통치'(basileia)를 복음을 거부하는 이방인들에 대한 심판으로 사용하고 있다는 것이다.[6] 그는 이와 더불어 Q전승 도처에서 발견되는 "내림 지연"(Paursieverzögerung) 사상에 주목하면서 Q공동체 선교의 토대가 전반적인 묵시 종말적 에토스에 있다고 말한다.[7]

슐츠는 Q에서 비교적 후기에 형성된 것으로 보이는 예수말씀 전승들을 헬레니즘 세계에서 복음을 전파했던 그리스도교 공동체에 소급시키고 있다. 여기에 속한 공동체들에서는 파루시아와 더불어 종말 앞에서의 경각심(Wachsamkeit)을 일깨우는 지혜 말씀들이 주요 주제를

---

4) P. Hoffmann, 앞 책, 3.
5) D. Lührmann, *Die Redaktion der Logienquelle*, (WMANT33), Neukirchener-Vluyn, 1969, 19.
6) D. Lührmann, 앞 책, 96.
7) D. Lührmann, 앞 책, 69ff.

이루고 있다고 보았다.[8] 초기 팔레스타인의 Q공동체는 임박한 묵시 종말사상에 근거한 독창적인 케리그마를 형성함으로써 수난과 부활 케리그마를 중심으로 하는 다른 초기그리스도교 공동체들로부터 스스로를 구분하였다는 것이다.[9]

이상에서 살펴보았듯이 "묵시 종말론"이 Q 신학의 중심에 서 있다는 사실에 대해서는 독일계 학자들간에 이론의 여지가 없다. 그렇다면 Q교회 공동체는 그들의 묵시 종말적 신학을 어떻게 주도면밀하게 전개하고 있는가? 그들은 묵시적 종말 신앙 앞에서 스스로를 어떻게 이해하고 있었는가?

요한의 묵시종말적 심판 설교

Q교회 공동체는 종말이 언제, 그리고 어떻게 시작된다고 생각하였는가? Q의 묵시 종말적 시대를 이해하기 위해서는 먼저 종말의 시작을 알리는 본문에 대한 분석이 선행되어야 할 것이다(Q 16:16/마 11:12). 마태는 이 본문을 요한 세례자에 관한 말씀 묶음(11:3~19) 가운데 안치하고 있다. 반면에 누가는 그것을 율법에 대한 말씀(16:17)과 연결시키고 있다. 문학비평학적으로 볼 때 누가가 전하는 말씀이 이차적으로 구성됨 것임을 쉽게 알 수 있다.[10] 위 본문의 Q원형을 복원하면 다음과 같을

---

8) S. Schulz, 앞 책, 50.
9) Q공동체와 다른 초기그리스도교 공동체들 사이의 신학적 차이에 대해서는 김명수, "원시 그리스도교 Q공동체의 주변부 민중 예수운동," 신학사상 71, 1990, 겨울호, 146-182 참조.
10) E. Percy, *Die Botschaft Jesu. Eine traditionsgeschichtliche und exegetische*

것이다.[11]

> 율법과 예언자들은 요한까지다. 그때부터 (지금까지) 하나님의 왕국(바실레이아)은 폭행당하고 있고, 폭행하는 자가 그것을 차지한다."

이 말씀의 전반부에 나오는 "요한까지"(heos johannou)를 어떻게 이해해야 할 것인가? 요한은 구약성서에 등장하는 예언자 대열에서 마지막에 서 있는 예언자라는 의미인가? 율법의 효용성과 예언자들의 예언 행위는 요한까지 해당된다는 말인가? 예언자들의 예언 시대는 요한을 목표로 하고 있다는 의미인가? "그때부터"(apo tote)는 요한 세례자의 등장을 가리키고 있음이 분명하다. 따라서 말씀의 후반부는 하나님의 왕국이 요한의 때부터 현재하기 시작했다는 의미로 해석될 수 것이다.

Q공동체 구성원들은 요한 세례자를 옛 시대(예언의 시대)와 새 시대(종말의 때)의 분기점에 서 있는 마지막 예언자로 이해한 것 같다. 요한 세례자의 등장은 율법과 예언자들에 의해서 수행되어 온 예언의 완성이며 결론이고, 동시에 종말 때의 시작이기도 하다는 것이다. Q에서 요한 세례자는 '오실 그분'(ho erchomenos)의 길을 닦기 위해서 마지막

Untersuchung, Lund, 1953, 191.
11) Q원형 복원에 대해서는 Myungsoo Kim, *Die Trägergruppe von Q Sozialgeschichtliche Forschung zur Q-berlieferung in den synoptischen Evangelien*, Hamburg, 1990, 306이하 참조.

으로 파송된 사신과 동일시되고 있다(Q 7:27/마 11:10). 따라서 요한 세 례자는 앞서 온 모든 예언자들보다도 크다고 말한다.

요한 세례자에서 시작된 마지막 때는 예수의 등장과 그의 하나님 나라 복음 선포에서 현재로 된다. Q공동체는 지금까지 예언자들과 왕들이 애타게 보기를 원했던 것들, 즉 종말 사건들을 예수의 사건 속에서 목격한다(Q 10:23~24/마 13:16~17). 이사야서에서 예언되었던 종말적 해방 사건들이 지금 예수의 해방사건 가운데서 일어나고 있다(Q 7:22/마 11:5). 예수 사건은 종말적 구원사건일 뿐만 아니라 동시에 종말적 심판사건이기도 하다. Q는 예수를 평화가 아니라 칼을 가져온 자로 묘사하고 있다(Q 12:51~53/마 10:34~36). 공동체의 영적 지도자들을 받아들이지 않고 거부하는 사람들은 단지 소돔 사람들(Q 10:12/마 10:15)과 니느웨 사람들(Q 11:31~32/마 12:41~42)에게 내린 심판이 기다리고 있다. Q공동체는 요한 세례자의 때를 기점으로 시작된 종말이 예수의 시대를 거쳐 그들 자신의 때까지 지속되고 있다고 생각했음에 틀림없다.[12]

---

12) 이 말씀의 후반부, "그때부터 (지금까지) 하나님의 바실레이아는 폭행당하고 있다. 폭행하는 자가 그것을 차지한다"는 구절은 해석하기 난해한 말씀 가운데 하나이다. 여기에서 해석의 열쇠는 동사 biazo(폭행하다)의 수동태인 biazetai의 주어를 누구로 설정하느냐에 달려있다. 만일 주어를 하나님으로 본다면, 바실레이아는 하나님의 전능으로 현재화한다는 적극적인 해석이 가능할 것이다. 반면에 주어를 바실레이아의 적대 세력으로 본다면, 바실레이아의 도래는 그의 적들에 의해서 저지당하고 있다는 해석이 가능하다. 호프만은 본문에서 바실레이아와 Q 영적 지도자 사이의 "역동적 동질성"(dynamische Identität)를 생각한다. 바실레이아의 운명은 곧 Q지도자들의 운명을 암시한다는 것이다(앞 책, 71). Q의 영적 지도자들을 박해하고 그들의 선교 행위를 가로막는 대적자들의 행위는 곧 바실레이아를 강간한다

Q가 전하는 요한 세례자의 설교는 어떠한 특성을 지니고 있는가? Q복음서 서두를 장식하고 있는 요한 세례자의 심판 설교는 다음과 같이 Q원형이 복원될 수 있을 것이다.

> 독사의 자식들아, 다가올 진노를 피하라고 누가 너희에게 가르쳤느냐? 그러므로 회개에 걸맞은 열매를 맺어라. 그리고 (다음과 같이) 말할 수 있다고 생각지 말라: "우리는 아브라함을 조상으로 모시고 있다!" 내가 너희에게 말한다: 하나님은 이 돌들에게서 아브라함의 자손들을 일으켜 세울 수도 있기 때문이다. 그러나 도끼는 이미 나무뿌리에 놓여 있다. 이제 좋은 열매를 맺지 않는 나무는 모두 베어져서 불에 던져지게 될 것이다.
>
> 나는 너희에게 물로 침례를 주지만(men) 그러나(de) '오실 그분'은 (나보다 강한 사람이고 나는 그의 신발을 벗겨드릴 자격도 없다) 너희에게 불로 침례를 줄 것이다. 키가 그의 손에 들려 있다. 그는 타작마당을 깨끗이 치우려고 한다. 그리고 그는 밀을 곳간에 모아들일 것이다. 그러나 쭉정이는 꺼지지 않는 불에 태울 것이다[13] (Q 3:7~9.16f/마 3:7~10.11f)

Q가 전하는 요한 세례자의 묵시 종말적 심판 설교이다.[14] 괄호 안에 있는 것이다. 그는 이 바실레이아의 적대세력으로 폭력적인 유대민중운동 집단인 젤롯당을 상정한다.

13) M. Merklein, *Jesu Botschaft von der Gottesherrschaft. Eine Skizze* (SBS III), Stuttgart, 1983, 28.
14) 디벨리우스는 이 전승을 요한에게 소급시키고 있다(M. Dibelius, *Die Christliche berlieferung von Johannes dem Täufer*, Göttingen, 1911, 57). 이에 반해서 불트만은 그것을 초기그리스도교 공동체의 산물로 간주한다(R. Bultmann, *Die Geschichte der synoptischen Tradition*, Göttingen, 1966, 123).

있는 Q의 해석을 제외하면, 이 말씀은 요한 세례자의 전승을 거의 원래대로 보존하고 있음을 알 수 있다. 이 경고의 청중은 누구인가? 이른바 선민의식에 사로잡혀 있는 이스라엘 백성이다.[15]

요한 세례자는 선민의식에 갇혀 살고 있는 유대백성을 '독사의 자식들'이라고 한다. 회개에 걸맞은 열매를 맺지 않는 삶을 살지 않는다면, 그들 역시 종말적 심판을 면치 못할 대상이라는 것이다. 이 문맥에서 회개에 걸맞은 열매가 무엇인지는 불분명하지만,[16] 회개에 걸맞은 열매를 맺지 않는 나무는 베어져서 불에 던져지게 된다는 것이다. 진노(orge)로 표상된 심판 사상은 불(puri)의 심판에 관한 묵시적 표상을 통해서 더욱 확대되고 있다. Q의 심판 사상은 당시 유대사회에 팽배해 있던 아브라함의 혈통만이 종말의 심판 때에 구원받을 수 있다는 특권 사상에 정면 대립된다. 중요한 것은 아브라함의 혈통이냐 아니냐가 아니다. 회개에 걸맞은 열매를 맺느냐 그렇지 않으냐가 관건이다. 하나님은 돌들에서도 아브라함의 자손들을 일으켜 세울 수 있는 분이기 때문이다.

---

15) 마태는 요한 세례자의 심판 설교의 청중으로 바리새파 그리고 사두개파를 제시한다(3장 7절). 누가는 이에 반해서 무리(오클로스)를 청중으로 간주한다(3장 7절).
16) 나무와 그의 열매 사이의 운명적 관계를 다루고 있는 말씀(누가 6:43~45/마태 7:15~20Q)을 Q공동체는 예수의 교훈을 실천하라는 요구들(특히 원수사랑, 자비 실천, 극빈자와의 연대 등)과 연결시켜 이해하고 있다. 이 말씀에는 예수의 가르침을 실천하는 일과 묵시 종말적 구원 사이에 불가분의 관계가 있음을 강조되어 있다.

도끼는 '이미'(ede) 나무뿌리에 놓여 있다. 종말적 심판의 임박성은 타작마당을 깨끗이 하려고 손에 키를 들고 있는 불 세례자의 표상을 통해서 다시 한 번 강조되고 있다. 여기에 요한 세례자가 베풀었던 '물 침례'에 비해서 예수께서 베풀게 될 '불 침례'는 묵시종말적 심판의 성격을 더욱 분명히 한다. 현재가 종말을 대비할 때요, 회개의 때라는 것이다: "지금 너희들에는 아직 가능성이 있다. 지금 주어진 기회를 놓치지 말라. 임박한 불의 심판 때에는 이미 늦기 때문이다."[17]

요한 세례자가 기대하고 있는 "오실 그 분"(ho erchomenos), 즉 불의 심판자가 여기에서 야훼 자신을 가리키는지 혹은 야훼의 전권대사로서 종말의 때에 도래할 "사람의 아들(人子)"를 가리키는지는 불분명하다.[18] 여기에서 요한 세례자는 "오실 그분"의 인물 자체보다는 오히려 그의 임박한 종말론적 심판 행위에 더 관심을 기울이고 있다. 불 세례자의 심판 행위는 추수 때에 타작을 준비하는 농부의 표상에 비유되고 있다. 농부가 곳간에 모아들일 밀은 구체적으로 회개에 걸맞은 열매를 맺은 사람들의 구원을 지시하는 것 같다. 이곳에서 사용된 동사 '순아게인'(sunagein)은 구원받은 이스라엘을 마지막 때에 모아들이는 행위를 연상시킨다. 회개한 이스라엘이 종말의 때에 구원받을 것이라는

---

17) P. Hoffmann, 앞 책, 28f.
18) 그룬트만은 "오실 그분"을 야훼 자신으로 생각한다(W. Grundmann, *Das Evangelium nach Lukas*, Berlin, 1961, 105). 이에 반해서 브라운은 '사람의 아들'을 상정한다(H. Braun, *Qumran und das Neue Testament II*, Tübingen, 1966, 12f). 또 다음을 참조하시오. F. L. Strack - P. Billerbeck, *Kommentar zum Neuen Testament aus Talmud und Midrasch*, Ba Ⅳ. München, 41965. 872ff.

동기가 발견됨에도 불구하고, 전체 흐름은 묵시 종말적 심판사상에 의해서 규정되고 있다: "그러나 쭉정이는 꺼지지 않는 불에 태울 것이다."

그러면 Q는 요한 세례자의 종말적 심판 설교를 그리스도론적 관점에서 어떻게 해석하고 있는가? 단지 "물"(hydatos)침례를 베푸는 요한에 비해서 "오실 그 분"의 우위성과 절대성이 강조되고 있다.[19] 요한 세례자는 "오실 그 분"과 비교해 볼 때 힘이 약할 뿐만 아니라 더 나아가 그의 신발을 벗겨드릴 자격조차 없다. 본문에서 요한과 "오실 그 분"의 관계는 주인-노예의 관계를 연상시킨다.

Q공동체의 동기는 분명하다. 비록 요한 세례자가 예수의 스승임에도 불구하고,[20] 요한과 예수의 관계는 마치 종과 주인의 관계와 같다는 것이다. Q가 예수를 종말적 불심판자와 동일시하는 배후에는 한 가지 역사적 물음이 서 있다. 예수는 과연 세례자 요한과 어떠한 관계에 있었는가? Q는 요한 세례자의 심판 설교로부터 불심판자의 도래가 임박했음을 받아들이고 있다. 그러나 그리스도론적 지평에서 이를 재해석하고 있다. 요한 세례자가 신발끈을 풀기도 감당하기 어려운 "오실 그 분"은 Q에게는 다름 아닌 예수이다.

---

19) 누가 7:18~23/마태 11:2~6에서 종말적 심판자로서의 "오실 그분"은 지상 예수와 동일시되고 있다. 이에 대해서는 Myungsoo Kim, 앞 책, 171-204.
20) 예수가 요한 세례자에게 세례를 받았다는 복음서의 진술들(마가 1장 9절/마태 3장 16f절/누가 3장 21f절)은 역사적 보도일 것이다. 이로부터 우리는 예수가 일정 기간 동안 요한 세례자의 문하생이었으며 요한의 회개 운동에 참여하였음을 추정할 수 있다. 요한 세례자가 주도했던 회개 운동은 요르단 계곡과 유대 지역에서 많은 지지 세력을 획득하였던 것 같다. (참조, 막 1:5).

묵시 종말적 하나님 나라

요하네스 바이쓰[21] 그리고 알베르트 슈바이처[22] 이래로 예수가 선포한 하나님의 바실레이아(통치)가 도덕적인 내용을 지니고 있다기보다는 오히려 종말론적 내용을 지니고 있다는 주장은 지금까지 신학계에서 큰 논란의 여지없이 수용되어 왔다. 예수가 선포한 하나님의 바실레이아를 묵시적으로 채색된 철저한 세계 종말의 표상으로 이해함으로써 바이쓰나 슈바이처는 바실레이아를 우주적 차원에서 이해할 수 있는 길을 터놓았다.[23] 그러나 그들의 묵시 종말적 이해는 바실레이아의 비역사화(非歷史化)를 초래했음을 지적하지 않을 수 없다. 슈바이처의 철저 종말론은 오늘날 한국의 종말신앙에서 볼 수 있는 우주적 드라마로서의 말세 신앙과 적어도 질적인 면에서는 큰 차이가 없는 것 같다.

---

21) J. Weiss, *Die Predigt Jesu vom Reich Gottes*, Göttingen, 1982. 하나님의 나라는 19세기 자유주의 신학자들에 의해서 역사 내에서 발전하고 인간들의 노력 여하에 따라서 실현 가능한 윤리 왕국(das Reich der Sittlichkeit)으로 이해되었다. 그러나 바이쓰는 하나님 나라가 인간의 의지와 무관한 것으로 보았다. 그것은 역사 내재적인 것도 아니고, 진화적인 것도 아니다. 그것은 오직 하나님의 놀라운 힘에 의해서 성취될 것이다. 예수는 무리하게도 강제적으로 종말을 앞당기려고 했다고 그는 비판한다(위책, 143).

22) A. Schweizer, *Von Reimarus bis Wrede. Eine Geschichte der Leben-Jesu-Forschung*, Tübingen, 1913. 슈바이처는 예수의 종말론적 표상인 하나님의 나라를 모든 문화, 역사, 가치들로부터 철저히 단절된 그 무엇으로 이해한다. 묵시-우주적 파국에 직면한 예수의 종말적 선포는 세계역사로부터의 단절과 동시에 회개를 요구한다는 것이다. 현재는 곧 회개의 기회로서 의미를 지닐 뿐이다. 슈바이처는 여기에서 예수의 잠정윤리(Interimsethik)를 이끌어낸다(594ff).

23) H. Merklein. 앞 책, 17.

그러면 Q에서는 바실레이아가 어떻게 이해되고 있는가? 바실레이아(basileia) 개념은 신약성서에서 162차례 등장한다. 그 가운데 공관복음서에만 121차례 나타난다.[24] 이와 상응하는 히브리어 개념으로는 '말쿳 야훼'(malkut jahwe)와 '말쿳 샴마임'(malkut shammaim)이 있다. 이 히브리어 개념들은 기능적인 면에서 보면 하나님의 왕적 통치, 왕적 존엄, 왕 됨, 왕권 등을 의미한다. 지정학적인 면에서 보면 하나님의 왕국, 하나님의 나라 등을 지칭한다.[25] '말쿳 야훼'는 추상적, 보편적, 사적 개념이라기보다는 오히려 주체적, 당파적, 공동체적인 개념의 성격을 지니고 있다. 구약성서의 전통에서 하나님 나라는 이스라엘의 역사적 경험과 떼어놓고 생각할 수 없다.[26]

---

24) L. Aland(Hrg.), *Vollständige Konkordanz zum griechischen Neuen Testament II. Spezial bersichten*(ANTT IV/2), Berlin-New York, 1976.
25) W. Bauer, *Griechisch-Deutsches Wörterbuch zu den Schriften des Neuen Testaments und der übrigen urchristlichen Literatur*, Berlin, 1958, 267f.
26) "야훼 통치" 개념은 이스라엘 역사의 시작과 더불어 성장해 왔다. 후기 청동기 시대에서 철기 시대에로의 이행기에 팔레스타인 산악지대를 중심으로 형성되었던 초기 이스라엘 지파 사회는 한편으로 가나안 도시국가에서 도피한 하삐루(habiru)들과 다른 한편으로 이집트에서 탈출한 하삐루에 의해서 구성되었다. 이집트에서 탈출한 하삐루들의 야훼신앙과 그들의 해방 경험이 점차적으로 초기 이스라엘 지파 연맹 사회의 신앙으로 되어갔다. 이를 통해서 야훼는 초기 이스라엘 지파 연맹 사회의 신으로 되었다. 이스라엘은 이 시기에 야훼를 왕으로 부르기를 거부하였는데 그 배후에는 이집트의 파라오 그리고 가나안 도시국가들의 왕에 대한 그들의 부정적인 경험이 깔려 있는 것 같다. 따라서 초기 이스라엘 지파 연맹 사회에서 야훼는 세상 왕권에 대한 대립 모델(Gegenmodell)이 되고 있다(삼상 8장 5절). 야훼는 왕이 아니라 유일한 주이다. 그 앞에서 모든 지파는 평등하다. 초기 이스라엘은 야훼 앞에서 민주주의적 평등사회를 지탱하였던 것 같다. 평등사상에 기초한 초기 이스라엘 지파 사회가 붕괴되고 군주 왕국시대에 접어들면서 야훼 제의는 다윗왕조에 의해서 국가 이데올로기로 전환된다. 야훼는 이

그런데 오늘날 신약성서학의 영역에서 하나님의 나라를 둘러싸고 제기되고 있는 문제들은 주로 그 나라의 현재성과 미래성, 수동성과 능동성,[27] 당파성과 보편성[28] 그리고 공간성과 시간성의 문제로 수렴

> 제 시온 정권의 국가신이 된다. 다윗왕조는 스스로를 야훼왕국의 연장으로 이해한다(시편 20편:21편:70편). 다윗 왕조의 이데올로기화된 야훼-왕 표상에 대항하고 그들의 민중 억압을 비판하기 위해서 예언자들(아모스, 호세아, 미가)은 "야훼의 왕적 통치"라는 대안을 제시한다. 바빌론 포로기에 야훼의 왕적 통치는 고난받는 이스라엘 민중을 위한 종말론적 해방의 사신으로 역동적이고 미래적인 특성을 지니고 나타난다. 다니엘서에서 하나님의 통치는 세계의 통치와 날카롭게 대립되어 나타나고 있다(7장).

27) 또레스 신부는 하나님의 바실레이아를 "하나님의 사회적 · 역사적 구상"으로 번역한다(R. Frieling, *Befreiungstheologien, Studien zur Theologie in Lateinamerika*, Göttingen, 1984, 177에서 재인용). 예수를 따르는 것 그리고 하나님의 사회적, 역사적 구상에 참여하는 것은 그에게 있어서는 라틴 아메리카에서 자본주의를 파괴하고 사회주의적 제도를 수립하는 것을 의미한다. 그는 하나님의 바실레이아를 원칙적으로 물적 지평에서 해석한다. 바실레이아는 사회주의 혁명을 통해서 세계 역사 가운데서 실천되며 그의 건설은 따라서 인간의 노력에 의존되어 있다는 것이다. 로제는 이에 반해서 하나님 나라의 특성을 다음과 같이 서술한다: "결정적인 그리고 모든 것을 변화시키는 전환은 인간의 행동을 통해서 야기되거나 강요되는 게 아니다. 그것은 인간의 가능성을 철저히 차단한다. 그것은 오직 하나님 자신에게서 온다…"(E. Lohse, *Das Evangelium für die Armen*, ZUW 72, 1982, 57). 그에 의하면 하나님의 바실레이아는 인간의 노력과 가능성의 전면 부정을 뜻한다. 그것은 오직 하나님으로부터 선물로 주어질 수 있을 뿐이며, 인간은 그 앞에서 오로지 수동적으로 기다릴 수 있을 뿐이다.

28) 구띠에레즈는 민중의 역사적 그리고 정치적 해방 사건을 바실레이아의 성장으로 본다: "…빈곤과 착취의 극복은 바실레이아 도래의 한 징표이다. … 억압, 노예 그리고 소외된 노동이 없는 정의로운 사회를 건설하기 위한 투쟁은 하나님의 바실레이아 도래를 앞당긴다. 하나님의 바실레이아와 사회적 불의는 불가분리의 관계에 놓여있다… 정의를 위한 투쟁은 곧 하나님의 바실레이아를 위한 투쟁이다"(G. Gutierrez, *Theologie der Befreiung*, München, 1979, 123).

되고 있다.

하나님 나라의 다양한 모습

Q가 전하고 있는 하나님 나라에 관한 예수의 말씀들은 시간의 범주에서 볼 때 이중성을 지니고 있다. 미래성과 현재성이 그것이다.[29] 지금까지 전승사적 연구들은 둘 가운데 하나를 지상 예수에 소급시키고, 다른 하나를 초기그리스도교 교회의 산물로 상정함으로써 바실레이아를 둘러싼 시간적 부조화를 해결하려고 노력하였다.[30]

Q에서 하나님의 바실레이아는 어떻게 쓰이고 있는가? 첫째로 주어로 쓰인다. 바실레이아는 주어로서 동작 동사들과 함께 쓰인다 : 바실레이아가 '가까이 왔다'(enggiken)(Q 10:9/마 10:7). 바실레이아가 '온다'(eltheto)(Q 11:2/마 6:10). 바실레이아는 '강탈당한다'(biazeiai)

---

[29] 하나님의 바실레이아를 둘러싼 현재성과 미래성 사이의 논쟁은 오늘날도 여전히 예수 운동의 실천적 차원에서 제기되고 있다. 바실레이아를 시간적으로 어떻게 이해하느냐 하는 문제는 현실 인식과 실천에서 중요한 의의를 지닌다. W. G. Kümmel, *Heilsgeschehen und Geschichte*, Marburg, 1965, 351-363. 참조.

[30] 이에 관해서는 L. Oberlinner, Die Stellung der 'Terminworte' in der eschatalogischen Verk ndigung des Neuen Testament, in: (Hrg.) ders, *Gegenwart und Kommendes Reich, FS A. Vögtle*, Stuttgart, 1973, 51-66 참조. 호프만은 하나님 나라의 미래성과 현재성을 모두 지상 예수에게 소급시킨다(P. Hoffmann, "Eschatologie und Friedenshandeln in der Jesusüberlieferung" in: Mit Beitr. U.Luz u. a., *Eschatologie und Friedenshandeln. Exegetische Beiträge zur Frage christlicher Friedensverantwortung*(SBS 101), Stuttgart, 1981, 120.

(Q 11:16b/마 11:12a). 바실레이아가 너희에게 '임하였다'(*ephthazen*) (Q 11:20/마 12:28). 주어로서 동작을 나타내는 동사와 함께 쓰일 경우 바실레이아의 주체성, 역동성, 능동성이 강조되고 있다.

둘째로 바실레이아는 은유로 쓰인다. 하나님 나라는 겨자씨로 비유된다(Q 13:18~19/마 13:31~32). 어떤 농부가 겨자씨를 가져다가 자기 밭에 심었더니 무럭무럭 '자라서'(*auksano*) 튼실한 나무가 되어 공중의 새들이 그 가지에 깃들게 되었다. 하나님 나라는 결코 인간의 인위적 노력의 결과로 획득되어지는 것이 아니다. 단지 겨자씨처럼 저절로 자라서 스스로 그러하게 성장하는 것이다.

누룩의 비유(Q 13:20-21/마 13:22)에서도 동일한 동기가 서 있다. 누룩(*jume*)은 미미하고 적은 분량에 해당한다. 그러나 누룩이 가루 전체에 골고루 배합되면 저절로 기운이 퍼져 가루 전체를 스스로 부풀게 한다. 하나님 나라는 바로 이와 같다는 것이다.

Q의 하나님 나라 선교가 비록 지금은 한 알의 겨자씨처럼 미미하게 보이고, 누룩처럼 지극히 작고 보잘 것 없는 것 같으나, 나중에는 스스로 그러하게 자라 새들의 쉼터가 되고, 스스로 그러하게 퍼져 가루 전체를 부풀게 한다는 것이다. Q 예언자들은 한 알의 겨자씨에서 나무 전체를 보고 있으며, 작은 량의 누룩에서 부풀려진 빵 전체의 모습을 보고 있다. Q의 하나님 나라 운동에서는 원인과 결과, 시작과 끝, 파종과 추수가 하나로 통일되어 나타난다.

셋째로 바실레이아는 인간의 노력과 애씀의 대상이다: 일반적으로 하나님 나라는 인간의 의지를 넘어선 자리에서 시작된다고 이해된다. 인간의 노력이 멈춘 그 자리에서 하나님의 의지가 드러난다. 하나님 나라의 도래는 전적으로 하나님의 소관이다. 그러나 Q는 이와 다르게 이해한다. 그들은 하나님 나라를 철저하게 인간의 의지와 결부시켜 이해하였다. 너희는 먼저 바실레이아를 '구하라'(zeteite)라고 한다(Q 12:31/마 6:33). 하나님 나라를 이루기 위해서는 그분의 뜻을 이루겠다는 인간의 능동적이고 적극적인 자세가 요구된다.

바실레이아는 애쓰는(biastai) 사람이 차지한다고 한다(Q 16:16b/마 11:12b). 본문은 젤롯당의 적극적인 야훼 주권회복 운동과 연결되어 있는 것으로 보인다. 이를 통해서 Q는 하나님 나라를 인간의 애씀과 노력의 대상임을 분명히 한다. 하나님 나라는 침노를 당하고 있고, 먼저 차지하는 자가 그곳을 차지하게 된다는 것이다.

넷째로 바실레이아는 사회적 소수자들과 연결되어 있다. Q는 극빈자, 배고픈 자, 우는 자들을 축복한다. 하나님의 나라가 그들에게 속했기 때문이라는 것이다(Q 6:20-23/마 5:2,4,6, 12-13).[31] 사회적 소수자들이야말로 하나님 나라의 일차적인 수혜자라는 것이다. 하나님 나라 복음

---

[31] 마가복음 10장 14절도 바실레이아의 당파성이 전제되고 있다: "어린이들이 내게 오는 것을 막지 말라. 바실레이아는 이런 어린이들의 것이다." 이 말씀에서 어린이는 존재론적으로 이해되지 않고 사회계층적 약자로 이해되고 있다. 이에 대해서는 김명수, "섬기는 지도자" 『기독교 사상』, 1991년 3월호 8-22 참조.

을 사회적 소수자들의 복음으로 선언한 배후에는 Q공동체 구성원들의 사회적 현실이 놓여있을 것이다.

다섯째로 바실레이아는 밥상 공동체의 장소이다: "많은 사람이 동서남북에서 와서 하나님의 바실레이아에서(en te basileia tou theou) 아브라함, 이삭, 야곱과 함께 한 식탁에 앉게 될 것이다(anakliphesontai)(Q 13:29/마 8:11). 유대인과 이방인의 경계가 철폐되고 그들이 한 밥상에 둘러 앉아 식사를 하는 평등공동체의 실현에서 Q는 하나님 나라의 참 모습을 보고 있다.

하나님의 바실레이아에서 잔치 자리에 참여할 사람들은 누구인가? 기득권자들이나 사회의 모범생들이 아니다. 거리에서 배회하면서 구걸할 수밖에 없는 사람들, 곧 사회의 중심부에서 변두리로 밀려난 사회적 소수자들이다(Q 14:15-24/마 22:1-20). 이방인과 유대인 간의 경계, 그리고 사회 계층 간의 경계가 해체된 밥상 공동체 구성이야말로 Q가 꿈꾸었던 하나님 나라였다는 것을 알 수 있다.

이상을 종합하면 Q는 하나님의 나라를 피안의 세계나 인간의 내면의 세계에서 찾지 않았다. 능동적이요 역동적 사건으로서, 역사 내에서 성장하고 발전하는 사건으로서, 인간의 노력의 대상으로서, 사회적 소수자들이 차지하는 왕국이요 인종과 계층 간의 장벽을 초월한 밥상 공동체의 장소로 이해하였다. Q는 하나님의 나라를 관념론의 지평에서가 아니라 민중의 삶의 지평에서 이해했던 것이다.

하나님 나라와 사회적 소수자

Q가 전하는 하나님 나라의 민중성은 지상 예수의 해방사건과 연결되어 있다. "내가 하나님의 손가락으로 귀신들을 쫓아내면 하나님의 바실레이아는 이미 너희에게 임하였다"(Q 11: 20/마 12:28). 다드는 이 예수 말씀에 근거하여 소위 "실현된 종말론"(realiged eschatology)을 주장하였다.[32] 하나님 나라는 이미 귀신들린 사람들에게는 현재적 사건으로 체험되었다는 것이다. 예수의 귀신 축출 사건이 곧 하나님의 바실레이아와 청중에게 이미 임한 역동적인 종말 사건으로 이해되고 있다. Q는 예수의 귀신 축출 행위에서 종말의 현재를 체험하고 있다. 그것은 본질상 미래적 차원을 지니고 있음을 부정할 수 없지만, 그럼에도 불구하고 예수와 Q의 하나님 나라 운동에서 이미 현재화된 미래이다.

요한 세례자가 감옥에 있을 때이다. 그는 제자들을 예수에게 파송하여 "당신이 오실 그 분(ho erchomenos)이냐?"고 묻는다. 이 질문에 대해서 예수는 직접적으로 대답하지 않는다. 너희들이 직접 '보고 들은 것'(a eidute kai ekousate)을 요한에게 말하라고 한다. "맹인이 보고 절름발이가 걸으며 나병환자가 깨끗해지고 귀머거리가 듣고 죽은 자

---

32) C. H. Dodd, *The Parables of the Kingdom*, London, 1961, 440. 그렇다고 하여 이 로기온에서 바실레이아의 미래적 차원을 완전히 배제할 수 없다. 드릴링에 의하면 하느님의 바실레이아는 본질에 있어서 미래적, 종말론적이다. 그러나 그것은 또한 현재적인데, 왜냐하면 지금 예수에게서 일어나고 있는 사건이기 때문이다. 그러나 그것은 종말론적, 미래적 사건으로 일어난다(W. Trilling, *Die Botschaft Jesu, Exegetische Orientierungen*, Freiburg, 1978, 53).

들이 일어나고 극빈자들에게 복음이 전파된다."(Q 7:22/마 11:5)[33] 본문에서는 예수의 치유 사건들이 이사야서의 예언 지평에서 재해석되고 있다. '너희가 본 것,' 곧 예수의 치유사건은 이사야서 35장 5-6절을 회상하고 있다. '너희가 들은 것,' 곧 극빈자들에게 복음이 전파되는 것은 이사야서 61장 1-2절을 회상하고 있다. 예수의 하나님 나라 사역은 Q에 따르면 이사야서에서 예언된 종말적 해방사건의 성취이다. Q에서 하나님 나라는 미래적 사건이 아니라 예수의 말과 해방의 실천을 통해서 이미 현재화된 사건이었다. 그래서 Q는 이렇게 말할 수 있었다. "너희가 보는 것을 보는 눈과 너희가 듣는 것을 듣는 귀는 복이 있다. 내가 너희에게 말한다. 많은 예언자들과 왕들이 너희가 보는 것을 보기 원하였어도 보지 못하였고, 너희가 듣는 것을 들으려 하였어도 듣지 못하였기 때문이다."(Q 10:23-24/마 13:16-17)[34]

하나님 나라의 미래성

하나님 나라의 현재성과 더불어 미래적 특성은 주의 기도문에서 발견된다.[35] "…아버지(*pater*). 당신의 이름이 거룩하게 여김을 받으시

---

33) 이 로기온에 관한 역사비평학적 연구는 Kim, Myungsoo, *op. cit.* 171-182 참조.
34) 이 로기온의 재구성에 관하여는 S. Schulz, 앞 책, 419f 참조.
35) S. Schulz, 앞 책, 84-93. Q의 주기도문은 팔레스타인 지역의 바울과 요한 공동체에서는 그와 유사한 형식을 찾아볼 수 없다. 그것은 형식에 있어서 후기 유대교의 기도문을 따르고 있다. 이에 대해서는 M. Brocke u.a.(Hrg.), *Das Vaterunser. Gemeinsames im Beten von Juden und Christen*, Freiburg-Basel-Wien, 1974 참조.

며 당신의 나라가 임하소서(*eltheto*)"(Q 11: 2/마 6:9b. 10b). 이 기도문은 후기 유대교 랍비들의 일상 기도문과 유사하다.36) 구약성서 포로기 예언자 전통에서 보면 야훼 통치에 대한 종말적 희망은 이스라엘 민족주의적인 특성을 띠고 등장한다. 특히 바빌론 포수기(捕囚期)에 쓰인 것으로 보이는 제2, 제3 이사야서는 포로생활에서 억압당하던 유대 농노(農奴)들의 종말적 해방 의지가 담겨있다.

또한 야훼 하나님의 통치가 시작되면 더 이상 전쟁이 없을 것이며, 사람들은 무기를 부수어 농기구를 만들 것이다(미가 4:3; 이사야 2:4). 이스라엘 민중은 영구 평화(샬롬)를 누리게 될 것이다(이사야 9:6; 26:3). 샬롬은 구약성서 전통에서는 전쟁의 부재(不在)를 의미하는 소극적인 개념이라기보다는 오히려 인간의 총체적 행복과 기쁨을 의미하는 적극적 개념으로 사용되고 있다. 이러한 샬롬은 하나님 나라의 중요한 요소를 형성하고 있다.

헬레니즘 셀레우코스 왕조의 안티오쿠스 4세는 팔레스타인의 헬라화 정책의 일환으로 기원전 164년에 야훼종교 금지칙령을 내렸다. 야훼 하나님 제의와 예배를 법으로 금지시켰던 것이다. 경건한 유대인들(하시딤)은 그들의 신앙을 수호하기 위하여 온갖 위험을 감수할 수 밖에 없었다. 이러한 박해시기에 묵시적 종말 사상이 유대 민중 사이에

---

36) Jakob J. Petuchowski, "Jüdische Gebetstexte, Einleitende BemerKungen zum Wesen des j dischen Gottesdienstes," in: M. Brocke u. a.(Hrg.), 앞책, 31-44.

널리 퍼지게 되었다. 비록 지금 그들은 고난과 압박 속에 살고 있지만, 머지않아 세상 마지막 날 야훼께서 오셔서 그들의 아픔과 고난을 모두 씻어주시고, 그들을 억압하던 무리들을 심판하시리라는 묵시종말적 구원과 심판 사상이 묵시문학의 중심 사상을 이루고 있다. 묵시문학 전통에서 야훼의 왕국은 역사의 지평을 넘어선 천지개벽의 사건으로 임재하게 된다. 묵시문학에서 하나님의 왕국(바실레이아)은 비록 신화적 모습을 띠고 등장하지만, 본질에 있어서 그것은 예언자 전통과 일맥상통한다.

Q가 전하는 주기도문도 이와 같은 맥락에서 이해되어야 할 것이다. "당신의 나라(바실레이아)가 임하소서!"(Q 11:2) 이 간구는 원수사랑 계명이나 극빈자들에 대한 축복선언과 함께 묵시적 종말의 희망을 담고 있다. "극빈자들은 행복합니다. 하나님의 나라가 그들에게 속했기 때문입니다. 배고픈 사람들은 행복합니다. 그들은 배부르게 될 것입니다. 우는 사람들은 행복합니다. 그들은 웃을 것이기 때문입니다"[37](Q 6:20b~21). 극빈자들, 배고픈 자들, 우는 자들은 정신적 의미에서가 아니라 물질적 의미에서 고통을 당하고 있는 자들을 총칭한다. Q가 전하는 예수는 바로 이러한 사회적 소수자들에게 하나님 나라가 속해있음을 선언한다. 하나님 나라는 인종주의적이나 윤리적 범주에서가 아니라 사회적 소수자들에 대한 당파적 지평에서 이해되고 있는 것이 특징적이다.[38]

---

37) 이 말씀에 관한 해석은 김명수 "원시 그리스도교 Q공동체의 주변부 민중 예수 운동," 『신학사상 71』, 1990, 겨울호, 152 참조.
38) Q에 등장하는 소유 포기의 에토스들도 바실레이아의 묵시 종말적 당파성을 전제

하나님 나라의 돌연성

바실레이아의 도래와 더불어 종말의 표상인 '사람의 아들'(인자)의 내림(파루시아)에 관한 말씀은[39] Q의 묵시 종말 사상에서 중요한 기능을 담당한다. 깨어 있음에 관한 비유(Q 12: 39~40/마 24:43~44)에서 종말론적 세계 심판자인 인자의 묵시문학적 도래는 예기치 않게 들이닥치는 밤도둑에 비유되고 있다.[40] '사람의 아들'의 내림에 대한 불예측성과 돌연성, 그리고 그의 내림을 준비하는 삶의 자세가 이 말씀의 주요 주제가 되고 있다. 이스라엘 열두 지파와 심판에 관한 말씀(Q 22:28~30/마 19:28)은 예수를 따르는 자들, 곧 Q 예언자들이 사람의 아들이 영광의 자리에 앉게 될 때 그와 더불어 묵시적 지배권을 행사하게 될 것을 내용으로 하고 있다. 이 말씀에는 Q공동체의 수난의 현실과 묵시 종말적 보상에 대한 희망이 반영되고 있다.[41]

Q의 묵시록에서도 사람의 아들의 파루시아가 중심을 이루고 있다: "그들이 너희를 향하여 보라, 그가 광야에 있다 하여도 나가지 말라! 골방에 있다 하여도 믿지 말라! 왜냐하면 번갯불이 동쪽에서 번쩍하여 서쪽까지 비추이는 것처럼, 사람의 아들도 그의 날에 그러할 것이

하고 있다: Q 14:26~27/마 10:37; Q 12:33~34/마 6:19; Q 16:13/마 6:24.
39) Q 10:3/마 12:40; Q 17:24/마 24:27; Q 17:21/마 24:37; Q 17:28~30/마 24:38~39.
40) 참조. S. Schulz, 앞 책, 268-271. 이 말씀에는 Q공동체의 묵시적 내림지연 사상이 반영되어 있다.
41) Q 예언자들이 당하는 박해와 수난은 주로 "예수 따름"을 주제로 다루고 있는 말씀들 가운데서 주로 나타난다: Q 9:57~60/마 8:19~22; Q 14:26~27/마 10:37~38; Q 12:11~12/마 10:19~20; Q 12:51~53/마 10:34~36; Q 17: 33/마 10:39.

다…."(Q 17:23~24. 37b/마 24:26~28). 사람의 아들은 광야나 골방에서 찾아지는 것이 아니라, 그의 날은 하늘에 번쩍이는 번개와 같이 급작스레 도래할 것이다. 사람의 아들의 파루시아가 눈에 보이게 그리고 돌연히 임한다는 것이다.

사람의 아들의 파루시아는 또 노아의 날과 비교된다: "노아의 날들처럼 사람의 아들의 날도 그러할 것이다. 노아가 방주에 들어가는 그 날까지 사람들은 먹고 마시며 장가가고 시집갔다. 그리고 홍수가 와서 모두를 멸망시켰다"[42](Q 17:27/마 24:37~39). 여기에서 노아의 날들은 종말적 심판의 날로서 사람의 아들의 날과 비교되고 있다. 종말 때 사람들의 일상적인 삶은 노아 때의 그것에 상응한다.

Q의 묵시 종말에 관한 마지막 말씀은 은유적으로 표현된다: "내가 너희에게 말한다. 그 밤에 두 사람이 한 침대에 누워 있을 것인데 한 사람(*ho heis*)은 데려가고 다른 사람(*ho heteros*)은 버려 둘 것이다. 두 여인이 맷돌질하고 있을 것인데 한 사람은 데려가고 다른 사람은 버려 둘 것이다."[43](Q 17:34~35/마 24:40~41). 종말의 때에 한 사람은 사람의 아들에 의해서 받아들여질 것이고 다른 한 사람은 버려지게 될 것이다. 이 말씀에서는 종말에 직면하여 인간이 어떻게 준비하는 삶을 살아야 하는가가 중심 주제를 형성한다. 그와 동시에 '사람의 아들'의 파루시

---

42) 이 말씀의 원형 복원은 D. Zeller, *Kommentar zur Logienquelle*, Stuttgart, 1984, 89에서 인용함.
43) S. Schulz, 앞 책, 280.

아는 곧 가족 공동체나 노동 공동체의 분리를 의미한다.[44]

　Q의 묵시 종말적 표상 중 대표적인 것으로는 사람의 아들(ho hyios tou anthropou)을 들 수 있다. 사람의 아들 표상은 안티오쿠스 4세로부터 이스라엘 민중이 겪어야만 하였던 박해 상황을 "사회적 삶의 자리"로 하고 있다. 묵시 종말적 메시아로서의 사람의 아들은 이스라엘 민중에게는 해방자의 모습으로 나타난다. 그러나 그들을 억압하고 있는 이방 세력과 지배 계층에게는 종말적 심판자로 등장한다. Q가 전하는 사람의 아들 표상에서는 신화적 요소들이 후퇴한다. 반면에 사람의 아들의 돌연한 파루시아에 직면하여 어떻게 준비된 삶을 살 것인가가 강조되고 있다. Q는 세계 심판자로 올 사람의 아들을 지상 예수와 동일시했다. 그들은 현재 당하고 있는 수난과 박해를 묵시 종말적 희망으로 극복해 나갔던 것이다. 묵시 종말적 희망을 Q는 현실 변혁의 역동적 힘으로 삼았다. 묵시 종말적 희망은 Q공동체가 처한 수난의 현실 한복판에서 예수를 따르도록 촉구한다.

---

44) 마가복음 13장 14절 이하에 나오는 묵시문학과는 달리 이 말씀에서는 종말 때의 "도피" 동기가 전혀 등장하지 않는다. Q의 묵시문학에서는 마지막 때에 나타날 징표들에 대한 언급이 전혀 없다. 이에 반해서 마가복음의 묵시문학에서는 다음과 같은 징표들이 등장한다: "1. 이방민족들 사이에 묵시문학적 전쟁들이 발발한다(13장 7f절). 2. 산헤드린과 회당. 지도자들과 왕들 앞에서 그리스도인들이 재판받음(13장 9절) 3. 묵시 종말적 가족의 분열과 모든 사람이 모든 사람을 미워함(13장 12f절) 4. 예루살렘 성전에 황폐케 하는 가증한 것이 섬(13장 14절) 5. 유대 산악지대에로의 묵시적 도피와 임신한 여인들이 입을 화(13장 14~17절), 6. 거짓 메시아와 거짓 예언자들의 등장(13장 21절). 7. 묵시적 사람의 아들의 내림(13장 24~27절) (S. Schulz, a.a.O. 286).

Q의 제자직

Q에는 수난과 부활 이야기가 등장하지 않는다. Q에서 예수는 선포의 대상이 되는 것이 아니라 선포자로 머문다. Q에서 예수는 구원의 완성자로 예배나 제의의 대상이 되는 게 아니다. 단지 실천과 따름의 대상이 된다. Q 예언자들은 그들의 스승 예수에 의해서 하나님 나라 동역자로 초대되고 있다. 그들은 예수로부터 카리스마와 병 고치는 은사를 부여받는다. 갈릴리에 있는 여러 시골마을을 두루 다니며 귀신을 축출하고 병자들을 치유하며 극빈자들에게 하나님 나라 복음을 전파하는 것을 사명으로 삼았다. 예수의 묵시 종말적 하나님 나라 운동은 예수에게서 종결된 것이 아니다. 그로부터 위임받은 Q의 예언자들에 의해서 승계되었다.

Q의 묵시적 종말 의식은 제자직에 관한 말씀에서도 여실하게 드러난다. 한 이름 없는 제자 지망생을 향하여 예수는 말한다: "여우도 굴이 있고 새도 보금자리가 있으나 인자는 머리 둘 곳이 없다"(Q 9:58/마 8:20). 이 말씀은 지상 예수의 삶을 회상시킨다. 가정과 고향을 떠나 이리 저리 떠돌아다니며 무주(無住)의 삶으로 일관했던 예수의 실존적 운명이 묻어 있는 말씀이다. 예수를 따르고 그의 제자가 된다는 것은 Q에게는 다른 것이 아니다. "무주상 보시"(無住相 布施)의 민중적 삶으로 일관했던 그들의 스승 예수의 삶에 참여하는 것이었다.

예수를 따라 나서기 전에 먼저 아버지를 장사지내도록 허락해 달라는 무명의 제자 지망생을 향하여 예수는 단호하게 명령한다 : "죽은 자들을 장사하는 일은 죽은 자들에게 맡기고 너는 나를 따르라"(Q 9:59/마 8:21). 종말의 현실에서 예수를 따른다는 것은 다른 것이 아니다. 그것은 심지어 부모를 장사 지내는 일보다 우선되어야 한다. 묵시 종말적 현실은 그 시대의 모든 가치나 일상적인 윤리규범을 상대화 시킨다. [45]

Q의 선교 명령

Q는 예수의 선교명령을 전한다. 70명의 제자들을 선발하여 훈련시킨 다음 둘씩 짝을 지어 파송하면서 예수는 다음과 같이 당부한다. "추수할 것은 많으나 일꾼이 적다. 그러나 추수하는 주인에게 추수할 일꾼을 보내 주십사 하고 청하라"(Q10:2/마9:37-38). '추수'(*therismos*)는 흩어진 이스라엘을 종말의 때에 한 곳으로 모아들이는 것이나(이사야 27:12), 이방민족에 대한 하나님의 종말적 심판에 대한 은유로 사용되었다. 그런데 Q에서 그것은 이미 우리가 요한 세례자의 심판 설교에서 살펴보았듯이 묵시 종말적 심판과 아울러 회개에 걸맞은 열매를 맺은 삶을 살아가는 사람들의 구원을 암시한다. 본문에서 추수의 대상은 누구인가? 마태복음 9장 36절에 의하면 목자 없는 양과 같은 지도자 없이 방향을 잃고 헤매는 이스라엘의 '민중'(*ochlos*)이다. Q 예언자들은 그들이야말로 종말의 때에 뿔뿔이 흩어져 있는 이스라엘의 잃은 양

---

[45] 물론 당시 유대교 내에는 일상성으로부터의 철저한 단절을 요구하였던 집단들이 상이한 동기들을 가지고 등장하였다. 랍비들은 토라 수업을 위해서, 젤롯당들은 외세의 지배로부터 민족을 해방하기 위해서 그리고 헬레니즘 세계의 견유학파 전통에서는 "자족"함을 배우기 위해서 일상적 삶으로부터의 단절을 요구하였다.

들인 사회적 소수자들을 모으기 위하여 부름 받은 하나님의 "추수꾼"(*ergatai*)이라는 자의식을 가지고 있었음에 틀림없다.

이제 Q는 예수께서 제자들을 파송하는 장면을 보도한다. "가라, 내가 너희를 보내는 것이 양을 이리 가운데 보내는 것과 같다"(Q 10:3/마 10:16). '이리-양"의 은유를 통해서 Q는 종말적 선교 상황이 얼마나 위험스러운 것인가를 암시한다.[46] 여기에서 "이리"는 이방인이나 이스라엘을 가리키는 은유적 개념이라기보다는 오히려 Q 예언자들을 박해했던 유대교 회당 지도자들을 지칭하고 있을 것이다. 이와 유사한 선교적 박해 상황을 Q는 박해받는 자들에 대한 축복선언(Q 6:22~23/마 5:11~12)과 원수사랑 계명(Q 6:27~36/마 5:38~45; 7:12)에서도 전하고 있다.[47]

Q 예언자들은 선교 여행을 할 때 제자들에게 내린 예수의 휴대금령을 보도한다. "전대에 금이나 은이나 동전을 넣어가지고 다니지 말며 여행용 자루나 두 벌 옷이나 신이나 지팡이도 가지지 말며 길에서 아무에게도 인사하지 말라"(Q 10:4/마 10:9-11). 선교 여행을 떠날 때 내린 이러한 종류의 휴대금령은 견유학파 철인(哲人)들이나 엣세네파 사제

---

46) 구약성서 전통에서 "양"은 약자의 표상으로서 이스라엘을 지칭하고 있는 반면에 "이리들"은 강자의 표상으로서 이스라엘을 둘러싸고 있는 주변 강대국들을 나타낸다. 참조, W. Bauer, *Griechisch-deutsches Wörterbuch zu der Schriften des Neuen Testament und der übrigen fr hchristlichen Literatur*, Berlin-New York, 1971, 210.
47) 다음의 말씀들도 Q 예언자들의 박해의 현실을 반영하고 있다: Q 12:11~12/마 10:19~20; Q 12:4~7/마 10: 28~31; Q 12:10/마 12:32; Q 14:27/마 10:38.

(司祭)들에게서도 찾아볼 수 있다.[48] Q의 휴대금령은 그들의 것보다 더욱 엄격한 것이 특징이다. Q는 떠돌이 여행자들에게 필수적인 휴대품에 해당하는 신이나 지팡이까지도 금지하고 있다.

휴대금령 말씀은 예수의 철저한 무소유의 삶을 회상하고 있다. 예수의 제자로서 그의 뒤를 따른다는 것은 무소유의 삶에서 연결된다. 휴대금령 배후에는 몇 가지 동기가 서 있다. 창조주 하나님께서 어떠한 환경에서도 그들을 지켜주실 것이라는 절대적인 신뢰, 임박한 종말 의식, 그리고 당시 갈릴리 민중의 일상적인 삶이었던 빈곤의 현실이 서 있다. 종말의 임박성에 대한 그들의 각성은 "길에서 아무에게도 인사하지 말라"는 말씀에서 더욱 철저화된다.[49]

Q 예언자들은 마을에 도착하여 어떤 집에 들어가든지 우선 평화를 빌어주어야 한다. 그곳에 평화의 아들(*ho hyios eirenes*)이 살고 있으면 그들이 빈 평화가 그곳에 임할 것이다. 그렇지 않으면 그것이 그들에게 다시 돌아올 것이다(Q 10:5-8/마 10:12. 10b).[50] Q 예언자들이 방문한 집에 빈 평화 인사는 종말적 특성을 지니는데, 그것은 상대방에게

---

48) 참조, Kim, Myungsoo, *op. cit.* 278-281.
49) Q 예언자들로 하여금 거리에서 인사하지 말라는 금령에 관한 연구는 다음을 참조하시오. I. Bosold, *Pazifismus und prophetische Provokation. Das Grußverbot. Luk 10, 4b und seine historischer Kontext*(SBS 9), Stuttgart, 1978, 84-93. 도중에서의 인사금령에 관한 병행을 우리는 열왕기하 4장 29절에서 발견할 수 있다. 예언자 엘리사는 그의 종 게하시에게 특수 임무를 맡기며, 도중에 아무에게도 인사하지 말라고 명령한다. 열왕기서에는 도중에서의 시간 절약이 주제이다. 그러나 Q에서는 선교 행위가 주제로 되고 있다.
50) P. Hoffmann, 앞 책, 296f 참조.

마술적인 힘을 발휘한다. "평화의 아들"은 로마와의 평화를 원했던 자들을 지칭하기보다는,[51] 오히려 종말론적 구원과 평화를 위해서 일하는 자들을 가리키고 있다(참조: 마 5:9). 아마도 '평화의 아들'은 Q의 종말적 하나님 나라 선교운동을 지지하고 후원했던 지역의 동조자들을 지칭하고 있을 것이다. Q의 예언자들은 지역의 동조자들인 평화의 아들들을 영적으로 지도하고, 평화의 아들들은 영적 지도자들의 숙식을 책임졌을 것이다(Q 10:7/마 10:11).

Q 예언자들의 선교 과제는 무엇이었는가? 어느 마을에 들어가든지 평화를 빌고, 그곳에서 질병으로 고통당하고 있는 사람을 찾아내어 치료하는 일이었다. 그리고 하나님 나라가 임박했다는 종말적 희망의 복음을 전하는 일이었다(Q 10:9/마 10:9).[52] 그들을 거부하는 마을을 향하여 Q예언자들은 발에 묻은 먼지를 털어야 한다. 그것은 곧 종말론적 심판이 임박했음을 알리는 경고의 표현이었을 것이다.

이상에서 살펴본 Q공동체의 묵시 종말적 선교형태를 종합해 보면

---

51) 호프만은 여기에서 "평화의 아들들"을 반젤롯당적인 비폭력 정치 집단의 하나로 간주하는 것 같다(P. Hoffmann, 앞 책, 32b). 예루살렘의 중산층, 특히 바리새파와 사두개파에 속하였던 수공업자들이 이 평화당에 가입하였다.
52) 마가복음 1장 15절에서는 바실레이아의 시간적·미래적 특성이 부각되고 있다. Q에서는 이와 달리 "지금 그리고 여기"라는 공간적-현재적 특성이 부각되고 있다. 이러한 상이한 경향은 마가의 바실레이아 선포가 청중들에게 회개와 복음에 대한 신앙을 촉구하고 있는 데 반해서, Q의 바실레이아 선포는 곧장 지금-여기에서 고통을 당하고 있는 병자들을 치유하는 데서 분명히 드러난다.

다음과 같을 것이다. Q 예언자들은 종말의 때에 이스라엘의 흩어진 사회적 소수자(민중)들을 모으기 위하여 하나님의 일꾼으로 부름을 받았다는 자의식을 가지고 있었다. 하나님 나라가 임박했다는 종말의 때에 대한 각성은 그들로 하여금 하나님 나라 선교에 매진토록 하였다. 선교 현장은 이리들과 같이 박해자들이 우글거리는 곳이었다. 선교를 떠나면서, Q 예언자들은 철저하게 무소유의 삶을 실천하였다. 그것은 창조주 하나님께서 보살피시리라는 믿음과 그들의 스승 예수의 무소유적 삶에 근거하고 있다. 그들은 평화의 아들들의 지원을 받아 하나님 나라 선교를 수행한다. 그들 선교의 주 내용은 병자를 치유하고 평화를 비는 것이었다.

Q 예수운동의 특수성과 보편성

Q 예언자들은 세례자 요한, 예수, 그들의 때를 묵시적 종말의 시대로 인식하고 있었다. Q 공동체의 종말 의식은 기원후 1세기 팔레스타인 사회의 사회적 소수자들이 겪고 있던 위기와 분리해서 생각될 수 없다.[53] 로마제국, 헤롯왕조, 그리고 예루살렘 성전이라는 3중의 수탈 구조에 의해서 고난당하던 이스라엘의 주변부 민중은 그들의 비참한 운명과 현실을 종말의 때로 인식하기에 충분하였다. 이에 즈음하여 유대사회 내에서 여러 형태를 띤 종말적 예언운동이 전개되었고, 이 운동들이 성숙하여 AD 66~70년에 젤롯당에 의해 주도되어 이스라엘 주

---

53) 김명수, "원시 그리스도교 Q공동체의 주변부 민중 예수 운동"『신학사상 71』, 1990년 겨울호 106 이하 참조.

권 회복을 위한 반(反)로마 전쟁으로 발전했던 것 같다.

이와 거의 같은 시기에 존재했던 Q의 하나님 나라 운동은 이스라엘 공동체 내에서 일종의 사회복지 운동의 성격을 띠고 있다.[54] 종말 공동체로서의 Q 예언자들의 자의식은 그들로 하여금 그 시대의 다른 종말 집단들처럼 광야로 나아가 우주적 드라마를 연출하지 않았다. 민중의 현실과 도피하여 담을 쌓고 골방으로 칩거하지도 아니 하였다. 그들은 사회적 소수자들이 겪고 있던 고난의 현실 한 복판으로 들어가 그들의 소리에 귀를 기울였고 그들을 치유하는 삶을 살았던 것이다.

> **눈먼 사람이 보며, 다리 저는 사람이 걷고, 나병환자가 깨끗해지고, 귀먹은 사람이 듣고, 죽은 사람이 살아나고, 가난한 사람이 복음을 듣는다** ⋯ (Q 7:22/마 11:5)

Q의 예수운동은 보편성이나 일반성의 지평을 벗어난 것은 아니지만, 그럼에도 불구하고 사회적 소수자들을 향한 당파성과 특수성을 띠고 전개되었음에 유념해야 할 것이다. 종말 공동체로서의 초기 그리스도교 Q교회는 사회적 소수자들에 의한 복음, 사회적 소수자들을 위한

---

54) 팔레스타인 사회의 총체적 위기 상황에 대응하여 나타난 유대 내부의 갱신 운동의 형태를 타이쎈은 세 유형으로 구분한다: 그는 도피적 형태의 유형으로 쿰란 공동체, 공격적 형태의 유형으로 젤롯당 그리고 의존적 형태의 유형으로 예언 운동가를 들고 있다 G. Theißen, *Studien zur Soziologie des Urchristentums*(WUNT 19), Tübingen, 1983(김명수 역, 『원시 그리스도교에 대한 사회학적 연구』, 대한기독교 출판사, 1986, 141 이하).

복음, 사회적 소수자들의 복음을 전하는 것을 선교의 제 일차적 과제로 삼았던 것이다.

드넓은 갈릴리 바다. 과도한 문명의 소비 때문에 수량이 계속 줄고 있다. 갈릴리 바다 아래쪽으로 흐르는 요단강은 실개천 모양 물이 거의 없다. 따라서 사해의 수량도 급격히 줄어들고 있어 지중해로부터 수로를 뚫어 바다물을 공급하는 계획을 세우고 있다. 환경재앙은 지구의 도처를 괴롭히고 있다. 이 땅의 세계를 하나님나라로 생각할 줄 아는 신앙의식이 있어야만 해결될 문제일 것이다.

제6장

큐복음의 민중 케리그마

예수는 신앙의 대상인가

그리스도인이나 비그리스도인을 막론하고 도대체 예수가 누구인가에 대한 질문을 던져보지 아니한 사람은 드물 것이다. 특히 이 질문은 신학분야에서뿐만 아니라 평신도들의 신앙생활에서도 중요한 역할을 한다. 예수를 어떻게 이해하고 있느냐에 신앙과 삶의 자세가 달라지기 때문이다.

예수는 '신앙의 대상'인가 아니면 '따름의 대상'인가? 신약성서 분야에서 이 질문은 20세기 초 "역사의 예수냐 케리그마의 그리스도냐"의 문제로 압축되었다. 역사적 예수와 케리그마의 그리스도 사이의 관계에 대한 논의는 지난 한 세기 동안 서구신학계에서 주요 주제 중 하나였다. 그러나 이 문제는 아직도 해결되지 아니한 신학의 난제

(*aporia*)에 속한다.

케리그마의 그리스도에 비중을 둘 경우 예수는 일차적으로 '예배의 대상'이 된다. 예수는 전지전능한 신적 존재로서 인간의 모든 생사화복을 주관하시고 복을 비는 기복신앙의 대상이 된다. 그러나 역사적 예수에 비중을 둘 경우, 예수는 우리가 살아야 할 '삶의 모델'로 이해되며, 그분의 생애와 가르침은 우리가 본받고 따라야 할 '제자직' (Nachfolge)의 원형이 된다.[1]

본 글에서는 초기그리스도교 Q공동체가 예수를 어떻게 이해하고 있는가? Q공동체가 선포한 케리그마의 핵(核)이 무엇인가를 역사비평학에 의거하여 살펴보고자 한다. Q의 그리스도론이 요한 세례자의 질문과 예수의 대답 형식으로 되어 있는 Q 7:18~23을 주요 텍스트로 하여 다루어질 것이다.[2]

이 단화(*perikope*)의 '삶의 정황'(Sitz im Leben)은 어디인가? 역사의 예수인가, 아니면 Q교회 공동체인가? 이 단화는 예수의 말씀(saying of Jesus)을 전하고 있는가, 아니면 Q교회가 선포한 예수에 관한 말씀(sayings about Jesus)을 전하고 있는가?[3] 이 단화는 Q 공동체의 필요

---

1) C. Bussmann, Hrg. *Befreiung durch Jesus? Die Christologie der lateinamerikanischen Befreiungstheologie*, München, 1980, 57.
2) 세례자 요한과 지상 예수와의 관계를 집중적으로 연구한 책으로는 다음을 참조하시오: J. Becker, *Johannes der Täufer und Jesus von Nazareth*, Stuttgart, 1972.
3) 호프만은 여기에서 "평화의 아들들"을 반젤롯당적인 비폭력 정치 집단의

에 의해서 구성된 아포프테그마(Apophthegma)인가 아니면 Q 이전의 통일된 전승을 Q가 전하고 있는 것인가? 만약 Q 이전의 통일된 전승이라면, Q 이전에 존재했던 이 단화의 원형은 어느 정도 복원이 가능한가? 어떠한 신학적 동기에서 Q는 이 전승을 확대하고 있는가? 본문에서 나타나고 있는 Q 케리그마는 바울 케리그마와 어떠한 차이가 있는가? 이러한 문제들을 중심으로 살펴보고자 한다.

Q의 원형 복원

예수와 요한 세례자의 관계에 대한 일련의 전승 묶음(Q 7:18~35/마 11:2~19)은 이미 Q의 편집단계에서 통일성을 가지고 구성된 것으로 추정된다. 이 전승 묶음의 형식이나 구성에 있어서 마태와 누가는 거의 일치한 모습을 보이고 있기 때문이다.[4] 마태와 누가는 그들에게 전달된 Q전승의 구성을 확대하거나 수정하고 있을 뿐만 아니라, 공동체의 상황에서 그 전승을 재구성하고 있다.

예를 들면 마태는 이 전승 묶음을 갈릴리 도시들에 관한 저주선언(마 11:20~24), 계시의 찬양(마 11:25~27), 새로운 주제의 도입문인 온유한 멍

하나로 간주하는 것 같다(P. Hoffmann, a.a.O. 32b). 예루살렘의 중산층, 특히 바리새파와 사두개파에 속하였던 수공업자들이 이 평화당에 가입하였다.

4) 요한 세례자에 관한 전승 모음(Q 7:18-35/마 11:2-9)은 세 개의 개별전승으로 구성되어있다: 1)요한 세례자의 질문(Q 7:18-23/마 11:2-6); 2) 요한 세례자에 대한 예수의 평가(Q 7:24-28/마 11:7-15); 3) '이 세대'의 비유(Q 7:29-35/마 11:16-19).

에(마 11:28~30)에 관한 전승과의 연관성 속에서 다루고 있으며, 이어서 안식일 논쟁을 안치시킨다(마 12:1~8). 이와 달리 누가는 이 전승 묶음을 예수의 기적행위에 관한 보도들, 곧 백부장 하인의 치유 이야기(Q 7:1~10) 및 과부 아들의 소생(Q 7:11~17) 이야기와 연결시켜 보도한다.[5]

따라서 필자가 보기엔 요한 세례자의 질문과 예수의 대답은 누가와 마태 이전에 이미 통일성을 가진 독립 전승층(傳承層)을 형성하고 있었다. 마태와 누가 본문의 텍스트에 대한 본문비평을 통하여 복원된 Q의 원형은 다음과 같다:[6]

> 요한이 감옥에 갇혔을 때에,
> 그의 두 제자를 보내어 그(예수)에게 묻게 하였다;
> "당신은 〈오실 그 분〉(ho erchomenos)이요,
> 아니면 우리가 〈다른 분〉을(heteron) 기다려야합니까?"
>
> 예수가 그들에게 대답하여 말하였다.
> "가서 너희는 요한에게 알려라,
> 너희가 보고(eidete) 들은 것(ekousate)을,
> 눈먼 사람이 보고, 다리 저는 사람이 걷고,

---

5) 참조, P.Hoffmann, *Studien zur Theologie der Logienquelle*, 3.durchgesehene Auflage mit einem bibliographischen Nachtrag über die Literatur von 1970 bis 1981, Münster, 1982, 272.

6) 상세한 텍스트 분석과 이외의 참고문헌에 관해서는 Kim, Myungsoo, *Die Trägergruppe von Q. Sozialgeschichtliche Forschung zur Q-Überlieferung in den synoptischen Evangelien*, Hamburg, 1990, 5. Kapitel 참조.

나병환자가 깨끗해지고, 귀먹은 사람이 듣고,
죽은 사람이 살아나고, 가난한 사람이 복음을 듣는다."
행복하여라, 나에게 걸려 넘어지지 않는 사람은.[7]

역사적 보도냐 Q의 편집이냐?

불트만(R. Bultmann)은 이 단화의 문학적 양식(Gattung)에 주목하면서, 예수의 말씀이 이 대화 장면에서 핵심적인 역할을 수행한다고 보고 있다. 그에 따르면 이 단화는 예수의 말씀(대답)을 전하기 위하여 부가적으로 상황(요한 세례자의 질문)이 설정되고 있는 전형적인 아포프테그마의 모습을 띠고 있다.[8]

예수의 대답(Q 7:22~23/마 11:5~6)은 '구원의 때'를 선포하는 내용을 지닌 것으로서 원래 독립적으로 떠돌아다니는 말씀(로기온) 중 하나였을 것이다. 그런데 Q공동체가 예수의 메시아 됨을 증명하기 위한 방편의 하나로 이 로기온을 선택하였고, 게다가 요한 세례자를 질문자로 등장시킴으로써 명실공히 통일된 단화를 구성하였다.[9] 비록 이 단화의 전체적 틀이 Q교회의 편집에 의해서 구성된 것일지라도, 불트만은

---

7) Kim, Myungsoo, *Ibid*., 192. 마태의 전승에 비해서, 누가가 Q원형에 충실하게 보도하고 있음을 볼 수 있다.
8) 특정한 문학양식으로서의 아포프테그마(상황과 함께 전하는 예수의 말씀)에 관해서는 R. Bultmann, *Die Geschichte der synoptischen Tradition*, Göttingen, 1970, 8-72.참조. 디벨리우스(M. Dibelius)는 이 단화를 파라디그마(Paradigma)로 분류한다.(ders., *Die Formgeschichte des Evangeliums*, Tübingen, 1972.)
9) R. Bultmann, 앞 책, 22.

예수의 대답의 진정성을 의심하지 않고 있다.

다른 한편 페쉬(R. Pesch)는 이 아포프테그마의 기원에 대하여 두 가지 가능성을 상정한다. "상황과 예수의 말이 모두 역사적이든지, 아니면 전체의 아포프테그마가 이차적으로 형성되었을 것이다."[10] 페쉬는 여기에서 열거되고 있는 치유 '기적 목록'(Wunderkatalog)에 주목하면서(마태 11:5/누가 7:22), 이 아포프테그마가 초기그리스도교 전통의 중요한 항목에 해당하는 기적전승에 거점을 둔 Q교회에서 비롯된 것이라고 생각한다.[11] 이 로기온에서 지상 예수의 삶과 종말 예언자로서의 예수의 행위가 하나로 결합된다는 것이다.

류어만(D. Lührmann)은 전체 틀에서 예수말씀(로기온)을 이해할 때, 이 단화는 초기그리스도교 공동체와 요한 세례자의 제자공동체 사이의 경쟁관계를 암시한다고 보았다. 아포프테그마의 현재 모습은 요한 세례자가 예수에게 종속되어있다는 사실을 보여주는 Q공동체의 작품이라는 것이다.[12]

획틀(A. Vögtle)은 이 단화에서 보다 근본적인 질문을 제기한다. '당신은 오실 그분입니까?'라는 질문이 과연 예수를 겨냥하고 있는

---

10) R. Pesch, *Jesu ureigene Taten? Ein Beitrag zur Wunderfrage*, Freiburg, 1970. 39.
11) 앞 책, 41 이하
12) D. Lührmann, *Die Redaktion der Logienquelle*, Neukirchen-Vluyn, 1969, 26. 류어만은 요한 세례자와의 논쟁이 Q공동체의 편집단계에서 제기된 것인지, 아니면 그 이전의 전승단계에서 부각되었는지에 대해 묻고 있다.

가?[13] 현재 활동하고 있는 예수를 유대인들이 대망하던 종말적 심판자로 간주한다는 것은 적어도 요한 세례자에게는 생소하다는 것이다. 요한 세례자는 장차 올 묵시적 불 세례자를 대망하였기 때문이다(누가 3:16~17). 세례자의 질문은 예수의 말과 행위가 마지막 때에 약속된 구원의 성취라는 대답을 이미 전제하고 있다. 그렇기 때문에 예수의 대답은 역사적인 것으로서 간주될 수 없다는 것이다. 예수께서 행한 것으로 되어 있는 기적의 목록들은 칠십인역(LXX) 이사야서에 의존하고 있다. 이로부터 획틀은 이 단화를 부활 이후 초기그리스도교 공동체의 필요에 의해서, 곧 요한 세례자의 제자들을 그리스도교 신앙에로 인도하기 위한 '선교적 목적'에 따라 구성된 Q공동체의 아포프테그마로 본다.[14]

그러나 스툴마허(P. Stuhlmacher)는 이 단화의 전체 틀에서 역사적 흔적을 발견하려고 한다. 이 단화는 요한 세례자에 대한 예수의 '우위성'을 입증하는 것이 목적인데, 그것은 문학적 산물 이상으로 역사성에 근거하고 있다는 것이다. 세례자 공동체에서 요한은 마지막 때의 예언자 가운데 하나로 간주되었던 것 같다.[15] Q의 전승 단계에서도 여전히 예수와 요한 세례자 사이의 서열에 관한 논쟁이 제기되었다. 스툴마허는 여기에서 역사적 차원에서 Q공동체와 세례자 공동체 사이에

---

13) A. Vögtle, Wunder und Wort in urchristlicher Glaubenswerbung(Mt11,2-5/Lk7,18-23), in: *Das Evangelium und die Evangelien*, Düsseldorf, 1971, 225.
14) 앞 책, 240.
15) P. Stuhlmacher, Das paulinische Evangelium, I. Vorgeschichte, Göttingen, 1968, 219f.

벌어진 선교 경쟁의 동기를 발견하려고 한다.

이상에서 살펴본 학자들의 논의를 요약하면 다음과 같다: 예수의 대답(Q 7:22~23/마 11:4~5)은 원래 고립된 전승이었고, 그것은 지상 예수의 삶에 근거하였을 개연성이 높다. 그 전승은 Q의 전승단계에서 공동체의 필요에 의하여 이차적인 세례자 요한의 질문(Q 7:18~21/마 11:2~3)과 결합되어 나타난다. 요한 세례자의 질문에 대한 역사적 개연성은 그리 높다고 볼 수 없다. 요한의 질문에는 Q공동체와 세례자 공동체 사이의 선교 긴장이 반영되어 있기 때문이다. 여기에서 문제의 핵심은 세례자의 질문에 있다기보다는, 요한의 제자들이 예수 그리스도를 '오실 그 분'으로 신앙하기를 원하는 Q공동체의 선교적 동기가 담겨있다.

그러면 예수의 대답을 살펴보자. 예수의 대답은 세 부분으로 구성되어있다. 첫째 부분(Q 7:22b/마 11:4b)은 도입문이고, 둘째 부분(Q 7:22c/마 11:5)에서는 예수의 치유기적 행위가 제 2 이사야서의 종말 예언적 해방의 복음의 지평에서 소개되고 있다. 셋째 부분(Q 7:23/마 11:6)에는 선교적 동기뿐만 아니라 불신자들에 대한 경고가 담겨있다.

그렇다면 예수의 대답은 어떠한 관심에서 전승되었는가? 반첵(U. Wanzeck)은 여기에서 Q공동체의 케리그마화(化)(Kerygmatisierung) 동기를 읽는다. 지상 예수가 아니라 부활의 예수의 치유기적 카탈로그를 하나님의 행동으로서 입증하기 위하여 이 대답이 주어지고 있다는 것이다.[16] 예수의 말과 행위에 대한 케리그마화(化)가 Q의 전승단계에서 시작되고 있다는 것이다. 그러나 Q에서 등장하는 전형적인 그리스도론적 표상인 사람의 아들이나 신-인간(theios-aner), 퀴리오스(kyrios) 등이 나타나지 않는다.

우리는 세례자의 질문(예수의 본질)과 예수의 대답(예수의 행태) 사이에 단절이 있음을 볼 수 있다. 양자 사이에는 서로 다른 '삶의 자리'가 놓여있다. 요한 세례자의 질문이 예수의 대답에 의해서 수정되고 있는 것은 Q의 편집 단계에서 비롯되었음을 알 수 있다. 세례자 요한은 존재론적인(ontologisch) 질문에서 예수가 누구인가를 질문하고 있다면, Q는 행위론적으로(praktologisch) 지평에서 예수가 누구인가를 대답하고 있다. Q는 예수가 누구냐(what)에 대한 관심보다는 예수가 무엇을 행했느냐(how)에 더 관심을 가진다.[17]

세례자 요한의 질문

'오실 그 분'(ho erchomenos)은 구약에서 일차적으로 인간이 신에게로 나아감을 뜻하는 제의(祭儀) 언어로서 구원과 결부되어 사용되

---

16) U. Wanzeck, "Jesus, der Kommende. Überlieferungsgeschichtliche Erwägungen zu Mt11, 2-6 par.", in: ders.,(Hrg.), *Festgabe für Friedrich Lange, Bd.II*, Tübingen, 1978.,758.
17) 행위론적 예수 이해는 오늘날 해체주의적 관점에서 볼 때 특히 주목할 만하다. 해체주의는 모든 고정불변한 본질(essence)의 해체를 선언한다. 이에 대해서는 필자의 논문, "민중신학의 해체주의적 경향," 『기독교사상』 11월호, 1994 참조.

었다. 예를 들면 신명기서에서 이 용어는 약속의 땅으로 이스라엘 백성을 이끄는 야훼의 인도하심을 나타낸다. 예언자 전통에서는 이스라엘에 대한 야훼의 진노가 임박했음을 뜻하는 의미로 사용되고 있다. 바빌론 포로기(babylon Exile)에 이르러 '오실 그 분'은 다윗 메시아상과 연결되어 사용되고 있는가 하면, 포로생활에서 예루살렘에로 돌아온 후에는 이 개념이 종말적 평화와 해방을 가져오는 분으로서 사용되어 왔다.

물론 구약에서 '오실 그 분'이 구원과 심판의 지평에서 사용되고 있기는 하지만, 하나의 전문용어(technicus terminus)로 사용되지는 않고 있음을 알아야 한다. 전반적으로 구약에서 이 개념은 '오실 그 분' 자체의 인격에 대한 관심보다도, 그분의 도래로 인하여 생겨나게 될 인간의 현실과 운명의 뒤바뀜에 초점이 맞추어져 있다.[18] "굳세어라, 두려워하지 말라, 너희의 하나님께서 복수하러 오신다. 하나님께서 보복하러 오신다. 너희를 구원하여 주신다고 말하여라. 그 때에 눈먼 사람의 눈이 밝아지고, 귀먹은 사람의 귀가 열릴 것이다. 그 때에 다리를 절던 사람이 사슴처럼 뛰고, 말을 못하던 혀가 노래를 부를 것이다…" (이사 35:4~6).

그러면 Q복음에서 '오실 그 분'은 어떻게 이해되고 있는가? Q복음서의 서두에서 요한 세례자는 마지막 때에 도래하게 될 불의 심판자를 기다린다(Q 3:7~9). 세례자 요한 자신이 고대했던 불의 심판자로서의

---

18) 참조, Kim, Myungsoo, 앞 책, 200-204.

'오실 그 분'이 '지상 예수'와 동일시되고 있는가는 여전히 문제로 남는다.[19] 양자(兩者)의 동일시는 아마도 Q 편집 단계에서 비로소 이루어졌을 개연성이 높다. Q에서 '오실 그 분'은 다름 아닌 '이미 오신 그 분'이요, 동시에 곧 미래적 '사람의 아들'이었기 때문이다. 만약 Q공동체가 요한 세례자의 입을 빌려 이러한 질문을 하고 있다면, 그것은 제2이사야[20]의 종말적 해방의 지평에서 메시아로서의 예수의 행태가 조망되고 있음을 알 수 있다.

예수의 대답과 이사야서

예수의 대답은 세 요소로 구성되어있다. 예수의 행동과 말의 인증, 구약에 근거한 치유 기적행위의 열거, 축복문이 그것이다.[21] 제자들이 예수가 행한 치유기적에 대하여 보고 들은 것은 세례자 요한의 질문, "당신이 오실 그 분입니까?"와 연결되어 있다. 여기에서는 예수의 치유기적 행위가 예수가 누구인가를 결정한다. 예수의

---

19) A. Vögtle, 앞 책, 223f. 획틀은 세례자 요한이 '오실 그 분'으로서 야훼 자신을 대망하였다고 생각한다. 한(F. Hahn)은 '오실 그 분'을 구원의 때를 상징하는 새 에온, 하나님의 통치, 세계 심판자, 엘리아, 메시아와 연결시켜 이해한다.(*Christologische Hoheitstitel*, Göttingen, 1964, 393.)
20) 이사야서 40~55장을 일컬어 제2 이사야서라고 한다. 이 책은 주전 540년경 바빌론 포로기에 실의와 좌절 속에 살아가는 유대인 포로들에게 하나님의 종말적 구원과 희망과 위로를 선포한 익명의 예언자에 의해서 기록되었다.
21) A. Polag, *Die Christologie der Logienquelle*, Neukirchen-Vluyn, 1977, 35. 폴락은 예수의 치유행위에 관한 열거에서 죄 탕감의 동기를 발견한다. 예수의 치유행위는 그에 따르면 곧 하나님께서 이스라엘 백성의 죄를 탕감해 주고 있다는 표지이다.

대답(Q 7:22c/마 11:5)은 전통사적 지평에서 볼 때 이사야서를 회상하고 있음이 분명하다:

(1) '눈먼 사람이 보고'(tuphloi anablepousin: 이사 29:18; 35:5; 42:7.18; 61:1),
(2) '다리 저는 사람이 걷고'(choloi peripatousin: 이사 35:6),
(3) '나병환자가 깨끗해지고'(leproi katharizontai: 참조, 2열왕 5:1~27),
(4) '귀먹은 사람이 듣고'(kophoi akousin: 이사 29:18; 35:5; 42:18),
(5) '죽은 사람이 살아나고'(nekroi egeirontai: 이사 26:19),
(6) '가난한 사람이 복음을 듣는다'(ptochoi euangelizontai: 이사 29:19; 61:1).

눈먼 사람이 보게 되고, 다리 저는 사람이 걷게 되고, 귀먹은 사람이 듣게 되는 치유기적 이야기는 이사야 35장 5~6절과 연관되어 있다. 그것은 종말의 때에 일어나게 될 하나님의 치유 사건이 전제되어 있다. 이러한 종말적 치유와 해방 사건은 이사야서에서는 야훼 자신의 도래를 암시하고 있다(이사 35:2~4).

나병환자가 고침을 받는 (3)항은 구약에서 직접적인 인용을 찾아볼 수 없다. 그러나 나병환자인 시리아의 장군 나아만을 엘리사가 치유하는 기적 이야기(열하 5:1~27)에서 유사성이 발견된다. 사회로부터 저주받은 무리들인 나병환자들은 특히 AD 1세기 팔레스타인 사회에 널리 퍼져 있었다. 나병환자들이 깨끗함을 받게 될 것이라는 궁극적인 희망이 예수의 치유사역을 통하여 성취되고 있음을 찾아볼 수 있다.

(5)항은 이사야서와 연결되고 있다: "그러나 주의 백성들 가운데서 죽은 사람들이 다시 살아날 것이며, 그들의 시체가 다시 일어날 것입니다. 무덤 속에 잠자던 사람들이 깨어나서, 즐겁게 소리칠 것입니다…"(이사 26:19) 여기에서 "죽은 사람이 다시 살아남"은 종말 때의 표지임이 분명하다. Q는 예수 행태의 종말적 의미를 죽은 사람이 다시 살아남에서 찾는다.

이제 예수의 종말적 해방행위는 제(6)항에서 정점을 이룬다. '유앙겔리제스타이'(*euangelizontai*)에 상응하는 구약의 개념은 '바싸르'(*bswr*)이다. 이 개념은 일반적으로 '기쁜 소식을 선포하다'를 뜻한다.[22] 제2 이사야서에서 '바싸르'는 이스라엘의 종말적 구원을 외치는 노래와 연결되어 등장한다: "놀랍고도 반가워라. 희소식을 전하려고 산을 넘어 달려오는 저 발이여! 평화가 왔다고 외치며, 복된 희소식을 전하는구나. 구원이 이르렀다고 선포하면서, 시온을 보고 이르기를 너의 하나님께서 통치하신다 하는구나."(이사 52:7) '바싸르'는 바빌론의 압제로부터 이스라엘의 해방에 관한 소식일 뿐만 아니라, 종말의 때에 나타나게 될 하나님의 왕적(王的) 통치에 대한 종말적 희망의 소식이기도 하다.

---

22) L. Koheler/W. Baumgartner, *Lexicon in veteris testamenti libros*, Leiden, 1953, 156f. '바싸르'(*bswr*)는 원래 가치중립적인 개념으로 구약에서 사용되었다. '바싸르'에 관한 구약성서적 이해에 대해서는 필자, 위책, 211-214 참조.

제3 이사야서에서 이 개념은 종말적 위로에 관한 기쁜 소식으로 종합되어 나타난다: "… 가난한 사람들에게 기쁜 소식을 전하고, 상한 마음을 싸매어 주고, 포로에게 자유를 선포하고, 갇힌 사람에게 석방을 선언하고, 주의 은혜의 해와 우리 하나님의 보복의 날을 선언하고, 모든 슬퍼하는 사람들을 위로하게 하셨다."(이사 61:1~2)[23] 여기에서 '바싸르'의 대상은 '가난한 사람들'(anawim)이다. '아나빔'과 나란히 '포로들,' '갇힌 사람들,' '슬퍼하는 사람들'이 나란히 등장한다. 이 개념들은 아나빔과 같은 범주에서 사용되었다.

아나빔은 일차적으로 물질적인 차원에서 궁핍한 자를 지칭하지만, 유대 사회의 총체적 차원에서 소외된 사회적 약자 전체를 포함한다. 야훼 또는 그 분의 전권을 위임받은 메시아의 도래와 아나빔의 해방은 서로 불가분의 관계에 있다. 이런 의미에서 '가난한 사람들이 복음을 듣는다'는 본문의 선언은 '가난한 사람들은 행복하다'(makarioi hoi ptochoi: Q 6:20)는 가난한 사람들에 대한 축복선언과 상호 연관성이 있다.[24]

예수의 대답

예수의 대답에서 Q는 지상 예수의 치유 기적 행위와 복음 선포를 이

---

[23] 참조, G.von Rad, *Theologie des Alten Testaments*, Bd. II, M nchen, 1984. 289.
[24] 참조, 김명수, "갈릴리 민중과 하나님 나라의 당파성,"『기독교사상』, 9월호, 1993.

사야서의 종말적 해방에 관한 복음의 지평에서 조명하고 있다. 본문에서 Q는 지상 예수의 모습을 '치유 기적행위자'(Heilungswundertäter)로서 제시하고 있다. 그 배경에는 치유 기적에 대한 Q공동체의 특정한 이해가 서있다. 곧 모든 병자를 고치는 '치료자 하나님'의 상(像)이 서 있다.[25] Q에서 예수의 치유기적은 하나님의 종말론적인 전권을 위임받은 자로서의 그의 치유권능과 연결되어 이해되고 있다.

"너희가 본 것"(예수의 치유기적 행위)이 이사야서 35장 5~6절의 종말적 해방 사건에 대한 예언과 연결되어 있다면, "너희가 들은 것"(예수의 선포: 가난한 사람들에 대한 기쁜 소식)은 이사야서 61장 1~2절의 종말적 해방에 관한 예언을 회상하고 있다. 물론 Q가 이사야서를 부분적으로 발췌하여 예수의 치유기적 행위를 인위적으로 조립하였다고 볼 수는 없을 것이다. Q 공동체는 그들이 경험했던 '예수의 삶과 가르침'[26] (너희가 보고 들은 것)을 이사야서의 종말적 예언과 희망에 근거하여 해석하고 있음이 분명하다.

"행복하여라, 나에게 걸려 넘어지지 않는 사람은." 이 대목에서 Q 공동체는 요한 세례자의 물음('당신이 오실 그 분입니까?')에 대한 대답으로서 예수에 대한 신앙의 결단을 촉구하고 있다. 그렇다면 왜 Q는 예수를 치유 기적 행위자로서 선포하고 있는 것일까?

---

25) 참조, K. Berger, *Hermeneutik des Neuen Testaments*, Gütersloh, 1988, 393.
26) 불트만에게 있어서 "사실"(Daß)은 예수가 세상에 왔고, 십자가에 죽고, 부활했다는 것 이외에 다른 것을 의미하지 않는다. 그러나 Q에서 '예수 사실'은 "너희가 보고 들은 것", 곧 주변부 무리의 구체적인 요구에 응답하는 예수의 해방실천을 포함한다.

Q의 민중 케리그마

기적은 일반적으로 자연의 질서, 곧 일상성의 질서를 파괴하고 들어오는 초자연적(超自然的)인 사건을 뜻한다.[27] 통시적(通時的)인 지평에서 보면 일상성(日常性)의 질서를 파괴하고 틈입(闖入)되는 초자연적 사건인 기적은 공관복음서에서 예수의 메시아임을 입증하는 증거로 사용된다.[28] 다시 말하면 신학적 측면에서 볼 때 기적 이야기들은 불트만이 말한 것처럼, 예수가 그리스도임을 공식화하는 '확대된 케리그마'의 기능을 한다고 볼 수 있다.

그러나 공시적(共時的)인 지평에서 보면, 기적 이야기에는 유대 - 팔레스타인 사회에서 소외된 사회적 소수자들의 생활세계(life world)가 투영되어있다. 첫째로 사회생태학적(sozio-ökologisch) 지평에서 보면,[29] 공관복음서의 예수 기적 이야기의 중심 무대는 '시골'이다. 이것은 기적 이야기가 도시가 아니라 농촌 문화권에서 탄생했음을 반증(反證)한다. 초기그리스도교 예수운동의 발원지로 볼 수 있는 팔레스타인과 시리아의 접경지역인 갈릴리 북부 농촌지역들이 예수 기적 이야기들이 태어난 진원지일 개연성이 높다.

둘째로 사회경제적(sozio-ökonomisch) 지평에서 보면, 기적 이

---

27) 참조, K. Berger, 앞 책, 393.
28) 신학적 지평에서 볼 때 기적 이야기들은 일반적으로 청중에게 예수에 대한 신앙을 유발시키는 작용을 한다. 예수가 '신적-인간'(theios-aner)이라는 것이다.
29) G.Theißen, 앞 책, 38f. 타이쎈은 예수 기적 이야기의 세 가지 요인에 주목한다: 사회생태적(sozio kologische Faktor), 사회경제적(sozio konomische Faktor), 사회문화적(soziokulturelle Faktor) 요인이 그것이다.(246f.)

야기들은 일반적으로 그 시대의 사회에서 소외된 계층인 '오클로스(ochlos)'(사회적 소수자)와 연관성이 있을 것이다. Q의 오클로스는 예수가 전개한 하나님 나라 운동의 배경을 형성한다. 언제나 오클로스가 있는 곳에 예수가 있고, 예수가 있는 곳에 오클로스가 있다. 주변부 오클로스야말로 복음서가 전하는 기적 이야기의 담지자(擔持者)이었음을 알 수 있다. 빈곤과 질병 그리고 폭력에 눌려 생존이 위협당하고 있는 주변부 오클로스는 그들이 겪는 억압의 현실을 악마의 세력에 의한 것으로 받아들였다. Q의 민중은 예수뿐 아니라 Q공동체의 떠돌이 카리스마적 예언자들을 귀신을 몰아내는 '축귀자'(逐鬼者)로 받아들였다.[30] 축귀사건(Exorzismus)은 치병사건(Healing) 및 밥상공동체 사건(table fellowship)과 아울러 Q 예수운동의 중요한 범주를 이루고 있다.

셋째로 사회문화적(sozio-kulturelle) 지평에서 볼 때, 기적 이야기에는 이방 문화와의 갈등이 표출되고 있다. 헬라지역 수로보니게 출신인 이름 없는 여인의 귀신들린 딸을 예수가 치유하는 장면(막 7:24~30)이나 데카폴리스 지방인 거라사에서 군대 마귀(레기온)를 내어 쫓는 이야기(막 5:1~20)에는 유대문화와 이방(異邦)문화 사이의 갈등이 표출되고 있다.

요약하자면 초기그리스도교 공동체가 전하고 있는 기적 이야기는 유대 사회의 농촌지역에 뿌리를 두고 있고, 사회의 중심부에서 변두리로 밀려난 '사회적 소수자들'(ochloi) 사이에서 널리 퍼졌다. 이와 더불어 복음서의 기적 이야기에서 우리는 유대문화와 이방문화 사이의

---

30) 막 3:15; 눅 10:17~20.

충돌을 읽을 수 있다.

복음서의 기적 이야기는 사회적 소수자들의 기적신앙과 밀접하게 연결되어 나타난다. 기존사회 질서의 변화를 갈망하는 사회적 소수자들의 염원이 일종의 기적신앙을 탄생하게 만들었다. 아마도 그들의 기적신앙이 공동체 안에서 기적 이야기의 형태로 형상화되었을 것이다.[31] 하여튼 기적 이야기가 지니는 사회적 기능은 필자가 보기엔 타이쎈이 말하는 일종의 '대안적 삶의 형식' 또는 '상징적 행위' 이상이다.[32] 변두리에 살고 있는 사회적 소수자들의 '생활 세계'(life world)가 기적 이야기에 담겨있다. 따라서 복음서가 전하는 기적 이야기들은 유대 사회의 중심부에서 밀려난 사회적 소수자들의 '사회 전기'(social Biography)로 보아도 무방할 것이다.

Q공동체에서 예수는 누구였는가? 앞에서 살펴본 바와 같이 그는 일차적으로 치유 기적 행위자였다. 눈먼 사람, 다리 저는 사람, 나병환자, 귀먹은 사람 등 사회에서 백안시당하는 불치병자들에게 예수는 그들의 건강을 되 찾아주고 그들의 일상적인 고통을 덜어주는 '치병자'(治病者)로 이해되었다. 예수는 죽은 사람을 소생시키는 '생명의 수여자'이기도 하였으며, 가난한 사람들에게는 '기쁜 소식의 전달자'였다.

Q는 예수를 숭배와 제의(祭儀)의 대상으로 신격화하지 않는다. Q는 예수를 사회적 소수자들의 일상적인 고통을 덜어주는 종말적인 치병

---

31) G. Theißen, 앞 책, 247.
32) G. Theißen, 앞 책, 252.

자로 선포한다. Q는 예수를 인류 구원이라는 하나님의 '거대한 구원 드라마'의 틀 속에서 이해하지 않는다. 예수는 사회적 약자들의 일상적인 아픔을 치유해주는 '작은 생활 이야기'의 틀 속에서 기적행위자로 이해되고 있다.

Q에서 예수는 신성을 지닌 하나님의 아들로 신격화되지 않는다. 인류의 보편적인 구원을 가져온 천상(天上)의 메시아도 아니고 부활의 메시아도 아니다. Q에서 예수는 신적 인물로 추앙되지도 않고, 예배와 신앙의 대상으로 숭배되지도 않았다. 동시대의 젤롯당이 기다렸던 이스라엘의 민족해방을 가져 올 정치적 메시아로 이해되지도 아니 하였다. Q는 하나님의 거대한 구원 드라마를 선취하기 위한 예수 이야기를 전하는 것이 아니라, 그와 달리 한계상황(限界狀況)에 처하여 질병과 가난 속에서 고통을 당하여만 했던 갈릴리 사회적 소수자들의 '삶의 해방자'로써 예수를 선포한다. 이를 Q의 민중 케리그마라고 불러도 무방할 것이다.

바울 케리그마에서 예수가 '선포의 대상'(Verkündigte)이 되고 있다면, Q에서 예수는 오롯이 '선포자'(Verkündiger)로 고백된다. Q의 떠돌이 영적 예언자들(Wanderpropheten)은[33] 예수를 예배의 대상으로 선포하는 것이 아니라, 예수가 선포한 하나님 나라 복음을 그들이 놓인 선교 상황에서 다시 선포(再宣布)하고 예수가 실천한 하나님 나라

---

33) 참조, G. Theißen/김명수 역, 『원시그리스도교에 대한 사회학적 연구』, 대한기독교출판사, 1986, 103-133.

운동을 다시 실천(再實踐)하는 것을 복음전파의 일차적 사명으로 삼았다. Q의 떠돌이 영적 지도자들은 예수의 운명 속에서 그들의 운명을, 거꾸로 그들의 운명 속에서 예수의 운명을 보았던 것이다.

곧 예수와 떠돌이 영적 지도자들은 하나님 나라 선교 과정에서 '불일불이'(不一不二)의 관계를 형성한다.[34] "누구든지 너희 말을 들으면 내 말을 듣는 것이요, 누구든지 너희를 배척하면 나를 배척하는 것이다…"(Q 10:16). 카리스마적 예언자들은 귀신을 제어하고 병 고치는 권세와 능력을 받아 예수와 동일한 기적을 행한다(Q 9:1). 그들이 귀신을 내어쫓을 때 사탄이 번개처럼 하늘에서 떨어진다(Q 10:18). 예수와 Q공동체의 지도자 사이의 '부즉불이'적 관계는 Q의 민중 케리그마가 지니는 또 하나의 특징이다. 예수와 영적 지도자들이 하나의 관계를 형성함으로서 Q공동체는 바울 공동체와 달리 구원의 '주객도식'(Subjekt-Objekt Schema)에 사로잡히지 않는다.

초기그리스도교의 주류를 형성하였던 바울 공동체의 케리그마에서는 역사적 예수에 대한 관심이 후퇴한다(고후 5:16). 바울은 역사적 예수에 대해서 관심이 없다. 바울은 다마스커스 부근에서 환상 중에 만난

---

[34] '불이'(不二)사상은 원래 상좌불교의 개념인데, 부처와 중생의 관계가 존재론적으로 둘로 나누일 수 없음을 뜻한다. 출가자에게 있어서 부처는 숭배의 대상이 아니라 따름의 대상이 되고있다. 대승불교에 이르러 불교가 대중화되면서 재가신도들에 의해서 부처는 구원의 대상으로서 객체화되고 연기사상과 연관된 타력구원 사상이 발전한다. 어록공동체에서도 이와 유사한 현상이 나타난다. 그러나 Q에서는 '실천'을 매개로하여 예수와 떠돌이 영적 지도자들 사이에 '불이'의 관계가 형성된다.

부활의 예수에 근거하여 복음을 이해하였다. 바울의 회중교회에서 구원의 주체로서의 그리스도는 예배의 대상이 되고, 그리스도교는 사적 제사종교가 된다. 그런데 바울과 동시대에 존재했던 Q공동체는 바울과 전혀 다른 차원에서 복음을 이해했다. 역사적 예수의 삶과 가르침을 따르고, 그의 민중선교에 참여함으로서 예수와의 하나됨을 체험했던 것이다.

이와 같이 초기그리스도교 예수운동은 처음부터 여러 갈래로 존재하였고, 각 공동체의 상황과 신학의 방향에 따라 각기 다른 모습을 띠고 전파되었다. 예수를 바라보는 시각에서도 각 공동체가 처한 컨텍스트에 따라 편차(編差)가 발견되고, 그들이 선포한 케리그마도 다양한 모습을 띤다. 바울 케리그마가 구원의 보편성을 지향한다면, Q 케리그마는 구원의 특수성(민중성)을 지향한다. 바울공동체(도시교회)와 Q공동체(시골교회)의 상이한 예수이해와 상이한 케리그마는 그들이 놓인 공동체의 역사적 그리고 선교적 상황에 기인한다. 따라서 수난과 부활 사화를 담고 있지 않다고 해서 Q를 불충분한 복음서로 규정하는 것은 잘못이다.[35]

Q는 바울의 그것과 다른 범주에서 케리그마를 선포하고 있다. Q의 민중 케리그마는 바울 케리그마에 의해서 잊혀져 가고 있는 역사적 예수의 복권(復權)에 초점을 두고 있다. Q는 그리스도교 공동체로서의 자

---

35) A. Jülicher/E. Fascher, *Einleitung in das Neue Testament*, Tübingen, 1931, 348.

기정체성을 새롭게 정립하고 있다.[36)]

Q의 작은 케리그마와 한국교회

예수가 신앙의 대상이냐 아니면 따름의 대상이냐의 질문은 오늘날에도 여전히 한국교회에 던져지고 있는 화두임에 틀림없다. 1970년대 이후 한국교회의 예수운동은 양극단으로 치달은 느낌이다. 한편으로 예수를 순전히 개개인 신앙의 대상으로 고백한 한국의 그리스도교는 몰역사적(沒歷史的)인 '사적제의(私的祭儀)종교'로 전락하였고, 다른 한편으로 사회 변혁운동의 차원에서 혁명적 투사로서의 예수를 추구하였던 한국교회는 그리스도교의 고유성과 자기정체성을 상실할 위험을 초래하였다.

소외된 민중이 일상적으로 겪고 있는 질병과 고통으로부터 해방하는 기적행위자, 축귀자, 생명의 회복자로서 예수를 선포한 Q의 '작은 케리그마'(small kerygma), 곧 사회적 소수자들을 위한 Q공동체의 민중 케리그마는 앞으로 한국교회의 예수운동이 어떠한 방향으로 나아가야 할 것인가 대해서 그리고 한국교회의 자기정체성과 그리스도교 운동의 전체성 회복을 위하여 많은 점을 시사해준다.

---

36) 참조, 김명수, "예수 어록(Q) 공동체의 선교적 실행," 『복음과 세계』, 4집, 1994, 57-83.

제 7 장

큐복음의 사회 수사적 전략

수사비평학의 등장

20세기에 접어들면서 신약성서학의 복음서 연구는 두 단계에 걸쳐 학문적 작업이 이루어졌다. 양식비평(樣式批評)[1]과 편집비평(編輯批評)[2]이 그것이다. 양식비평은 복음서를 초기그리스도교 교회 공동체

---

[1] 20세기 초 양식비평학을 대표할 수 있는 학자로는 슈미트(K. L. Schmidt, *Der Rahmen der Geschichte Jesu, Literarkritische Untersuchungen zur ältesten Jesusüberlieferung*, Berlin, 1919), 디벨리우스(M. Dibelius, *Formgeschichte des Eavngeliums*, Tübingen, 1933) 그리고 불트만(R. Bultmann, *Die Geschichte der synoptischen Tradition*, FRLANT 29, Göttingen, 1921)을 들 수 있다.

[2] 편집비평의 대표적인 학자로는 마르크센(W. Marksen, *Der Evangelist Markus, Studien zur Redaktionsgeschichte des Evangeliums*, FRLANT 67, Göttingen, 1956), 본캄(G. Bornkamm, *Überlieferung und Auslegung im Matthäusevangelium*, WMANT 1, Neukirchen-Vluyn, 1960), 콘첼만(H. Conzelmann, *Die Mitte der Zeit, Studien zur Theologie des Lukas*, BHTh 17, Tübingen, 1954)을 들 수 있다.

에 의해서 편집된 역사적 예수에 관한 전승들의 수집물(蒐集物) 간주하였다. 복음서의 작성자는 자기가 수집한 전승 자료를 객관적 입장에서 있는 그대로 충실하게 서술했던 기록자로 생각되었다. 양식비평은 복음서 이전에 이미 존재했던 전승들 가운데 서로 일치되지 않거나 충돌되는 부분들을 가려내어 그 이유들을 밝혀내는 것을 주요 과제로 삼았다.

양식사비평에 이어 편집사비평이 등장하였다. 편집비평은 복음서를 기록한 사람을 독립된 저자와 신학자로 간주하였다. 그들은 단순히 복음서 이전의 전승 단편들을 무작위적(無作爲的)으로 수집하고 배열한 단순한 전승의 수집가라기보다는, 오히려 그들에 의해서 수집된 전승 자료들에 기초하여 나름대로의 독자적인 시각과 관점 하에서 복음서를 새롭게 써 내려갔다는 것이다. 편집비평의 등장으로 말미암아 비로소 일관성(一貫性) 있는 예수 이야기 서술이 가능하게 되었다. 독자는 복음서의 편자가 예수 이야기 속에서 전하고자 하는 신학적 의도를 분명하게 이해할 수 있게 되었다는 것이다. 복음서의 편자는 자기 나름대로 방향성(方向性)을 가지고 복음서를 기록하였다. 마가복음의 짜임새 있는 예수 이야기 구성이나 누가나 마태가 마가의 구성을 각색하여 나름대로 그들 고유의 시각에서 예수 이야기를 확대하여 서술하고 있다는 것은 복음서 편자의 신학과 밀접한 관계가 있다. 편집비평은 전승과 편집 사이를 구분함으로서 복음서 저자가 어떤 신학적인 의도(意圖)를 가지고 복음서를 기록하였는가를 밝혀낸다.

양식비평이 복음서 서술자를 단순히 '전승의 편집자'로 규정하고 있는 전승 자료에 충실한 보수적인 입장을 견지하고 있다면, 편집비평은 여기에서 한 걸음 더 나아가 복음서 서술자를 '독창적인 신학자'로 규정하고 진보적인 입장을 견지하게 되었다. 문학비평(文學批評)과 설화비평(narrative criticism) 또한 편집비평과 거의 유사한 궤도에서 예수의 이야기를 보다 통일성 있게 제시한다.[3]

이러한 두 가지 서로 다른 비평학은 사회 수사적 비평학(social rhetorical criticism)에서 하나로 통합된다. 복음서 서술자는 한편으로 양식비평이 말하듯이 단순히 전승의 수집가나 전달자만도 아니며, 다른 한편으로 편집비평이 말하듯이 독창적인 신학자만도 아니다. 그는 초창기 교회 공동체 내에서 지도력을 행사하며, 공동체의 형성에 적극적으로 기여한 '참여 지식인'이었을 것이다.

수사비평이란?

사회 수사적 비평이란 무엇인가? 첫째로, 복음서는 한 개인에 의해서 쓰여졌지만, 그렇다고 해서 단순히 개인의 작품으로 보아서는 안 된다. 그것은 예수를 하나님의 아들 그리스도로 고백했던 교회 공동체의 작품이기 때문이다. 복음서는 한 개인의 관심보다는 교회 공동체의

---

3) 문학비평에 관해서는 다음을 참조할 것. D. M. Rhoads/D. Michie, *Mark as Story: an Introduction to the Narrative of a Gospel*, Philadelphia, 1982: P. Merenlati, *Poetics for the Gospels, Rethinking Narrative Criticism*, Helsinki, 2000.

집단적인 필요와 요구에 부응하여 쓰여 졌다고 볼 수 있다.

복음서가 쓰여 지게 된 일차적인 동기는 교회 공동체 구성원들이 예수에 관한 신앙을 돈독히 하고, 그 기초 위에서 사회적 삶을 살아가도록 하기 위해서였을 것이다.[4] 사회-수사적 비평은 복음서를 단순히 전승의 수집물이나 한 개인의 신학적 창작물로 생각하지 않는다. 복음서는 작성자와 그가 속해있는 교회 공동체 사이의 상호작용에 의해서 쓰여 졌다. 그런데 교회 공동체는 사회현상 중의 하나이고, 부정적이든 긍정적이든 어떤 형식으로든지 공동체가 속해있는 사회를 지탱하고 있는 질서나 가치체계와 연관성을 지니게 마련이다. 복음서를 사회적 세계와의 연관성 속에서 읽지 않으면 안 되는 이유가 여기에 있다.

둘째로, 복음서 작성자는 그가 속해있는 공동체의 신앙을 공유(共有)하면서, 공동체가 수집한 예수 이야기들을 기초로 공동체 구성원들이 수긍할 수 있는 통일적인 예수 이야기를 써야 했을 것이다. 특히 그 이야기들이 서로 모순되거나 충돌을 일으킬 때, 작성자는 전승의 다양한 견해들을 종합하고 조정하여 하나의 합의점(consensus)을 찾아내어야 했고, 그 합의점에 정당한 신앙 논리를 부여해야 했을 것이다.

---

4) 복음서의 사회-수사학적 비평에 대해서는 다음을 참조할 것. Ph. F. Esler, *Community and Gospel in Luke-Acts. The Social and Political Motivations of Lucan Theology*, SNT 57, Cambridge, 1987; V. K. Robbins, *Exploring the Textures of Texts: A Guide to Socio-Rhetorical Interpretation*, Valley Forge, 1996.

예를 들면 마태복음과 누가복음 작성자는 그들의 공동체가 놓인 선교적 컨텍스트 하에서 마가 문서와 Q 문서의 자료를 종합하고 조정하여 그들 정황에 맞추어 나름대로의 새로운 예수 이야기를 기록했다. 그들은 이방 그리스도교의 예수 전승과 유대 그리스도교의 예수 전승을 하나로 통합하여 일종의 '통전(統全) 복음서'를 기록하였다. 마태복음 작성자가 유대사회의 문화전통과 연관된 예수 말씀을 전하는데 충실하고 있다면, 누가복음 작성자는 사회적 약자들과의 연대적 나눔을 강조하는 예수 이야기를 전하는데 충실하고 있다.

셋째로 사회 수사적 비평은 교회 공동체가 사회와 별개로 존재하는 것이 아니라, 어디까지나 사회와의 관계성 속에서 존재한다는 사실에 주목한다. 교회 공동체가 사회적 현상 가운데 하나라면, 그가 처한 사회의 정치 문화적 조건으로부터 자유로울 수 없을 것이다. 예를 들자면 초기그리스도교 Q 공동체 문서들(Q-Documents)은 로마의 식민지 지배에 저항하여 유대인들이 독립전쟁을 일으키기 직전에 쓰여졌다. 이 문서에는 전쟁 직전에 흔히 나타나는 현상 중의 하나인 배타성과 사회의 암울한 묵시종말적인 분위기(Milieu)들이 반영되어 있다. 마가복음은 어떠한가? 이 복음서에는 66년부터 73년까지 10여년에 걸쳐 팔레스타인을 황폐하게 만든 전쟁 직후의 상황이 반영되어있다. 유대 민중이 처한 정신적 공허감, 패배주의, 전쟁과 폭력에 대한 증오, 전쟁의 참화 속에서 절망을 딛고 일어서려는 희망이 마가복음에는 반영되어 있다. 전쟁이 지난 후 비교적 안정된 시기에 기록된 마태복음과 누가복음에서는 전쟁의 긴박함을 찾아보기 힘들다. 마가복음이

"은폐된 메시아"를 전하고 있다면, 이들은 "공개된 메시아"를 전하고 있다. 교회가 선교를 하는데 있어서, 사회 정치적 상황이 상대적으로 호전되었음을 알 수 있다. 이들 공관복음서에 비해서 제4복음서는 세상에 대해서 보다 염세적인 경향을 띤다. 그들은 세상이 빛보다 어둠을 더 사랑하며, 복음을 거부하는 낯선 곳으로 이해한다. 이와 같이 복음서와 공동체가 놓인 사회적 조건은 서로 영향을 주기도 하고 받기도 한다.

넷째로, 사회 수사적 비평은 초기그리스도교 예수운동과 회당 유대교와의 경계를 어떻게 설정해야하는지에 대해서 관심을 기울인다. 예수는 유대인이고, 그의 하나님 나라 운동은 초창기에는 유대교 내에서 전개된 일종의 갱신운동의 성격을 띠고 전개되었다.[5] 그러나 시간이 흐름에 따라 초기그리스도교는 더 이상 유대교의 아류(亞流)가 아니라, 그들과 질적으로 다른 독립된 길을 간다는 것을 복음서 기록자는 분명히 밝히지 않으면 안 되었을 것이다. 회당 유대교와의 결별과 경계 설정이 주요하게 대두되었다.[6]

---

[5] 초창기 유대교와 그리스도교의 경계 설정에 대해서는 다음의 책을 참조할 것. B. Wander, *Trennungsprozesse zwischen frühen Christentum und Judentum im 1. Jh. n. Chr. Datierbare Abfolgen zwischen der Hinrichtung Jesu und der Zerstörung des Jerusalemer Tempels*, TANZ 16, Tübingen, 1994.

[6] 복음서에서 볼 수 있는 한 인물의 생애에 대한 집중적인 관심은 히브리 성서에서는 찾아볼 수 없다. 그렇지만 Q문서에 나타나고 있는 지혜와 예언의 전승들 그리고 묵시적 장르들은 히브리 성서의 그것들과 유사하다.(I. Taaz, *Frühjüdische Brief. Die paulinische Briefe im Rahmen der ofiziellen religiösen Briefe des Frühjudentums*, NTOA 16, Göttingen, 1991; M. Sato,

다섯째로 사회 수사적 비평은 교회 공동체 내부의 구성원 간에 존재하는 갈등과 조정에 주목한다. 복음서 작성자는 공동체 내에 존재하는 여러 그룹들을 하나로 통합하고 서로 다름을 인정하는 관용 정신을 갖도록 한다. 다른 한편으로 공동체 구성원 전체가 지키지 않으면 안 되는 규율(規律)을 작성한다. Q문서는 공동체의 떠돌이 지도자들(Wandercharismatiker)과 그들을 물질적으로 후원했던 지역교회의 후원자 그룹(Sympatisante) 사이에 나타나는 갈등과 통합을 다루기도 한다.7) 마가복음은 교회 지도층과 평신도 사이의 갈등과 통합을, 마태복음은 유대계 그리스도인과 이방계 그리스도인 사이의 갈등과 통합을, 누가복음은 공동체 내부에 존재하는 가난한 사람들과 부유한 사람들 사이의 갈등과 통합을 다루고 있다. 요한복음은 영생에 이르게 하는 참 지식(Gnosis)을 지닌 지도층과 그렇지 못한 일반 그리스도인 사이의 갈등과 통합을 다루고 있다.

여섯째로 사회 수사적 비평은 공동체의 권위구조에 주목한다. 복음서는 공동체 내부에서 일어났던 권위구조의 변화를 보여준다. Q공동체 내부에서 예수는 곧 권위의 전형(典型)이었다. 예수의 떠돌이 삶의 스타일에 가까이 서있는 Q의 떠돌이 영적 지도자들은 예수의 권위에 버금가는 권위를 가진다.8) 그러나 그들이 가지고 있던 카리스마적 권

Q und Prophetie. Studien zur Gattungs- und Traditionsgeschichte der Quelle Q, WUNT II, Kim, Myungsoo, *Trägergruppe von Q*. Hamburg, 2000.

7) 참조, G. 타이쎈/김명수 역,『원시그리스도교의 사회학적 연구』, 대한기독교서회, 1986. 제4장.
8) 누가복음 기록자는 공동체의 영적 지도자들의 말을 예수의 말과 일치시키

위는 점차적으로 지역 공동체에서 제도화(制度化)되어갔음을 알 수 있다.

복음서 작성자들은 이상에서 살펴본 바와 같이 여러 가지 요인(要因)들을 감안하여 그들이 처한 공동체의 사회 문화적 컨텍스트를 고려하여 복음서를 서술했다.[9] 그들은 공동체가 이미 수집한 예수에 대한 다양한 전승 자료들에 근거하여 구성원 모두가 공감할 수 있는 공동의 합의를 도출해 내고, 주변의 사회 정치적 상황의 도전(challenge)에 대하여 공동체가 나아가야 할 행동방향을 제시하며 대응(response)해 나갔다. 이와 더불어 초기그리스도교 공동체는 유대교 회당 공동체와의 경계를 분명히 하여 자기정체성(自己正體性)을 분명히 하였다. 이와 더불어 공동체 내부에 존재하는 여러 집단 간의 갈등을 최소화하며 공동체의 질서 유지를 위하여 권위구조를 창출하려고 했다. 이와 같은 요건에 부응하면서 복음서 작성자는 공동체 구성원들을 효율적으로 지도하고 지속적인 영향력을 행사하기 위하여 "예수 이야기"(Jesus Story)를 써 내려갔음을 짐작케 한다.

Q의 사회 수사학

역사비평학의 발달로 인해서 Q문서 가설이 제기된 이후, Q는 마가복

며 그들의 권위를 세워준다. "누구든지 너희 말을 들으면 내 말을 듣는 것이요, 누구든지 너희를 배척하면, 나를 배척하는 것이다. 그리고 누구든지 나를 배척하면, 나를 보내신 분을 배척하는 것이다."(Q 10:16)

9) 참조, G. Theißen, *The Gospels in Context. Social and Political History in the Synoptic Tradition*, Edinburgh, 1992.

음과 더불어 초기그리스도교 역사를 연구하는데 중요한 자리를 차지하게 되었다. Q문서는 마가문서와 함께 역사적 예수 연구에 있어서 없어서는 안 될 가장 중요한 문서로 취급되었다.

오늘날 우리에게 친숙한 복음서들이 등장하기 전에 초기그리스도교 예수운동 집단에서는 다른 형태의 역사적 예수에 관한 자료집이 전해내려 오고 있었다. 이 자료집에서는 신격화된 예수의 모습이나 드라마틱(劇的)한 예수 이야기는 찾아볼 수 없고, 순전히 예수의 가르침만을 담담하게 담은 자료들만이 발견되었다. 이 예수 말씀집을 전승했던 초기교회 공동체는 스승 예수의 가르침과 삶의 스타일을 그들의 현재 삶 속에서 본받는 것을 신앙생활의 모토로 삼았다. 이 공동체는 예수가 당한 수난의 대속적(代贖的) 의미나 부활자 예수 그리스도의 나타남을 증거하는 데 비중을 두지 아니 했다. 살아생전에 예수께서 제자들과 그를 따르던 민중에게 주신 말씀이나 가르침을 수집하고 모으고 전하는데 노력했다. 이를 가리켜 "예수 말씀집"이라고 부른다. 이 "예수 말씀집"은 초기그리스도교 신도들에게 신앙생활을 위한 지침서이며 동시에 안내서 역할을 하였다. 이들은 부활사건의 체험에 근거한 "예수에 관한 말씀"(sayings about Jesus)을 전하는데 초점을 둔 것이 아니라, 갈릴리의 사회적 소수자들과 더불어 역사에 발을 딛고 살았던 "예수의 말씀과 가르침"(sayings and teachings of Jesus)을 전하는 데 초점을 두었다.

그런데 시간이 흐름에 따라 이 예수 말씀집이 자취를 감추게 되었다. 그 후로 "예수에 관한 이야기"(story about Jesus), 곧 예수의 탄생과 생애 그리고 그의 활동과 신적(神的)인 운명에 관한 드라마틱한 이야기들이 다양한 모습을 띠고 등장하기 시작하였다. 특히 초기그리스도교가 바울의 이방선교에 힘입어 그레코-로만 세계에 널리 확산되기 시작하면서, 드라마틱한 "예수에 관한 복음"(Gospel about Jesus)이 보편성을 획득하게 되었다. 상대적으로 예수의 가르침과 말씀에 충실했던 예수 말씀 복음서는 초기그리스도교 역사에서 점차로 잊혀져 갔다.

오늘날 그리스도교 복음의 세계에서 일반적으로 통용되고 있는 가장 보편화된 "예수 생애 드라마"는 팔레스타인의 북부에 위치한 시리아와 소아시아 지역에 존재했던 그리스도교 공동체들에 의해서 구성되고 발전된 것들임을 알 수 있다. 이 지역 공동체에서 형성된 "예수 드라마"에서 예수의 죽음은 초창기에는 순교(殉教)로 해석되었으나 점차적으로 예수의 생애가 십자가와 부활로 집약되면서 대속과 구원사적 의미가 첨부되기에 이르렀다. 이러한 "예수 드라마"는 '신적 인물'(theios-aner; divine man)에 관한 헬레니즘 문화의 신화를 배경으로 깔고 있다. 그들은 예수를 '그리스도,' '주님,' '하나님의 아들,' '사람의 아들'로 부르며 부활한 예수를 신으로 섬기고 숭배하기에 이르렀다.

예수 생애 드라마

신약성서 문서들 가운데 비교적 초기에 쓰여 진 복음서들에서 볼 수 있는 "예수 생애 드라마"는 역사적으로 생존했던 예수의 가르침에 의

존되어 있다기보다는 오히려 바울의 복음, 곧 십자가에 죽고 부활한 그리스도에게 집중되어있음을 쉽게 발견할 수 있다. 바울에 의해서 전승된 가장 오래된 형태의 "십자가와 부활 이야기"야말로 복음서들에서 우리가 만나는 확장된 "예수 생애 드라마"를 가능하게 만들었던 것이다.

복음서의 "예수 생애 드라마"(Jesus Life Drama)들은 1세기 후반에 등장하기 시작하였다. 최초의 "예수 생애 드라마"는 70년 유대전쟁 직후에 쓰여 진 것으로 보이는 마가복음에서 나타난다. 마가복음 서술자는 헬레니즘 종교에서 흔히 나타나고 있는 '신적 인간'(theios-aner)을 숭배하는 구원자 신화를 그가 수집한 예수에 관한 여러 전승들과 결부시켜 예수 생애의 구원사적 의미를 재구성했다. 여기에서는 예수의 수난, 재판, 십자가형, 부활이 "예수 생애 드라마"의 정점(頂点)을 이룬다. 유대 전쟁의 상흔이 아직도 채 가시기 전에 마가복음 서술자는 그가 수집한 예수의 생애에 관한 기적과 수난 전승들을 전쟁의 참화로 인하여 잿더미로 변한 예루살렘 성전 파괴 사건과 결부시키고 있다. 마가는 최초로 "예수 생애 드라마" 복음을 완성시켰다. 마가복음이 쓰여 지고 나자, 이를 기본 줄거리로 한 또 다른 "예수 생애 드라마"들이 다양하게 쓰여지기 시작하였다.

이들 복음서들은 최초의 예수 생애 드라마인 마가복음서보다 예수 사건에 대한 신학적 반성을 더욱 강화했다. 예수는 세상 지배자들의 박해를 받는데, 왜냐하면 그가 애초에 하나님의 아들로써 세상에 와서 가난한 민중의 동반자로 삶을 살았기 때문이라는 것이다. 세상 지배자들의 박해는 점점 고조되는데, 그들에 의해서 예수는 하나님의 아들로써 결국 십자가에 처형당하여 죽게 되고 부활하는데서 이 "예수 생애 드라마"는 절정을 이룬다. 예수 그리스도는 하늘에 올라간 후, 마지막 날에 다시 내려와 이 세상을 심판하고, 하나님 나라의 새로운 질서를 이 세상에 건설함으로써 완성될 것이라는 것이다. 예수의 부활 사건과 성전 파괴 사건이 이러한 예수의 생애를 통한 하나님의 원대한 구원 드라마의 진실성을 뒷받침해주는 것으로 생각되었던 것이다.

그러나 초창기 예수를 따르던 사람들, 곧 예수의 삶과 그의 가르침에 충실하게 살려고 노력했던 "예수 말씀집"을 전승했던 공동체 구성원들은 이와 같은 계획성을 가진 완결된 형태의 예수 생애 드라마를 연출할 필요성을 느끼지 않았을 것이다. 그들은 자기들이 수집한 "말씀 복음서"(sayings Gospel)만으로도 예수운동을 펼치는데 결코 부족함이 없다고 판단했을 것이다.

예수 생애 드라마를 기초로 한 복음서들이 초기그리스도교 예수운동에서 주류(主流)를 형성하며 확장되어 가는 과정에서도 말씀 복음서는 일정한 그리스도교 구성원 사이에서 꾸준히 읽히고 베껴져 내려오고 있었다. 이런 과정을 통해서 필사자(筆寫者: 공동체 서기관들이었을 것이다)의 의도에 따라 예수 말씀 복음서는 내용에 있어서 서로 시각차를 보이며 다양한 모습을 띠고 등장하게 되었을 것이다. 그러나 예수의 생애 드라마를 다룬 복음서들이 초기그리스도교 세계에서 주도적인 위치를 차지하게 되면서부터(AD 70년 이후), 예수 말씀 복음서는 초기그리스도교 예수운동의 기억에서 사라지게 되었다. 예수 말씀 복음서가 사라지게 된 직접적인 동기가 무엇인지는 확실히 알 수 없다.

허나 분명한 사실은 잃어버린 말씀 복음서 Q의 사본들이 마태와 누가복음서 저자들에 의해서 입수되었고, 그들의 손에 의해서 Q복음서의 내용들이 마가복음 자료와 더불어 마태와 누가 복음서를 기록하는 데 주요 자료로 쓰이고 있다는 점이다. 그렇지 않았다면, 예수께서 하신 말씀들의 상당 부분이 그리스도교 역사에서 영원히 그 자취를 감추었을 것이다. Q 복음서가 없었다면 역사적 예수 연구에 대한 정보는 극히 한정될 수밖에 없었을 것이다.

마태복음과 누가복음 작성자는 다행히도 말씀 복음서 Q의 필사본(筆寫本)을 가지고 있었고, 그들이 소장(所藏)한 필사본들이 내용이나 순서에 있어서 큰 차이가 없다는 것은 행운이 아닐 수 없다. 두 복음서에 들어 있는 예수 말씀에 근거하여 Q 복음서의 원형을 복원하려는 노력들이 근래에 들어서 활발하게 진행되었다.[10] 이 어록 문서에 대한 연

---

10) 이에 대해서는 다음을 참조할 것. T. W. Manson, *The Sayings of Jesus as Recorded in the Gospels according to St. Matthew and St. Luke*, Arranged with Introduction and Commentary, London, 1949; D. Lührmann, *Die Redaktion der Logienquelle*, WMANT 33, Neuenkirchen-Vlyn, 1969; D. Zeller, *Kommentar zur Logienquelle*, SKK NT 21, Stuttgart, 1984; J. S. Kloppenborg, *The Formation of Q. Trajectories in Ancient Wisdom Collectios*, Philadelphia, 1989; Kim Myung-Soo, *Die Trägergruppe von Q. Sozialgeschichtliche Forschung zur Q-Überlieferung in den*

구는 1900여 년 동안 그리스도교 역사에서 주목을 받지 못하다가, 20세기에 접어들면서 비로소 주목받게 되었다.

Q문서를 살펴보면 초기그리스도교 공동체의 예수에 대한 생각과 그들의 삶의 방식을 엿볼 수 있다. Q공동체 구성원에게서 주목할 만한 사실은 그들이 전통적 의미에서 그리스도교인이라 불릴 수 있는가 하는 점이다. 전통적 의미에서 그리스도인이란 누구를 의미하는가? 바나바와 바울이 공동 목회를 했던 안디옥교회 신도들에게 최초로 부쳐진 칭호가 다름 아닌 '그리스도인'이었다(행 11:26). 대속신앙과 부활신앙을 근본으로 예수를 하나님의 아들 구세주로 믿고 예배의 대상으로 떠받드는 신도들이 그리스도인이었다. 이런 관점에서 평가한다면 Q공동체 구성원들은 그리스도인이라 보기 어렵다. 왜 그런가? 그들은 예수의 수난과 죽음을 대속적(代贖的) 지평에서 읽지도 않고 있으며, 인류를 위한 하나님의 구원사건으로서 예수의 죽음을 보지도 않기 때문이다. Q는 예수를 하나님과 '동일 본질'(homoousios)을 지닌 하나님의 아들이나 예배의 대상으로 숭배하지도 않았다. Q공동체 구성원들은 "예수를 예배하는 사람들"(Jesus-believer)이 아니라 "예수를 따르는 사람들"(Jesus-people)로 스스로를 이해하였다. 예수와 그들 사

synoptischen Evangelien, Hamburg, 2000; S. Schulz, Q. Die Spruchquelle der Evangelisten, Zürich, 1972. 클로펜보르그는 『Q의 병행구절』(Q Parallels)을 출판하였다. 그는 이 책에서 Q 전승자료에 일련번호를 매기고 영어 번역과 헬라어 색인을 달고 있다. 로빈슨(J. Robinson)이 주도하는 〈국제 Q 프로젝트〉(International Q Project)에서 지금까지 기독교 역사에서 출판된 Q에 관련된 책 100권을 캐논(Canon)으로 선정하여 발표하였는데, 여기에 필자의 위 책이 포함되어있다.

이는 하나님과 인간의 관계, 대속자와 죄인의 관계, 구원을 베풀고 구원을 받는 관계로 이해된 것이 아니라, 단지 스승과 제자의 관계로 이해되었다. 예수는 Q의 민중에게는 그들과 더불어 동고동락하는 삶의 동반자요 따름의 대상이었던 것이다.

Q의 보편주의적 인류애

바빌론 포로기(Babylon-Exile), 페르시아, 알렉산더 대왕의 세계 제패, 그리고 그의 뒤를 이었던 프톨레미 왕조, 셀레우코스 왕조, 로마의 정치적 침략과 경제적 식민지 지배를 겪어 오면서 유대인들은 예루살렘 성전을 중심으로 형성된 성전국가(temple-states) 제도가 해체되어 가는 것을 목격하였다. 유대인들에게 선민으로서의 정체성을 심어주었던 야훼 종교와 문화 전통 그리고 유대민족을 떠받치고 있던 가치 규범의 토대가 붕괴되는 세기말적(世紀末的)인 사회적 불안을 경험하였다. 그레코-로만의 세계화 정책으로 인하여 전통적인 가치와 문화가 붕괴되고 아직 새로운 질서가 형성되지 않은 혼란기에 접어들면서 1세기를 전후한 팔레스타인 사회에는 다양한 종말사상이 등장하여 민중을 현혹하였다.

이러한 세기말적인 종말 사상이 널리 퍼진 상황에서 초기그리스도교 예수운동은 유대인 사회의 소외된 민중계층에서 하나의 개혁운동으로 시작된 일종의 사회적 실험이었다. 당시 형식주의와 명목론(名目論, nominalism)에 빠져있던 유대인들의 율법종교와 신앙관습에 저항

했던 예수운동의 비판적 자세가 아마도 많은 민중들의 호응을 이끌어 냈을 것이다. 특히 안식일 규정, 제의적 정결법, 편협한 유대민족 우월주의, 공납세금 제도 등은 유대 사회를 양분화(兩分化)시키고 사회를 혼란으로 몰아가는데 결정적인 요인으로 작용했다. 이들에 대한 예수의 신랄한 비판은 유대 민중들로 하여금 전통사회의 제약으로부터 일종의 해방감을 맛보게 했을 것이다. 예수운동에 참여함으로서 유대 사회의 사회적 소수자들은 편협한 민족주의를 넘어서 그들이 보다 큰 인류공동체에 속해있다는 자의식을 갖게 되었을 것이다.

초기그리스도교 예수운동의 한 부분을 이루고 있었던 Q공동체는 그들의 정체성(正體性)을 전통적인 가치, 민족, 종교, 문화, 사회 계층의 경계(境界)를 초월하여 보편적 인류애(人類愛)를 실천하는 데서 찾았다. 새 시대를 열기 위한 이러한 신앙의식(信仰意識)의 확장은 Q공동체가 전하는 예수의 말에서 분명하게 나타난다:

> 네 이웃을 사랑하고 원수를 미워하라는 말씀을 너희는 들었다. 그러나 나는 이렇게 말한다. 원수를 사랑하고 너희를 박해하는 사람들을 위해서 기도하라. 그래야만 너희는 하늘에 계신 아버지의 아들이 될 것이다. 아버지께서는 악한 사람에게나 선한 사람에게나 똑 같이 햇빛을 주시고 옳은 사람에게나 옳지 못한 사람에게 똑 같이 비를 내려주신다. 너희가 자기를 사랑하는 사람만 사랑한다면 무슨 상을 받겠느냐? 세리도 그만큼 하지 않느냐? 또 너희가 자기 형제들에게만 인사를 한다면, 다른 사

람들보다 나을 것이 무엇이냐? 이방인들도 그만큼은 하지 않느냐? 하늘에 계신 아버지께서 완전하신 것 같이 너희도 완전한 사람이 되어라.[11]

Q는 놀랍게도 원수를 사랑하고 박해자를 위해서 기도할 수 있을 때 하늘 아버지의 자녀가 될 것임을 말한다. 보편적 인류애의 실천이야말로 하나님 아버지의 아들이 되는 조건이라는 것이다. Q는 인간이 그어놓은 이분법적 경계들을 해체시킨다. 유대인-이방인, 악한 사람-선한 사람, 의로운 사람-불의한 사람, 하나님께서는 인간들이 자의적으로 그어놓은 이러한 경계들을 초월하여 모든 사람에게 골고루 햇빛을 주시고 비를 내려주시는 분이라는 것이다.

조건이나 감정에 따라 사람을 편애하지 않는 하나님 상(image of God)은 도덕경의 천지불인(天地不仁), 성인불인(聖人不仁) 사상을 연상케 한다.[12] 우주만물의 주재자나 도를 체득한 성인은 편애감정 없이 사물을 다스린다는 뜻이다. 선과 악, 의와 불의라는 분별심을 초월한 하나님의 보편적 인류애를 불인(不仁)으로 해석해도 큰 무리는 없을 것이다.

Q는 놀랍게도 하늘 아버지께서 완전하신 것처럼 너희도 완전하라고 한다. 인간 완성! Q의 궁극적 지향점이다. 완전한 인간이 되는 길은

---

11) Q 6:27~28; 32~36/마 5:43~48.
12) 노자, 『도덕경』, 제5장.

무엇인가? 그것은 상호성의 윤리나 인과윤리를 초월하는 것이다. 나를 사랑하는 사람을 사랑하는 것은 누구나 하는 일이다. 세리도 한다. 자기 형제끼리 인사한다면 누구나 하는 일이다. 이방인도 한다. "너희 의가 서기관이나 바리새인보다 낫지 않으면 결단코 하나님 나라에 들어갈 수 없다."(Q마 5:20)

사회적 계급, 지위, 신분, 민족 차별, 가부장적 성차별에 의해서 지탱되었던 폐쇄적인 유대사회에서 이러한 금기(禁忌)나 경계들을 해체하고 개방 사회, 곧 보편적 휴머니즘에 입각한 하나님 나라 확장을 꿈꾸었던 초기그리스도교 Q공동체의 예수운동은 유대 사회에 큰 반향(反響)을 불러일으켰을 것이다.

제3편

제8장
큐복음의 주기도문

제9장
큐복음과 예루살렘성전

제10장
큐복음과 사회적 소수자

제11장
큐복음과 동양적 지혜의 예수

제 8 장

큐복음의 주기도문

기도와 신앙생활

그리스도교인의 신앙생활 가운데 가장 중요시되는 것 가운데 하나가 예배이다. 그리스도인은 예배를 통해서 그리스도인으로서의 자기 정체성과 그리스도와 하나됨을 확인하게 된다. 예배의 순서 가운데 빼놓을 수 없는 것이 주기도문이다. 그리스도인이 드리는 기도에는 여러 가지 형태가 있는데, 크게 나누면 개인기도와 공동기도가 있다. 개인기도는 기도를 드리는 주체가 각기 다르기 때문에, 개인의 사정에 따라 드리는 기도에 일정한 형식이 있을 수 없다. 그러나 같은 시각에 같은 장소에서 같은 내용으로 드리는 공중예배에서의 기도는 사정이 다르다. 공동체의 특성과 공동체 구성원 모두의 관심을 담아야 하기 때문에, 공동기도에는 일정한 형식이 필요하다. 이런 필요성 때문에 예수께서는 제자들에게 기도의 모델을 가르쳐주셨을 것이다.

기도는 공동체의 연대성(Solidarity)과 정체성(Identity)을 강화시키는 기능을 한다. 예수께서 제자들에게 가르쳐주신 기도도 이와 같다. 주께서 가르친 기도는 복음서에서 두 가지 형태로 전승되고 있는데, 하늘을 향하여 비는 말(懇求)과 땅을 향하여 비는 말로 구별된다. 예수께서 가르친 기도의 사회적 배경에는 로마의 식민지 치하에서 고통을 당하는 유대 민중의 배고픈 현실이 서 있다. 가난과 끊임없는 유혹의 현실 한 복판에서 제자들이 과연 어떻게 그리스도인으로서 자기정체성을 잃지 않고 살아갈 수 있는가? 아마도 Q가 전하는 기도가 그 대안 가운데 하나일 것이다.

Q복음서에서 유래한 것으로 보이는 주의 기도는 복음서에서 두 군데 등장한다. 마태복음(마 6:9~13)과 누가복음(눅 11:2~4)의 전승이 그것이다. 마태는 예수께서 제자들에게 모범적인 기도를 가르쳐주게 된 동기를 중언부언하거나 전시효과를 노리는 소위 외식하는 자들의 기도와 연관성 가운데서 찾고 있다. 그러나 이와 달리 누가는 기도할 줄 모르는 제자의 요청에 따라 예수께서 기도의 모범을 가르쳐주고 있다. 다시 말하면 마태의 전승이 유대계 그리스도인들의 잘못된 기도 관행에 대한 수정을 목표로 하고 있다면, 누가의 전승에서는 기도 생활에 생소한 이방계 그리스도인들을 위한 기도의 모델이 제시되고 있음을 알 수 있다.

번역상의 문제점

주기도 본문은 성경 번역상 독특한 위치를 가진다. 한글판 성경 번역의 역사는 1882년 단행본 누가복음이 최초로 번역되어 발행됨으로써 시작된다. 그보다 50년 전인 1832년 한국에 최초로 감자를 전해준 화란선교회 소속 선교사 구츠라프(K. Gutzlaff)가 그리스도의 복음을 들고 한국 땅을 밟는다. 그러나 그는 입국이 거절되자 충청도 보령 앞바다에 있는 고대도(古代島)에서 한국인 양이(梁伊)의 도움을 받아 주기도문을 최초로 한국말로 번역하였는데, 애석하게도 그 번역본이 전해 내려오지 않고 있다.[1] 이와 관련하여 우리말 번역과정에서 드러나는 문제점을 살펴보기로 하자.

문학비평학에서 보면 본문은 Q에 근거하고 있다.[2] Q의 주기도문이 마태교회와 누가교회에 전승되는 과정에서 교회가 처한 선교적 상황에 따라 여러 가지 차이점들이 나타난다. 마태 전승에 따르면 주기도문은 크게 3가지 요소로 구성되어 있다. 부르는 말("하늘에 계신 우리 아버지"), 비는 말에는 당신-간구문("당신"의 이름, 나라, 뜻)과 우리-간구문("우리"양식, 죄, 시험, 악)이 있다. 그리고 송영(頌詠)에 해당하는 기리는 말("나라와 권세와 영광이 아버지께 영원히 … ")이 그것이다.[3]

---

1) 나채운, "주기도문의 번역상의 문제점," 『성경원문연구』, 제8호, 2001, 31-43.
2) 주기도문의 Q전승에 대하여는 S. Schulz, *Q. Die Spruchquelle der Evangelisten*, Zürich, 1972, 84-93을 참조.
3) U. Luz, *Das Evangelium nach Matthäus*, 1/1, Neukirchener-Vluyn, 1970, 337; 김득중, 『누가복음II』, 대한기독교서회, 1993, 63.

누가의 기도문은 마태의 그것과 비교해 볼 때 상당한 차이를 나타낸다. 마태는 어휘 사용이 다를 뿐만 아니라 누가의 것에 비하여 내용이 더 풍부하다. 주기도문의 형식과 내용이 단순하고 간결한 것으로 보아 누가의 전승이 Q의 원형에 근접하고 있음을 알 수 있다.[4]

주께서 제자들에게 가르친 기도문은 형식상 세 부분으로 구성되어 있다. 부르는 말, 비는 말, 기리는 말이 그것이다. '하늘에 계신 우리 아버지여!'가 부르는 말이고, 송영에 해당하는 '대개 나라와 권세와 영광이 아버지께 있사옵나이다'가 기리는 말이다.[5] 그 사이에 비는 말이 여섯 개가 안치되어 있다.

번역상의 오류들

이러한 전제를 가지고 한글 문법규칙에 따라 잘못된 번역을 먼저 살펴보자. 처음 부르는 말에서 '하늘에 계신 우리 아버지여'에서 호격조사 '-여'는 붙이지 않는 것이 좋다. 일반적으로 윗사람을 부를 때 호격조사를 쓰지 않는 것이 상례(常例)이다.[6] 두 번째 비는 말, '나라이 임하옵시며,'에서 '나라이'는 '나라가'로 바뀌어야 할 것이다.[7] '나라'는

---

4) B. M. Metzger, A Texten Commentary on the Greek New Testament, London, 1971 154-156을 볼 것. 예레미아스는 원래 아람어로 된 주의 기도문이 있었다고 추정한다. 그는 이에 근거한 누가의 기도문을 마태가 공동체의 상황에 따라 확대했다고 보고 있다.(J. Jeremias, *Abba*, Göttingen 1966, 160 이하를 볼 것)
5) 송영에 해당하는 마지막 비는 말은 후대의 첨가문임을 알 수 있다.
6) 개역성경에서는 '-여'가 붙어있는데, 새번역, 공동번역, 표준 새번역 성경에서는 바르게 번역되어 있다.
7) 1937년에 번역 발행된 개역성경에서 주기도문의 두 번째 비는 말이 "나라

받침이 없는 명사이기 때문에, 주격조사는 마땅히 '이'가 아니라 '가'로 되어야 한다. 높임말 '임하옵시며' 역시 '임하시오며'로 바뀌어야 한다.[8] 네 번째 비는 말에서 '하옵시며' 역시 '하시오며'로, '주옵시고'는 '주시옵고'로 바뀌어야 한다. 여섯 번째 비는 말에서 '우리를 시험에 들게 하지 마옵시고'는 '… -하지 마시고'로, '다만 악에서 구하옵소서'는 '… -구하소서'나 또는 '… -구하시옵소서'로 바뀌어야 한다. 왜냐하면 동사의 존칭보조어간 '-시'는 겸양보조어간 '-옵' 앞에 놓여야 하기 때문이다.[9] 세 번째 비는 말에서 '뜻이 하늘에서 이룬 것같이'는 '- 이루어진 것 같이'로 바뀌어야 한다. '뜻'이 주어로 사용되고 있다면, 주어가 사람이 아니라 사물이기 때문에 '이루어지는 것'이지 '이루는 것'일 수 없다. '- 땅에서도 이루어지이다'는 '- 땅에서도 이루어지게 하소서'나 또는 '- 땅에서도 이루어지게 하시옵소서'로 바뀌어야 한다.[10] 네 번째 비는 말에서 '오늘날'은 '오늘'로 정정되어야 한다.[11] 희랍어 '세메론'은 여러 날이나 한 시대를 가리키는 '오늘날'이 아니

이 임하옵시며"로 번역되었다. 다른 곳에서는 모두 '나라가'로 번역되었는데, 왜 하필 유독 주기도문에서만 "나라이"로 번역되었는지 이해할 수 없다. 개역성경보다 앞서 1911년에 번역 출간된 구역성경에서도 "나라가"로 번역되어 있다.

8) 우리말에서 존대를 나타내는 경어법의 경우 어간(語幹)에 그 어떤 조사(助辭)보다도 접사(接辭) '-시'가 먼저 와야 한다(-하십시오). 따라서 '임하옵시며'는 '임하시오며,' 또는 '임하시며'로 번역되어야 한다. '임하다'(개역, 새번역, 표준번역) 대신에 '오다'로 번역한 성경들이 있다.(공동, 개역개정)
9) 표준새번역 성서와 개역개정판 성서에서는 이 모든 것들이 바로 잡혀있다.
10) '이루어지이다'는 존경어가 아니다. 표준번역 성서에서는 '이루어지게 하시옵소서,' 개정개역 성경에서는 '이루어지게 하옵소서', 공동번역 성서에서는 '이루어지게 하소서,' 새번역에서는 '이루어지옵소서'로 각기 다양하게 번역되어있다. '-이루어지게 하십시오'로 번역하는 것도 좋을 것이다.
11) '오늘날'은 '오늘'(today)이 아니라 '오늘의 시대'(nowadays)를 지칭한다.

라, 24시간의 하루를 가리키는 '오늘'을 지칭한다. 여섯 번째 비는 말에서 '다만'은 생략되어야 한다.[12]

희랍어 문법상 번역에 유의해야 할 점들을 살펴보자. 첫 번째 비는 말('*hagiastheto to onoma sou*')은 3인칭 단수의 명령문이며, 동사는 단순과거 수동태이다. 두 번째 비는 말('*eltheto he basileia sou*')도 3인칭 단수 명령형의 문장이며 동사는 단순과거 디포넌트이다. 세 번째 비는 말('*genetheto to thelema sou*') 역시 3인칭 단수 명령형이고 동사는 단순과거 수동태이다. 전반부에 해당하는 이상의 세 가지 비는 말이 가지는 공통점은 모두 3인칭 단수 명령형의 문장이라는데 있다. 명령동사가 모두 문장의 첫 머리에 나온다는 것도 공통점에 속한다. 문장의 주어는 첫 번째 비는 말에서는 '당신의 이름'(*to onoma sou*)이고, 두 번째 비는 말에서는 '당신의 나라'(*he basileia sou*)이며, 세 번째 비는 말에서는 '당신의 뜻'(*to thelema sou*)이다. 곧 비는 말의 주어는 곧 '하나님의 이름,' '하나님의 나라,' '하나님의 뜻'인 셈이다. 그러므로 이 전반부에 등장하는 세 가지 비는 말의 내용은 다름이 아니라 하나님이 주체로 등장하는 종말적 계시사건과 연관되어 있는 것임을 알 수 있다.[13]

---

12) 접속부사 '다만'은 일반적으로 앞 문장에 반대되는 경우를 뒷문장에서 말하거나, 앞문장을 뒷문장에서 부연하여 설명할 때 쓰인다. 부정문 다음에 긍정문을 잇는 경우에는 쓰이지 않는다.
13) 원문에서 이 처음 세 가지 비는 말은 접속사를 사용하지 않고 병행되어있음을 알 수 있다.

네 번째 비는 말 '오늘 우리에게 일용할 양식을 주옵시고'('ton arton hemon ton epiousion dos hemin semeron'), 다섯 번째 비는 말 '우리가 우리에게 빚지은 사람을 용서해 준 것같이, 우리 죄를 용서해주소서' ('kai afes hemin ta ofeilemata hemon, hos kai hemeis afekamen tois ofeiletais hemon'),[14] 여섯 번째 비는 말 '우리를 시험에 들지 마례 하시고 악에서 구하옵소서'('kai me eisenengkes hemas eis peirasmon, alla rysai hemas apo tou ponerou')은 모두 2인칭 단수 명령문이며, 단순과거 능동태의 동사가 사용되고 있음에 주목할 필요가 있다. '우리에게 일용할 양식을'(ton arton hemon ton epiousion) 주시고, '우리 죄를'(ta ofeilemata hemon) 용서해주시며, '우리를'(hemas) 악에서 구원하게 해 달라는 비는 말은 인간이 매 순간 직면하는 일상사(日常事)와 연관성이 있다. 후반부에 등장하는 세 가지의 비는 말은 모두 대등접속사 '카이'(kai)로 연결되어있는 것이 특징이다. 네 번째 비는 말에서 '오늘 우리에게 일용할 양식을 주옵시고'는 문법상 '우리에게 일용할 양식을 오늘 우리에게 주시옵고 …'로 바뀌어야 한다.[15] 여섯 번째 비는 말에서 '시험에 들지 말게 하시고' 보다는 '시험에 들게 하지 마시고'가 더 원문에 근접한 번역이다. 여기에서 '시험'으로 번역된 '페이라스모스'(peirasmos)는 다섯 번째 비는 말에서 중심어인 '오페

---

14) 본문에서 'ofeiletais'(빚 진 사람), 'ofeilemata'(빚)은 각기 '죄지은 자'와 '죄'로 번역되어 있다. 하나님의 관계에서는 '죄'로 그리고 인간과 인간의 관계에서는 '빚'이나 '잘못'으로 번역하는 것도 좋을 것이다. "우리가 우리에게 빚지은 사람을 용서해준 것 같이 우리 죄를 용서해주소서"
15) 우리말에는 존경을 나타내는 접사(接辭)인 '-시'는 어간에 그 어떤 접사보다도 먼저 와야 한다. 따라서 '주옵시고'는 '주시옵고'로 바뀌어야 한다. '일용할 양식을 … 주시옵고' '우리 죄를 사하여 주시옵고'로 바뀌어야 한다.

일레마타'(죄)와 연관성 속에서 신중하게 번역되어야 한다. 인간과 인간의 관계에서 사용될 때에는 '채무'로 그리고 인간과 하나님의 관계에서는 '죄'로 번역되는 것이 좋다. 이것은 앞으로 우리를 죄에 빠지게 할 유혹에 빠지지 않게 해 달라는 기원이 이어지는 것을 볼 때 분명하다. 우리를 죄에 빠지게 하는 것은 유혹이지 시험이 아니다.[16] '다만'으로 번역된 '알라'(alla, 그러나)는 '도리어' 또는 '오히려'의 번역이 더 원문에 가깝다. 번역을 생략하여도 문맥의 흐름상 큰 문제는 없을 것으로 보인다.

송영 "대개 나라와 권세와 영광이 영원히 아버지께 있사옵나이다"는 "나라와 권세와 영광이 영원히 아버지의 것이옵니다"로 번역하는 것이 더 좋다.[17] 이 송영 부분은 고대 사본들에서는 나타나고 있지 않지만 후대에 예전적(litergical) 필요에 의해서 첨가된 것임이 확실하다. '대개'로 번역된 '호티'(hoti)는 희랍어에서 이유를 설명하는 문장을 이끄는 접속사('왜냐하면 … 때문이다')로써 일반적으로 번역하지 않는 것이 통례이다. '권세'로 번역된 '듀나미스'(dynamis)는 '권능'으로 번역하는 것이 더 낫다. '아버지께 (영원히) 있사옵나이다'는 '… 아버지의 것이옵니다'로 되는 것이 원문에 충실한 번역이다.

---

16) 우리말에서 '시험'은 한편으로 재능이나 실력 따위를 검사하고 평가하는 일('시험에 합격하다', '시험을 보다')을, 다른 한편으로 사물의 성질을 실지로 테스트해 보는 것(시험 재배, 시험 운전)을 뜻한다.(한글학회, 『우리말 큰사전』) 여기에 유혹의 의미는 들어있지 않다.

17) 송영 부분은 후대에 첨가된 부분이지만, 그리스도교 교회 공동체에 의해서 천년이 넘도록 사용되어온 전승이다. 간단하게 생략해버리기에는 아쉬움이 남는다. 주기도문을 마감하는 끝말로 그냥 사용하는 것이 더 좋을 것이다.

Q 주기도문의 재구성

주기도문의 전반부와 후반부는 이중적인 구조로 이루어져있다. 내용에 있어서도 이중적이다. 하나님의 이름이 거룩하게 되는 것, 하나님의 나라가 오는 것, 하나님의 뜻이 이루어지는 것은 하나님께서 주체로 등장하는 종말적 구원사건의 또 다른 표현들이다. 3 간구 사이에 의미상의 차이는 별로 없다. 하나님의 나라가 온다는 것은 무엇을 말하는가? 그것은 곧 하나님의 뜻이 이루어지는 것을 의미한다. 하나님의 뜻이 이루어지면, 자연히 하나님의 이름이 거룩하게 될 것이다. 하나님의 이름이 거룩하게 되는 것은 하나님의 통치가 이루어지는 것이요, 그것은 하나님의 뜻을 이루는 일과 분리되지 않는다. 헬라어 원문은 이 셋을 접속사 '카이'(kai)를 사용하지 않고 그대로 병치(竝置)시켰다. 우리말 번역이 이 세 문장을 "…며 …며"로 연결해놓은 것은 원문의 구조에 적절한 번역이라 할 수 있다.[18] 후반부의 비는 말은 대등접속사 '카이'(kai)를 사용하여 병렬시켜놓았는데, 우리말 성경에는 "…고, …고"로 번역되어있다. 이 번역도 희랍어 원문 구조에 잘 어울린다.

주기도문은 문체나 내용에 있어서 간결성을 특징으로 한다. 전체의 내용은 하나님에 대한 절대 신앙을 고백하는 '하늘에 계신 우리 아버지'라고 부르는 말에 축약(縮約)되어있다. 주기도문은 하나님을 철저하게 행위의 주어로 삼고 해석하지 않으면 그 의미가 잘못 전달될 수 있다.

---

18) 구역, 개역, 공동번역, 표준새번역, 개역개정 성경은 "…며 …며"로 번역되어있는데, 새번역은 이 셋을 접속사 없이 독립문장으로 병렬시켜놓았다. 원문의 구조를 제대로 파악하지 못하고 번역한 것 같다.

이상을 참조하여 주기도문을 아래와 같이 새롭게 번역해 볼 수 있을 것이다:[19]

아빠(하늘에 계신 우리 아버지),

아버지의 이름을 거룩하게 하시며,
아버지의 나라를 오게 하시며,
아버지의 뜻을 하늘에서 이루신 것같이
땅에서도 이루어 주십시오.

일용할 양식을 오늘 우리에게 주시고,
우리에게 빚진 사람을 우리가 용서해준 것 같이
우리 죄를 용서하여 주시고,
우리를 유혹에 빠지지 않게 하시고,
(도리어) 악에서 건져 주십시오.

그 나라와 권능과 영광이
영원히 아버지의 것입니다.
아멘.

하나님 호칭으로서의 '아빠'

예수 시대에는 세례자 요한 공동체를 비롯하여 유대교 공동체에서

---

19) 주기도문은 희랍어와 한국어, 그리고 두 언어 사이의 사회문화적인 차이와 역사적인 배경을 바르게 알고 있다면, 누구나 쉽게 그리고 아름답게 번역할 수 있을 것이다. 주기도문을 새롭게 번역을 해보았지만, 물론 이 번역이 최상이라고 생각하지는 않는다. 단지 필자에게 최상의 번역일 따름이다.

도 그들 나름대로의 고정된 기도문을 가지고 있었던 것으로 보인다. 그래서 예수의 제자들 역시 예수 공동체의 특징을 담은 기도문이 필요했던 것 같다.[20] 어느 날 예수께서 기도하고 있을 때 제자 가운데 한 사람이 그에게 와서 말한다: "주님, 요한이 그의 제자들에게 기도를 가르쳐준 것처럼,[21] 저희에게도 가르쳐 주십시오."(1절) 복음서 안에서 제자들이 스승이신 예수에게 무엇을 가르쳐 달라고 요청하는 경우는 이 구절뿐이다.

예수의 대답은 제자들이 기도할 때 어떠한 내용을 담아야 하는가를 일깨워준다. 누가는 단순하게 "아버지"(pater)라는 부름말로 기도를 시작한다. '파테르'는 어린이가 자기의 부모를 부를 때 사용하는 표현인 아람어 '아빠'(abba)의 희랍어 번역일 수 있다.[22] 그러나 마태는 이를 "하늘에 계신 우리 아버지"라는 표현으로 확장한다.[23] 마태의 확장은 '아버지'에 대한 유대교의 일반적인 용법에 부합된다.[24] 유대인들이 즐겨 쓰는 용법을 마태는 사용한다. 그는 이 용법이야말로 하나님을 묘사하는데 있어서 가장 적절하다고 생각했던 것 같다. 마태에 따르면 예수도 반성 없이 이 표현을 그대로 받아들인 것으로 보인다.

---

20) J. Jeremias, 앞 책, 161.
21) 참조, 눅 5:33
22) G. Kittel, abba, *ThWNT I*, 4-6: 14f를 볼 것. 참조, 롬 8:15; 갈 4:6.
23) 누가가 제의적(liturgical)인 표현을 사용하고 있다면, 마태는 '우리 아버지'(*pater hemon*)에 '하늘에 계신 분'(*ho en tois ouranois*)을 첨부하여 보다 유대교에 친밀한 일반적인 용법으로 확장하고 있다.
24) 마첼은 마태의 부르는 말이 원래적인 것으로 추정한다. 누가는 이방인 그리스도교인을 위하여 "하늘에 계신 우리 아버지"를 "아버지"로 간략하게 줄였다는 것이다(W. Marchel, *Abba Pere*, Rome, 1971, 185-189). 그러나 이러한 주장은 별로 지지를 받지 못하고 있는 형편이다.

"하늘에 계신"(en tois ouranois)은 한편으로 하나님의 무소부재하신 '편재성'(遍在性)을 다른 한편으로 하나님의 '초월성'(超越性)을 나타낸다. "하늘에 계신 하나님 상"은 지상의 피조물과는 질적으로 다른 분으로서 '전능성'(全能性)을 나타내기도 한다. 하나님은 예루살렘 성전 같은 거룩한 장소에만 계시는 분이 아니라 성(聖)과 속(俗), 시간과 공간, 이스라엘과 이방민족을 초월하여 어디에나 존재하신다. 가까이 계시면서 동시에 멀리 계신 분, 내재하면서도 동시에 초월하는 포월자(包越者)로서의 하나님을 마태는 "하늘에 계신 아버지"로 표상한다.

그러나 Q 본문에서는 보다 덜 정형화(定形化)된 호칭인 "아빠(abba)"를 사용했을 것이다. 예수는 그가 하나님과 가졌던 친밀한 관계를 나타내는 호칭인 "아빠"를 사용했을 것이다. "아빠" 호칭은 랍비 전통이나 공식적인 후기 유대교 전통에서는 생소하다.[25] 하나님에 대한 '아빠' 호칭은 인간과 하나님 사이의 특별한 관계를 나타낸다.

첫째로 '아빠' 호칭은 하나님과 인간 사이의 원초적인 관계를 나타낸다. 하나님과 인간의 관계를 Q는 아버지와 자식의 관계로 표현하였다. 그것은 부모자식 간의 절대적인 순종과 신뢰의 관계로 표현되기도 한다. '아빠'로서의 하나님은 Q에서 존경, 신뢰, 지혜의 상징으로 나타난다.

---

25) 그리스-헬레니즘 세계에서는 아버지 하나님 상(像)이 유대교 세계에서 보다 훨씬 자주 등장한다. J. Jeremias, 위 책 163; W. Grundmann, *Das Evangelium nach Lukas*, Berlin, 1963, 229f 참조.

둘째로 '아빠'는 만물을 창조하신 조물주(genitor)의 표상이다. 조물주 하나님에 대한 은유가 '아버지'라는 호칭으로 표현되고 있으며, 엄격한 주인이 아니라 탕자를 받아들이는 자애로움의 상징으로 쓰이고 있다. 구약성서에서 하나님을 아버지로 부르는 것은 생소하다.[26] 신과 인간의 동질성(anthropomorphism)을 거부하고 조물주로서의 하나님과 피조물로서의 인간 사이의 '질적(質的) 차별성(差別性)'을 강조하기 때문이다. 그럼에도 불구하고 하나님에 관한 '아버지' 표상은 이스라엘의 하나님 체험의 근간(根幹)을 이루고 있다.

모세 5경에서 하나님은 조상들의 하나님, 아브라함, 야곱, 이삭의 하나님으로 표상되는가 하면, 그의 백성과 계약을 맺기도 하고, 그의 백성들에게 율법을 수여하기도 한다. 야훼는 여러 민족 가운데 한 민족인 이스라엘을 그의 "맏아들"로 선택했다는 것이다(출 4:22).

하나님에 대한 아빠(Abba) 호칭은 예수에게서 두드러지게 나타난다.[27] 예수는 가까움과 친밀함 그리고 자애로움의 표상으로 하나님을 아빠로 부른다.[28] 하나님은 마치 자기 자녀를 돌보는 아버지처럼 우리 가운데 현존하고 계신다. 아버지 하나님께서 돌보고 계시는 한, 우리는

---

26) 신 32:6; 삼하 7:14; 역상 17:13; 22:10; 28:6; 시 68:6; 89:27; 사 63:16; 64:7; 렘 3:4.19.36; 미 1:6; 2:10을 볼 것.
27) 복음서에서 예수가 부르는 아버지(Abba)로써의 하나님 표상은 170회 등장하는데, 공관복음서에 61회 그리고 요한복음서에 109회 나타난다.
28) "참새 두 마리가 한 냥에 팔리지 않느냐? 그러나 그 가운데 하나라도 너희 아버지께서 허락하지 않으시면, 땅에 떨어지지 않을 것이다. 아버지께서는 너희 머리카락까지도 다 세어놓고 계신다."(마 10:29~30)

무엇을 먹을까 무엇을 입을까 걱정하지 말고, 삶 전체를 전적으로 그분에게 맡기게 된다.

이와 더불어 "우리 아버지"(pater hemon)는 기도자와 하나님 사이의 관계를 설정해준다. 하나님은 "나의 아버지"가 아니라 "우리 아버지"다. 주기도문은 개인적이고 사적인 차원에서 드리는 기도가 아님을 알 수 있다. "우리"(hemon)라는 공동체가 드리는 기도이다.[29] 하나님은 나 개인의 아버지일 뿐만 아니라, 아울러 우리 모두의 아버지가 되신다. 이와 같이 하나님과 인간 사이의 친밀성과 신뢰성을 마태는 '우리 아버지'로 표현한다. 나의 아버지가 되시며 동시에 '우리의 아버지'가 되시는 하나님 앞에서 우리 모두는 한 형제요 자매가 된다. 따라서 '우리 아버지' 의식은 교회 구성원 모두가 한 형제자매라는 운명 공동체 의식(Gemeinschaft Bewusstsein)을 강화시킨다.

아버지의 이름을 거룩하게 하시며

"아빠!"라는 부름말에 이어 비는 말이 나온다. "당신의 이름을 거룩하게 하시옵소서." 예수가 아버지의 이름을 언급한 것은 공관복음서에서 이곳밖에 없다.[30] 하나님의 이름이 거룩하게 되기를 기원하는

---

29) 팔레스타인에서 '아버지 하나님' 상(像)은 '우리 아버지, 우리 임금님이신 하나님' 상(像)과 나란히 등장한다. 히브리어로는 '아비'(abi), '아비누'(abinu)는 유대민중이 일상적으로 사용하던 용어가 아니라, 제의(祭儀) 때에 사용된 언어이다. 그런데 예수가 사용한 아빠(abba)는 특정한 제의 언어가 아니라, 일상적인 생활세계에서 사용된 언어이다.
30) 이 기원문은 요한복음서 17장 6절과 26절 두 군데 등장한다.

문장은 유대교 기도문에 자주 등장한다.[31] 유대 전통에 따르면 이름은 그 사람의 인격 자체를 가리키며(nomina est persona), 그의 본질(本質)을 규정한다. 고대인에게 있어서 이름은 훨씬 더 중요한 의미를 지닌다. 이름은 권세 자체이며, 그것은 하나님의 온전하신 임재(臨在)를 뜻한다.[32] 그 사람의 이름을 아는 것은 곧 그를 아는 것과 분리되지 않는다. 하나님께서 모세에게 자기 이름을 말해 주었다면, 그것은 곧 자기 자신을 계시하신 것이다.[33]

'당신의 이름'을 거룩하게 해달라는 비는 말에서[34] 거룩하게 하는 주체는 인간이 아니라 하나님 자신이다. "거룩하게 하다"(hagiazo)는 표현 속에는 인간이 하나님에 대하여 경외심과 존경심을 가져야 한다는 뜻을 담고 있다. 여기에서 수동형 동사를 사용하고 있는 것은 하나님을 주어로 생각했기 때문이다. 인간들이 하나님을 모독하고 거역하는 대신 경외하고 예배할 상황을 하나님께서 베풀어주십사 하는 간구이다. 하나님의 이름을 거룩하게 해달라는 간구에서 우리는 예수께서

---

31) "당신의 위대한 이름이 영화롭게 되고 거룩하게 되기를…"(Kaddish 기도문), "당신은 거룩하시고 당신의 이름은 위대하십니다."(The Eighteen Benedictions) 참조, W. Grundmann, *Das Evangelium nach Lukas*, ThNT3, Berlin 1984, 231.
32) 하나님의 이름을 저주의 말과 함께 종이에 써서 물에 담갔다가, 그 물을 죄를 범한 여인에게 마시게 하면 그 여인은 병이 들고 고통을 당하게 된다(민 5:21~54).
33) 출 3:14.
34) 이 간구는 십계명의 세 번째 계명과 유사하다. 십계명이 부정적인 명령형으로 구성되어있는데 반해("네 하나님 야훼의 이름을 망령되이 일컫지 말라") 여기서는 긍정적인 간구로 나타난다. 십계명은 구체적인 행동지침으로 주어지는데, 이와 달리 주기도에서는 간구의 내용으로 주어진다.

하나님의 거룩성 회복을 제자들에게 기도의 첫 주제로 가르치고 있음을 볼 수 있다.[35]

'거룩성'(sanctus)은 모든 종교가 가지는 공통분모에 해당한다. '거룩성'은 본래 구별을 뜻한다. 그것은 하나님의 존재를 규정할 뿐만 아니라, 다른 한편으로 그분의 행동을 규정한다. 그것은 하나님의 존재가 인간존재의 연장선상에서 이해되어서는 안 되고, 인간과 질적으로 다른 "전적 타자(他者)"의 지평에서 이해되어야 함을 말한다. '당신의 이름을 거룩하게 하소서'라는 기원은 하나님 이외에 그 어떤 것도 거룩하게 받들어서는 안 된다는 것을 암시한다.

하나님 이름의 거룩성 회복은 세계의 일부분 또는 이데올로기나 사회제도를 절대화하는 것을 포함하여 일체의 우상숭배를 철저히 배격하는 일과 연결된다. 거룩하신 하나님의 현존 앞에서 인간은 단지 두려워 떨며 경외심을 가질 뿐이다. 하나님의 거룩성은 초역사적 지평과 아울러 역사적 지평도 지닌다. 지상에서 하나님의 뜻을 실현하는 것, 곧 정의와 평화를 세우고 사회적 약자들의 소리에 귀를 기울이시는 하나님의 역사 참여에서 거룩성은 경험된다.[36] 하나님의 거룩성은 역사적 지평에서 가난하고 억눌린 사람들의 구원과 해방을 이루어 간다. 비록 존재론적 지평에서 하나님은 전적 타자로 경험되지만, 윤리 역사적 지평에서는 민중과 함께 계신 분으로 경험된다. 이러한 하나님의

---

35) S. Schulz, 위 책, 89. 슐츠는 본문에서 '하기아제인'(hagiazein)의 종말론적 의미를 강조한다.
36) 출 3:7, 17.

사회 윤리적 거룩성은 인간에게도 요구된다.[37] 하나님의 이름의 거룩성은 이미 사회에서 소외된 민중과 동고동락하는 예수의 삶에서 육화(Incarnation)되었다. '아버지의 이름을 거룩하게 하는 것'은 예수를 따르는 교회 공동체의 원초적 임무로 제시되고 있음을 알 수 있다.[38] Q에서는 특히 거룩성의 개념을 로마가 왕의 통치권을 신성화하기 위하여 마련한 황제 제의(Kaiser Kult)와 대립된 개념으로 사용되고 있다. 거룩한 분은 하나님인가, 아니면 로마 황제인가?

아버지의 나라를 오게 하시며

두 번째 주제인 "아버지의 나라를 오게 하시며"는 앞의 기원과 밀접히 연관되어 있다. 예수의 선포에서 '하나님 나라가 임하다/오다'는 정형화된 문구로 나타난다. "나라"로 번역된 헬라어 "바실레이아"(basileia)는 공간을 나타내는 정적(靜的)인 개념이기보다는 통치를 나타내는 역동적(力動的)인 개념임을 알 수 있다.[39] 인간이 자기 힘으

---

37) "너희 아버지께서 자비하신 것같이 너희도 자비하라."(Q 6:36/마 5:48)
38) 참조, B. Graubard, "Das Kaddisch-Gebet," *Das Vaterunser Gemeinsames im Beten von Juden und Christen*, Freiburg, 1974, 102-119. 이와 유사한 형태는 랍비 문헌의 "카디쉬 기도문"(Kaddish Gebet)에서도 나타난다. "그 (하나님)분 자신의 의지대로 창조하신 세상에서, 그분의 이름이 영광을 받으시고 거룩하게 되기를 …"(E. Schweizer/한신연 역,『마태오복음』, 서울, 한국신학연구소, 1982, 161)
39) '바실레이아'(basileia)는 아람어 '말쿠트'(malkut)를 직역한 것인데, 말쿠트는 영역을 표시하기보다는 통치권을 표시한다. 영어로는 "Kingdom of God" 보다는 "Reign of God"이 아람어에 더 충실하다. 따라서 "나라가 임하시오며"는 "당신께서 친히 다스리소서"로 번역이 가능하다. 정훈택은

로 이 땅위에 하나님 나라를 건설할 수 있도록 해 달라는 기원이 아니다. 하나님께서 친히 왕이 되셔서 우리가 살고 있는 이 세상을 친히 다스리는 때가 속히 오기를 위한 간구이다.[40]

이 간구는 하나님께서 친히 통치하실 때 비로소 인간은 구원받을 수 있다는 사실을 암시한다.[41] 하나님 통치의 도래에 대한 종말적 희망은 고통 가운데 있는 인간의 존재 양식이다. 따라서 하나님 통치의 도래에 대한 희망은 본질상 Q에서 로마 황제의 통치에 대한 대립 개념으로 쓰이고 있음이 분명하다. 이 땅 위의 세계질서, 보다 구체적으로는 로마 황제의 식민지 지배 질서와 Q가 꿈꾸었던 하나님 통치 도래에 대한 희망은 양립될 수 없다.

구약성서에서 하나님의 주권은 이스라엘 왕을 통해서 구현될 수 있다고 생각되었다.[42] 이스라엘 백성은 하나님 통치의 대행자(代行者)로 세워진 다윗왕조를 통해서 사회적 빈부격차가 해소되고 가난한 사람이 잘 사는 사회, 고아와 과부의 권리가 회복되는 사회, 하나님의 정의

"당신의 나라가 오소서"로(정훈택, "주님의 기도를 새롭게 번역하며,"『성경원문 연구』, 대한성서공회, 2001, 44-58) 그리고 김영봉은 이 문구를 과감하게 "다스림을 이루소서"(김영봉, 정훈택 교수 발표에 대한 논찬,『성경원문 연구』, 대한성서공회, 2001, 97-105)로 번역할 것을 제창하고 있다.

40) 눅 17:20; 22:18; 10:9~11를 볼 것.(N. Perinn, *Rediscovering the Teaching of Jesus*, London 1967, 57-59를 참조)

41) 여기에서 하나님 통치의 도래는 악령의 권세를 통한 사탄의 통치의 종국을 의미할 뿐만 아니라, 사탄의 통치하에서 하나님의 통치를 거부하는 인간 세력들에 종지부를 찍게 한다.(참조, 누가11:14-26)

42) 삼하 7:12~16.

와 평화가 강같이 넘치는 시대가 올 것을 꿈꾸었다. 그러나 다윗 왕조는 그들의 기대를 저버렸다. 백성을 억압하고 탄압하는가 하면, 하나님의 이름을 민중을 억압하기 위한 도구로 삼았다.[43] 예언자 시대에 접어들면서부터 다윗왕조는 예배 장소를 예루살렘 성전으로 통폐합시켰다. 예루살렘만이 하나님께 예배드릴 수 있는 유일한 곳으로 강제되었다. 그들은 희생제의와 정결법규에 의해서 하나님의 이름으로 이스라엘 백성들을 가혹하게 탄압하였다.[44] 그러나 예언자들은 이스라엘 백성 편에 서서 다윗왕조의 지배 이데올로기에 저항하였다. 그들은 형식주의에 얽매인 성전예배의 허상(虛像)들을 고발할 뿐만 아니라, 하나님께서 원하시는 진정한 예배는 하나님 나라의 도래와 직결되는데, 그것은 정의와 해방을 그 내용으로 한다.[45]

예수 시대에 이르러 묵시적 종말사상가들은 우주적 개벽을 통한 하나님 통치의 도래를 기대하였는데, 이에 반해 젤롯당을 비롯한 열광주의 집단들은 폭력을 동반해서라도 하나님 나라의 도래를 앞당겨야 한다는 정치적 메시아니즘(political messianism)에 사로잡혔다. 회당의 랍비 유대교와 바리새파 사람들은 율법의 생활화를 통해서, 곧 일상생활 속에서 하나님의 율법을 엄격하게 준수함으로써 하나님 나라를 오게 할 수 있다고 믿었다.

복음서에서 '하나님 나라의 도래'는 예수 설교의 요약(Summarium)

---

43) 삼하 7:14~16.
44) 에스 40~43장.
45) 암 5:21~24; 사 1:17.

에 해당한다. '하나님 나라를 오게 하소서'라는 간구는 하나님께서 만물의 주인으로서 그의 통치권을 발휘하여 사탄이 지배하는 낡은 세계를 끝장내고, 새 역사의 장을 열어달라는 간구이다. 그 나라는 불의(不義)한 세계 속에 정의를 건설하며 질병에 고통을 당하는 사람들을 해방시키는 하나님의 권위와 능력을 가리킨다.

예수는 여러 가지 비유를 들어 하나님 나라를 설명한다. 마치 밭에 묻혀있는 보물과 같아서, 누구든지 그것을 발견한 사람은 그것을 사기 위해 모든 것을 파는가 하면(마 13:44), 그것은 또한 진주와 같기도 하다(마 13:45). 또한 하나님 나라는 마치 작은 겨자씨에 비유되기도 하는데, 싹이 트고 자라나면 큰 나무가 되어 공중의 새들이 날아와 그곳에 깃들이게 될 것이다(마 13:31~32).[46] 예수는 하나님 나라를 밀가루를 부풀게 하는 누룩에 비유하기도 하며(마 13:33), 먹고 마시는 하나님의 집으로 비유하기도 한다.[47] 하나님 나라 잔치에는 이미 초대받은 기득권을 가진 사람들이 배제되고 있는가 하면, 사회의 변두리에서 살고 있는 소외된 사람들이 초대된다(마 22:1~10).[48] 유대인뿐만 아니라 동과 서에서 온 많은 (이방)사람들이 하나님 나라 식탁에 참여한다(마 13:43).

종합적으로 예수가 선포한 하나님 통치는 세 가지 변혁의 차원을 지닌다. 우주적 차원, 사회구조적 차원, 실존적 차원이 그것이다. 이러한

---

46) 막 4:26~32.
47) Q 22:30/마 8:11.
48) 눅 14:15~24.

변화는 단지 미래의 희망으로 존재하는 것이 아니라, "지금-여기"(hic et nunc)에서 예수의 인격 속에서 그리고 그의 선포와 메시아적 실천 속에서 현재화된다.[49] 예수의 사회적 실천 속에서 하나님 통치는 이미 동터오고 있는데, 그것은 가난한 사람들에게 복음이 전파되고, 포로 된 자들이 자유를 얻고, 눈먼 사람들이 다시 보게 되고, 억눌린 사람들이 풀려나는 곳에 시작된다(눅 4:18).[50] 바울은 성령 안에서 누리는 정의와 평화와 기쁨이 있는 곳에 하나님 통치가 동터오고 있다고 선언한다(롬 14:17).

아버지의 뜻을 …, 땅에서도 이루어 주십시오

마태에 등장하는 세 번째 간구인 "아버지의 뜻을 하늘에서 이루신 것 같이, 땅에서도 이루어 주십시오"는 누가복음에는 나오지 않는다.[51] 이 간구는 현실 세계에서 하나님의 뜻이 관철되지 않는 상황을 전제한다.

예수에게서 아버지의 뜻은 무엇을 말하고 있는가? 두 번째 간구가 하나님의 통치가 이루어지기를 간구하는 것이라면, 세 번째 간구는 하나님의 통치에 따라 하나님의 뜻대로 살게 되기를 바라는 기도이다. 그것은 하나님의 뜻을 펼치기 위하여 창조된 세계에서 창조질서를 회

---

49) "그러나 내가 하나님의 영을 힘입어 귀신을 내쫓는 것이면, 하나님의 나라가 너희에게 왔다."(마 12:28)
50) Q 7:22/마 11:5.
51) 마태는 "당신의 나라가 임하옵소서"라는 두 번째 간구의 의미를 좀더 부연 설명하기 위해서 세 번째 간구를 여기에 첨가했을 수 있다. 아마도 디아스포라 유대교 문화권에 친숙한 공동체 구성원을 고려하였을 것이리라.

복하는 일과 연관되어 있다. 허무에 굴복되어 신음하며 해산의 고통을 겪고 있는 피조 세계가 자기 본래적인 모습을 회복하는 것이야말로 하나님의 뜻을 이루는 일과 연결된다(롬 8:18~22). 예수는 이러한 하나님의 뜻을 선포하였을 뿐만 아니라, 그것을 공생애(公生涯)를 통하여 현실화시켰다.[52] "주여, 주여!" 부르는 것만으로는 안 된다. 하늘에 계신 내 아버지의 뜻을 행하는 자가 구원받을 수 있다(마 7:21).

우리는 복음서가 증언하고 있는 예수의 공생애 전체를 통해서 이러한 하나님의 뜻이 어떻게 실현되고 있는가를 살펴볼 수 있다.[53] 그것은 예수와 같은 마음을 갖는 것, 그리고 곧 예수의 가르침을 본받는 것 외에 다른 것이 아니다. 하나님의 현재적 통치가 이루어지기를 간구하는 사람은 자신이 하나님의 뜻대로 살뿐만 아니라 다른 사람들 또한 하나님의 뜻대로 살도록 돕는 것이다. 여기에서 우리는 기도의 자세가 어떠해야 하는가를 알 수 있다. 기도는 내 뜻을 구하는 것이 아니라, 먼저 하나님의 뜻을 구하는 것이다. 기도는 내 뜻을 이루기 위하여 하나님을 설득하는 것이 아니라, 하나님의 뜻을 이루기 위하여 내 뜻을 굽히는 것이다. 우리는 겟세마네 동산에서 예수의 기도, "그러나 나의 원대

---

52) 마 7:21; 눅 12:47; 막 3:35; 요 7:17. 요한복음에는 보다 분명하게 하나님의 뜻이 드러난다. "나의 양식은 나를 보내신 분의 뜻을 행하고, 그분의 일을 이루는 것이다."(요 4:34) 동시에 예수의 메시아적 실천은 곧 하나님의 뜻을 이루는 것이다(요 5:30). 하나님의 뜻은 아울러 한 사람도 잃지 않고 그들을 살리는 것이다. 생명을 살리는 일은 하나님의 뜻을 실천하는 가장 중요한 일 가운데 하나이다(요 6:39).
53) 마태의 세 번째 간구는 겟세마네 동산에서 예수가 드리는 기도에 상응한다(마 26:42).

로 하지 마시고, 아버지의 원대로 하소서"에서 이러한 기도의 모습을 발견하게 된다(마 26:39).

그러면 하나님의 뜻이 어디에서 이루어져야 하는가? 하늘에 국한된 것인가? 그렇지 않다. 하늘에서와 같이 인간 세상도 하나님의 뜻이 이루어져야 할 곳이다. 땅은 하나님의 뜻이 이루어져야 할 장소이다.

땅에서 세워져야 할 하나님의 뜻은 무엇인가? 일차적으로 창조질서, 곧 생태정의(生態正義)의 회복이다. 인간을 비롯해서 모든 생명체는 땅에 기대어 생명을 유지하고 있다. 그런데 생명의 자궁인 땅이 인간의 농약과 화학비료로 인하여 교란되고 있다. 땅은 생산 능력을 상실하고, 오염되어 죽어가고 있다. 땅을 살리는 길이 모든 생명체를 살리는 길이고, 그것을 먹거리로 삼는 인간을 살리는 길이다. 주기도를 드리는 사람은 일차적으로 환경과 생태계의 건강성 회복을 위하여 기도해야 할 것이다.

하나님의 뜻을 이루기 위한 간구는 또한 이 땅에 정의와 평화를 건설하는 일이다. 힘이 정의로 통용되는 사회가 하나님의 정의가 힘으로 통용되는 사회를 건설해야 한다. 하나님의 뜻은 사회 정의를 실현함으로써 이루어진다. 사회의 소수자들을 보호하고 강자들의 억압으로부터 그들의 삶과 생존권을 지키는 것이 하나님의 뜻을 이루는 일이다.

이상에서 살펴본 바와 같이 1~2절에서는 하나님을 향한 "당신 간구문"(thou-petitions)이 중심을 이루고 있다. 하나님의 뜻이 실현되는 하나님 나라의 도래를 위한 간구는 곧 하나님의 이름을 드높이는 일과 분리되지 않는다.

일용할 양식을 오늘 우리에게 주시고

이와 달리 3~4절에서는 "우리 간구문"(we-petitions)이 중심을 이루고 있다. 이제 주기도문은 하나의 전환점(轉換點)을 이룬다. 전반부에서 하나님을 위한 세 가지 간구가 다루어지고 있다면, 후반부에서는 우리를 위한 세 가지 간구로 구성되어있다. 이제 하늘을 향한 시선이 땅으로 향한다. 후반부는 제자들의 일상적인 삶을 위하여 비는 말이다. 여기에서도 주체는 역시 하나님이다.[54]

3절 "일용할 양식을 오늘 우리에게 주시고"에서 누가는 마태의 "오늘"(semeron)을 "날마다"(to kath' hemera)로 바꾼다.[55] 생명을 지탱하는데 필요한 오늘의 양식을 위한 간구, 이웃과 파괴된 관계를 회복하기 위한 빚 문제에 대한 간구, 여러 가지 유혹이나 시험에 이길 수 있는 힘과 악한 세력으로부터의 구원해 줄 것에 관한 간구가 그것이다.

---

54) 이러한 기도의 양식은 마태복음 6장 33절에서도 확인된다. "너희는 먼저 하나님 나라와 그 의를 구하여라. 그리하면 이 모든 것을 너희에게 더하여 주실 것이다."

55) 마태는 누가의 동사 현재명령형 대신 과거명령형을 사용하고 있으며, "오늘"(semeron)을 덧붙여 빵을 위한 간구를 특정한 날로 국한시킨다. 이 간구가 임박한 종말 앞의 특정한 시간에 국한해서 사용하고 있는지는 분명하지 않다(S. Schulz, Q, 91).

"일용할"로 번역된 헬라어 "에피우시오스"(epiousios)는 복합적인 의미를 지닌다.[56] '시간'(時間)적인 진술이라기보다는 '양'(量)적인 진술에 가깝다. 이것은 "생존을 위해 필요한 양," 또는 "우리가 필요로 하는 분량"만큼의 양식이다. 출애굽 당시 이스라엘 백성이 광야생활에서 경험했던 '만나'를 회상케 한다. 그것은 곧 '하루치 끼니'를 뜻한다.[57] 그것은 종말에 앞서 생존에 필요한 만큼의 양식에 대한 간구를 뜻한다.[58] 마태가 말하는 '오늘' 필요한 양식이나 누가가 말하는 '날마다' 필요한 양식에서 의미상의 차이는 없다.

양자는 양식을 축적하는 것이 아니라, 단지 '매일의 생존에 필요한 분량'만의 양식을 간구하라는 의미로 사용되고 있다. 하루치 끼니를 위하여 간구하라는 것은 인간이 생존을 위하여 필요한 최소한의 양식을 구하라는 것이다. 우리를 위해서 간구해야 할 첫 번째 간구가 다름 아닌 "일용할 양식"이라는 것에 주목할 필요가 있다.

---

56) '에피우시오스'(epiousios)는 '생존에 필요한'(necessary for existence), '오늘을 위한'(for today), '앞날을 위한'(for the coming day), '본질적인'(for essential)으로 번역이 가능하다. 참조, 박수암, 『산상보훈』, 서울, 대한기독교출판사, 1990, 158.
57) 출 16:18을 볼 것. 정훈택은 '에피우시오스'(epiousios)를 '하루치'로 '아르토스'(artos)를 '밥'으로 번역했다(정훈택, 위 논문, 54). '아르토스'는 단순히 '빵'이나 '밥'만을 지칭한다기보다는 인간이 삶을 영위하기 위해서 필요로 하는 최소한의 생계수단을 지칭할 수 있다(E. Schweizer/한신연 역, 『마태오복음』, 서울, 한국신학연구소, 163).
58) 로마이어는 이와 다르게 "에피우시오스"(epiousios)를 "다가오는 시대"로, 곧 미래적 개념으로 해석한다. 이러한 견해에 따르면 본문은 "우리가 하나님 나라에서 장차 먹을 양식을 주옵소서"로 번역된다(E. Lohmeyer, *The Lord's Prayer*, London 1965, 134-159를 볼 것).

예수는 하루치 끼니를 위해서 간구하라고 한다. 그 이상의 양식을 간구하지 말라는 것이다. 이 간구는 기도자에게 인간이 삶에 꼭 필요한 것을 간구하되, 욕심을 부려서는 안 되고 필요 이상을 소유해서도 안 된다는 사실을 가르쳐준다. 예수는 육의 문제를 결코 소홀히 취급하지 않았다. 밥이 없이 인간은 생존 자체가 불가능하다. 인간이 아무리 영적 존재라 하더라도 먹어야 산다. 물질적 하부구조는 인간 존재의 뿌리요 토대에 해당한다. 생명은 밥보다 중요하지만, 생명은 밥에 의존해 있다. 하루 양식만으로 만족하고 감사할 수 있다면, 삶 전체에 만족하고 감사하게 될 것이다.

삶은 곧 식사(먹음)이다. 식사는 타자의 생명을 희생하여 내 몸 속에 받아들이는 것이다. 그리하여 내 몸과 타자가 하나 되는 사건이다. 식사를 통해서 내 생명이 유지된다. 식사를 통해서 나는 나 아닌 것들에 의해서 구성된다는 사실을 깨닫게 되고, 나와 나 아닌 것 사이의 경계가 해체되고 서로 소통(communication)이 가능하게 된다. 따라서 식사는 그 자체가 하나의 예배요 성례전적(聖禮典的) 성격을 지닌다.

예수는 '나의' 일용할 양식이 아니라 '우리의' 일용할 양식을 구하라고 한다. 일용할 양식을 내 것으로 한정시키거나 밥을 개인이 독(獨)차지하게 되면 독(毒)이 된다. 밥은 서로 나누지 않으면 썩게 된다. 서로 나눌 때 밥은 생명의 양식이 된다. 밥은 사(私)가 아니라 공(公)이다. 시인 김지하는 밥이 가지는 공공성(公共性)을 훌륭하게 시적 언어로 표현하였다:

밥이 하늘입니다.

하늘을 혼자 못 가지듯이

밥은 서로 나누어 먹는 것,

밥이 하늘입니다.

하늘의 별을 함께 보듯이

밥은 여럿이 같이 먹는 것.

밥이 입으로 들어갈 때에 하늘을 몸 속에 모시는 것.

밥이 하늘입니다.

아아, 밥은 서로 나눠 먹는 것

우리에게 빚진 사람을 우리가 용서해준 것 같이 … 59)

---

59) 김지하의 이 시는 성만찬의 진리를 잘 표현해 준다. 성만찬에서 서로 떼는 밥은 그리스도의 몸으로 형상화된다. 그리스도의 몸인 밥을 나누어 먹음으로써 그리스도의 살과 피를 내 몸속에 받아들이는 것이 성만찬이다. 밥을 매개로 한 나(땅)와 그리스도(하늘)의 동질성(同質性)을 성만찬은 말한다. 밥은 전 우주의 작품이다. 우주의 노동에 인간의 노동이 가미되어 밥이 생산된다. 밥은 스스로를 내어줌으로써 타자의 생명을 유지하게 만든다. 인간은 밥을 통하여 자연과 만나고, 창조주 하나님과 만난다. 밥에서는 이원론이 거부된다. 동시에 밥은 나와 타자를 사회적으로 결합시키는 끈이다. 밥은 농부의 땀과 노동을 내포한 사회적 관계를 나타낸다. 밥은 인간 생명의 근원이다. 오늘날 인류의 비극과 전쟁은 결국 밥 문제로 귀결된다. 밥을 독점하려고 하고, 밥이 가지는 근원적인 진리를 바르게 인식하지 못한데서 인류의 비극이 시작된다. 밥은 어떠한 경우에도 혼자 생산할 수 없다. 그것은 협동적으로 그리고 공동체적으로 생산하게 되어있다. 생산뿐만 아니라. 소비에 있어서도 그렇다. 밥은 혼자 먹는 것이 아니다. 여럿이 공동체적으로 먹는 것이 밥이다. 밥은 밥상에서 먹어야 밥이다. '밥상'은 여럿이 둘러앉아서 먹는 공동체 생활을 말한다. 밥상공동체라 부를 수 있을 것이다. 역사적으로 볼 때, 인간이 밥상공동체에 참여할 수 있느냐 없느냐 하는 문제는 그 사람의 신분과 밀접한 관계를 가진다. 여성들은 유교의 가부장적 사회구조 속에서 남성으로부터 억압받고 천대받아왔는데, 그 증거는 그들이 바로 밥상공동체에 참여할 수 없었다는 점에서 보다 분명하게 드러난다. 밥이란 생산 활동과 그 결과를 수렴하는 활동의 결실이다. 그런 의미에서 식사와 노동은 분리될 수 없다. 밥은 공동체적으로 생산하고 공동체적으로 분배하고 공동체적으로 먹는 것을 특징으

인간의 죄는 무엇인가? 그것은 하나님과 인간 사이의 올바른 관계가 단절된 상태이다. 죄 용서를 비는 것은 단절된 하나님과의 관계를 정상적으로 회복시켜 달라는 것과 연관성이 있다. 4절 "우리 죄를 용서하여 주시고"에서 누가는 Q원형에 가까운 것으로 보이는 마태의 '빚(*ofeilemata*)을 '죄'(*hamartia*)로 바꾼다.[60] 마태가 아람어 '호바'(*hoba*)의 축어(逐語)적 번역에 충실했다면, 누가는 공동체의 선교적 상황을 고려하여 어의(語意)적 번역에 충실했음을 알 수 있다.[61] 그런데 이 간구에는 다른 간구들과 달리 조건이 붙어있다. 그 조건이 성취되지 않으면 이 간구는 응답될 수 없다. 그 조건이 무엇인가? 간구자가 그에게 빚진 사람을 용서하는 것이다. 간구자 자신이 먼저 이웃과의 관계를 정상화해야, 하나님께서도 그와의 관계를 정상화시켜주실 것이다. 우리가 우리에게 빚(*ofeilonti*) 지은 이웃을 용서해줌으로서,

---

로 한다. 우주에서 생명의 순환과정에 참여했던 일체의 모든 것, 곧 풀, 벌레, 바람, 대지, 흙, 공기, 햇빛이 밥으로 표상되고 밥으로 압축된다. 밥이 독점되는 곳이 지옥이고, 밥이 나누어지는 곳이 천국이다. 밥을 나누는 가운데 그리스도는 현존(現存)한다. 복음의 원형(原型)은 곧 밥상 공동체에서 나타난다.(참조, 김지하, 『밥』, 서울, 솔, 1995)

60) 원어인 '오페일레마타'(*ofeilemata*)는 채무를, 그리고 '오페일레타이스'(*ofeiletais*)는 채무자를 뜻한다. 죄 또는 죄인에 해당하는 희랍어는 별도로 있다. 마태가 사용하고 있는 원어는 남에게 물질이나 금전상 빌린 것, 그래서 갚아야 할 것, 곧 채무로써의 빚을 말한다. 허나 사람이 하나님에게 진 빚은 죄일 수밖에 없다. 그래서 누가는 '우리의 죄를 용서하소서'(11:4)로 되어있다. 누가는 아마도 헬레니즘 문화정서에 익숙한 독자들을 고려하여 '오페일레마타'를 '하마르티아'로 대체하였을 것이다. 이를 통해서 우리는 누가 교회가 주로 이방인들에 의해서 구성되었음을 짐작할 수 있다.

61) M. Black, *An Aramic Approach to the Gospels and Acts*, Oxford, 1967, 140. 블랙은 인간이 죄를 짓는 행위를 하나님께 빚을 지는 행위라고 생각한다.

그것에 근거하여 하나님께 지은 우리의 죄도 용서해달라고 간구할 수 있다.[62]

마태는 간구자가 "우리에게 빚을 지은 사람을 용서해 준 것 같이"에서 과거형 '아페카멘'(afekamen)을 사용하고 있다. 그러나 하나님께서 우리 죄를 용서해 주실 것을 간구할 때는 현재형 '아페스(afes)를 사용한다. '우리에게 빚진 사람들을 이미 용서한 것처럼'(과거) '우리 죄를 용서하소서'(현재).

한글 번역에 누락되어 있는 '우리도'(kai hemeis)에서는 인간이 하나님의 용서를 본받아서 이웃을 용서해야 한다는 용서의 당위성(當爲性)이 강조되고 있다. 하나님의 용서에는 한계가 있을 수 없다(마 18:26). 우리는 하나님의 용서를 먼저 받고, 그 다음에 우리의 용서와 하나님의 용서가 연결되어 있는 이 간구를 드리게 된다.[63] 서술(敍述)은 명령(命令)을 포함한다. 하나님께서 우리를 사랑하셨다. 서술(Indikativ)이다. 그런데 이 서술은 그러니 너희도 이웃을 사랑하라는 명령(Imperativ)이 포함되어 있다. 하나님께 용서를 비는데 있어서, 우리가 이웃을 용서하는 일이 얼마나 중요한지를 이 간구는 보여준

---

62) 누가는 인간이 인간에게 지은 죄인 '채무'(債務)와 인간이 하나님께 지은 '죄'(罪) 사이의 차별성을 강조하는 것이 특색이다.
63) 마 18:21~35 참조. 한 사람이 왕에게 일만 달란트의 거액의 빚을 졌는데, 왕은 불쌍히 여겨 그 빚을 탕감해 주었다. 그런데 거액을 탕감 받은 자는 그에게 일백 달란트 빚진 자를 만나자 탕감해주기는커녕 감옥에 넣었다. 이 사실을 알게 된 왕은 그를 다시 불러 빚을 갚을 때까지 감옥에 가두라고 명령한다.

다. [64]만약 우리가 어느 한 사람에 대해서 원망이 깊어서 그 사람을 결코 용서할 수 없다면, 우리는 주기도문을 드릴 자격이 없을 것이다.

우리를 유혹에 빠지지 않게 하시고 …,

마지막 간구는 유혹과 악으로부터 구원에 관한 것이다. 이 두 기원은 각각 소극적 기원과 적극적 간구로서 서로 병행을 이루며 전체가 통일성을 이룬다.[65] "우리를 유혹에 빠지지 않게 하소서"에서 '페이라모스'(peiramos)가 의미하는 바는 종말론적인 시련이라기보다는 신앙을 시험하는 외적 "유혹" 또는 "시련"에 가까울 것이다.[66] '에이스 페이라스몬'(eis peirasmon)은 직역하면 '유혹 안으로'이다.

'유혹에 빠지지 않게 하소서'는 유혹 자체를 면하게 해달라는 뜻인

---

64) 이웃 형제와 화해함이 없이, 하나님께 예배한다는 것은 우상숭배이다(마 5:23~24). 보이는 자기 형제를 사랑하지 않는 사람이 보이지 않는 하나님을 사랑할 수는 없다(요일 4:20).
65) 시험에 들게 하지 말게 해달라는 간구와 악에서 구해달라는 간구를 성격이 다른 두 개의 상이한 것으로 보는 학자들도 있다. 참조, R. A. Guelich, *The Sermon on the Mount: A Foundation for Understanding*, Waco, 1982, 313-14.
66) '페이라스모스'가 여기에서 긍정적인 지평에서 '시련'의 뜻으로 사용되고 있는지 아니면 부정적인 지평에서 '유혹'의 뜻으로 사용되고 있는지는 분명하지 않다. 부정어 '메'(me)가 붙어 있어서 기도의 내용은 '시험으로 데리고 들어가지 마소서'라는 청원이 된다. 만일 기도자의 앞에 닥치는 것이 하나님께서 주시는 시련이라면 굳이 피할 필요가 없을 것이다. 그러나 유혹을 의미한다면 '유혹 안으로 이끌어 들이지 말아 달라'고 번역이 가능할 것이다. 개역성서와 공동번역 성서에는 '유혹'으로 번역되어 있는데, 표준새번역과 현대인의 성경에서는 '시험'으로 번역되어 있다.

가? 그리하여 죄지을 위험성을 아예 피하게 해 달라는 뜻인가? 아니면 유혹을 당하더라도 그것에 굴복하여 죄를 짓지 않게 해 달라는 간구인가? 아마도 이 간구는 유혹 자체를 피하게 해 달라는 것이라기보다는 유혹을 당하더라도 그것에 넘어가지 않고 담대하고 굳세게 해 달라는 의미로 사용되었을 것이다.[67]

이 간구는 앞에 나온 두 간구와 상호연관성이 있다. 우리는 죄를 용서받을 수 있다고 해서, 죄짓는 일을 대수롭게 생각해서는 안 된다. 용서받는데 그치는 것이 아니라, 아예 죄를 더 이상 짓지 않도록 노력해야 한다. 하나님께서 우리의 죄를 용서해주셨다는 서술형(Indikativ)은 우리로 하여금 더 이상 죄를 짓지 말라는 명령형(Imperativ)을 포함하고 있기 때문이다. 마태는 이와 적절하게 "악한 세력으로부터(*tou ponerou*) 우리를 구원하소서"(마 6:13)라는 말을 덧붙인다. 이 간구문은 앞의 간구문과 반의적(反意的)인 뜻을 강조하는 '알라'(*alla*)로 연결되어 있다.[68]

이어서 마태는 송영(頌詠), 곧 "나라와 힘과 영광이 언제나 당신의 것입니다"를 덧붙인다. 이 구절은 고대 사본에는 발견되지 않는다. 후대에 첨가된 부분이다.[69] 헬라어 원문에서는 이 부분이 원래 꺽쇠 묶음

---

67) 이미 예수께서도 공생애를 시작하기에 앞서 광야에서 사탄으로부터 시험을 당했음을 마태는 기록하고 있다(마 4:1~11Q).
68) 개역은 '알라'(*alla*)를 '다만'으로 그리고 표준새번역은 '도리어'로 번역되어 있다.
69) 이 구절은 역대기상 29:11~13을 연상시킨다.

으로 되어있다.[70] '호티'(*hoti*)를 개역 성경에서는 "대개"로 번역하였다. '호티'가 가지는 본래적인 의미는 "왜냐하면"이다. 위와 같은 간구기도를 드리게 된 이유를 '호티'-문장으로 첨가하고 있음을 알 수 있다.

하나님께 모든 나라와 권세와 영광이 있기 때문에, 한편으로 우리는 하나님의 영광과 통치와 뜻을 이루기 위한 기도를 드리는 것이 마땅하고, 다른 한편으로 일용할 양식과 죄 용서를 구하고 유혹에 굴복하여 죄를 짓지 않도록 해 달라는 기도를 드리는 것이 마땅하다.

가난으로부터의 해방

Q가 전해주는 주기도문은 하나님을 향한 세 가지 간구(thou-petitions)와 우리를 향한 세 가지 간구(we-petitions)로 구성되어있다. 이 여섯 가지 간구에는 하나님을 인간의 모든 역사와 삶의 주관자로 모시겠다는 다짐과 연결되어 있다. 이 모든 간구는 사탄이 지배하는 낡은 시대가 끝나고 하나님께서 직접 통치하실 때가 닥쳐왔음을 전하고 있다. 하나님께서 직접 통치하실 때(*kairos*)가 가까웠다는 신앙은 공관복음서가 전하는 예수의 설교에서 집약적으로 나타나고 있다(막 1:14). Q는 예수의 삶과 가르침을 하나님 나라 도래의 징표를 보았다.

---

70) E. Schweizer/한신연역, 『마태오복음』, 서울, 한국신학연구소, 1982, 157. 우리말 『새성경』은 사본학상의 판정을 무시하고 이 부분을 원문으로 취급하고 있다.

하나님의 통치가 이루어지면, 하나님의 뜻이 땅에서 펼쳐질 것이다. 하나님의 뜻이 펼쳐진 땅위에서 하나님의 이름도 더욱 거룩하게 빛날 것이다. 하나님의 통치가 이루어지면, 가난한 사람들은 일용할 양식에 대하여 걱정할 필요가 없게 될 것이다. 일용할 양식 문제가 해결되면, 더 이상 죄를 짓는 일도 없을 것이고, 유혹이나 악에 시달릴 필요도 없을 것이다.

Q공동체는 주께서 가르쳐주신 기도에서 하나님의 절대주권(Alleinherrschaft Gottes)을 선언하였다. 하나님의 주권이 피안의 세계에서가 아니라 우리가 살고 있는 이 세상 한 복판에서 이루어지길 간구하였다. 이러한 하나님 통치의 실현에 대한 Q공동체의 간절한 소망은 로마황제의 통치 하에서 그들이 처한 가난과 억압의 현실과 분리해서 생각할 수 없을 것이다.

우리에게 주기도문을 전달해 준 초기그리스도교 Q공동체는 일용할 양식을 위하여 염려하고 걱정하지 않으면 안 되는 빈곤한 사회 환경 속에서 존재했음에 틀림없다. 그러한 빈곤의 현실은 단지 Q공동체에만 해당된 사항이 아닐 것이다. 당시 갈릴리에 거주하던 절대다수의 사회적 소수자들에게도 해당되는 일반적인 현상이었을 것이다. 빈곤의 현실을 Q는 도피하지 않는다. 그들은 오늘 하루 살아갈 수 있는 생명의 양식을 구하는 것으로 만족하였다. Q는 삶을 하루 단위로 끊어서 살았음을 알 수 있다. 오늘 하루가 나에게 주어진 삶의 마지막 순간이라는 종말의식을 가지고 창조주 하나님에 대한 절대 신뢰를 가지고 하루하루 살았던 것이다. 오늘이 내 생의 마지막이라는 생각을 가지고 살 때 모든 유혹을 이겨낼 수 있고, 이웃을 용서하고 사랑할 뿐만 아니라 원수까지 사랑하게 되는 것이 아닐까?

역사적 예수의 갈릴리 사역 중심지인 가버나움(Capernaum). 베드로의 집이 있었던 곳. 그 부근의 어촌 유적이 발굴되었다. 야자수 뒤쪽이 갈릴리 바다.

제 9 장

큐복음과 예루살렘 성전

제2 성전기의 예루살렘 성전

솔로몬 시대에 지어진 예루살렘 성전은 그 이후 이스라엘 역사에서 유대민족의 정체성을 확립하는데 있어서 중요한 기능을 하였다. 기원전 6세기 바빌론의 침공으로 예루살렘이 함락되고 성전이 파괴된 후 포로기를 경험하면서 유대인들은 대략 반 세기에 걸쳐 성전 없는 시절을 겪게 되었다. 그러나 바빌론을 멸망시킨 페르시아의 왕 고레스가 포로로 끌려간 디아스포라 유대인의 예루살렘 귀환을 허락한 이래로, 학개, 스가랴, 스룹바벨과 예수아에 의해서 예루살렘 성전은 기원전 516년(다리오왕 2년)에 재건되기에 이른다. 그 이후 아닥사스다왕 20년에 예루살렘 총독으로 파송된 느헤미야는 성전 개혁을 실시하였고, 십일조와 성전세를 의무화하였다.

특히 포로귀환 후 유대교가 제2 성전기에 접어들면서 유대사회에서 예루살렘 성전이 갖는 중요성은 더욱 부각되었고, 그것은 모세5경(Pentateuch)과 더불어 유대백성의 종교적 삶을 지탱해주는 정신적 지주(支柱) 역할을 하기에 이른다.[1] 제2 성전기에 쓰인 묵시문학 문서들에서는 예루살렘 성전의 역사, 곧 그의 건축, 파괴, 재건, 그리고 앞으로 전개될 미래가 유대민족의 역사지평에서 조명되고 있음을 쉽게 찾아볼 수 있다(1Enoch 89~90; T. Levi 14~18; As. Mos. 29).

예수 시대의 성전은 유대인에게 있어서 어떤 기능을 했는가? 단순히 종교적 행위의 장소일 뿐만 아니었다. 그와 더불어 팔레스타인 사회의 경제적, 정치적, 문화적 네트워크의 기능을 하였다. 성전은 유대인의 생활 전반에 걸쳐 강력한 영향력을 발휘하는 사회 제도로서의 기능을 담당했던 것이다.[2]

사도행전 7장에 등장하는 스테판의 설교에서도 성전은 땅, 율법과 더불어 유대역사를 이해하는 중요한 열쇠로 이해되고 있으며,[3] 그것이 지니는 영적 의미가 확장되어 서술되고 있다(행 7:46~50). 마가복음

---

1) 참조, Morton Smith, "The Dead Sea Sect in Relation to Ancient Judaism," *NTS* 7(1960-61) 356.
2) J. Elliot, *What is Social Science Criticism?*(Minneapolis: Fortress, 1994) 34. J. Jeremias, *Jerusalem in the Time of Jesus*(London: SCM Press; Philadelphia: Fortress Press, 1969) 26-34. S. Freyne, *Galilee, Jesus and the Gospels: Literary Approaches and Historical Investigations*(Philadelphia: Fortress Press, 1988) 178.
3) 참조, M. C. Tenny & R. N. Longenecker, *The Expositer's Bible Commentary: John and Acts*, Grand Rapids: Zondervan, 1981, 337, 345.

이 전하는 수난의 이야기에 따르면 대제사장들이 산헤드린(공의회)에서 예수를 고발하는 내용이 등장한다. 여기에서는 손으로 지은 이 성전을 헐고 손으로 짓지 않은 성전을 건축하겠다는 예수의 발언이 문제되고 있음을 찾아볼 수 있다(막 14:58).

역사적 예수운동에 근접해있는 것으로 보이는 초기그리스도교 Q공동체의 예루살렘 성전에 대한 입장이 어떠했는가? 성전에 대한 Q공동체의 입장을 연구하는 과정에서 셰클레는 그리스도교가 유대교에서 분리되는 과정의 초기 역사를 읽을 수 있다고 추정한다.[4] 이러한 그의 가설을 받아들인다면, 예루살렘 성전에 대해서 Q공동체가 과연 어떠한 태도를 취했는가를 논구하는 것은 초기그리스도교 역사를 파악하는데 도움이 될 수 있을 것으로 사료된다.

Q텍스트의 성전에 관한 입장은 하나로 통일되지 않고 있다. 일반적으로 두 가지로 정리될 수 있을 것이다. 긍정적인 입장과 부정적인 입장이 그것이다. Q공동체는 신학과 예배에 있어서 본질적으로 '성전 중심적인'(temple-centered) 입장을 취하고 있으며 긍정적인 관계를 유지했다고 보는 학자들이 있는가 하면[5] 반면에 Q공동체의 신학과 신앙에서 성전은 오히려 부정적인 기능을 한다고 보는 학자들도 있다.[6]

---

[4] K. H. Schekle, "Israel und Kirche im Anfang," *TQ*(1963) 86.
[5] D. Catchpole, *The Quest for Q*, Edinbrugh: T&& Clark, 1993, 279.
[6] J. S. Kloppenborg, "City and Wasteland: Narrative Word and the Beginning of the Sayings Gospel (Q)," *Semeia* 52(1990), 157.

본 논문에서는 양자들의 입장을 상관된 주요 텍스트들을 중심으로 살펴본 후, 이를 문학비평적 방법을 동원하여 비교분석함으로써 성전에 대한 Q공동체의 신학적 입장을 종합적으로 평가하고, 공동체가 처한 사회적 선교정황을 알아보고자 한다.

예루살렘 성전을 보는 Q의 다양한 시각들

캐치폴에 따르면 성전에 대한 Q의 입장은 우호적이다. 바리새파의 위선에 대한 비판적 입장을 담고 있는 예수의 말씀(Q 11:37~52)은 성전과 그 제의에 대한 우호적인 태도를 전제하고 있다고 그는 생각한다. "우리는 Q공동체가 본질상 예루살렘 중심적임을 알 수 있다. 그의 신학은 토라 중심적이며, 그의 제의는 성전 중심적이다. 그것들은 예수의 사역과 갈등을 일으키지 않는다."[7] 캐치폴의 이러한 주장은 두 가지 전제에 근거한다. 첫째는 예수와 유대교의 갈등은 어디까지나 유대교 내적인 모순의 성격을 띠고 있으며, 성전에 대한 Q의 비판이 곧 성전에 대한 모독을 뜻하지 않는다는 것이다. 둘째로 Q공동체는 예루살렘과 성전이 파괴된 이후에 다가올 종말을 희망적인 시각으로 바라보고 있다는 것이다(Q 13:34~35). 예루살렘과 성전이 파괴된 이후에도 이스라엘의 회개를 촉구하는 선교는 계속되어야 하며 좋은 성과를 거두게 될 것이라고 그는 생각한다.[8]

---

7) D. Catchpole, *Quest*, 279.
8) 동상(同上), 274. 참조, D. C. Allison, "Matt. 23:39 = Luke 13:35b as a Conditional Prophecy," *JSNT* 18(1983), 75-84.

Q공동체가 바리새파 그룹에 속해 있었다는 그의 가설은 이미 맨슨에 의해서 제기된 바 있다.[9] 맨슨에 따르면 Q는 바리새파의 율법해석에 관심을 기울인 것이 아니라, 바리새파들의 율법실천에 관심을 집중하였다. 율법조항의 형식 하나하나에 얽매여있는 소종파적(小宗派的) 바리새파의 신앙생활은 Q공동체의 비판의 초점이 되고 있는데, 그것은 정의와 자비의 실천이라는 하나님 율법의 근본명제에 정면으로 위배되기 때문이라는 것이다. 예수의 비판 대상이 된 것은 바리새파 전체(the whole body of Pharisees)가 아니라, 그 가운데 특정 소종파에 한정되어 있다는 것이다(Q 11:42).

긍정적인 시각들

맨슨과 유사한 지평에 선 학자로써 슐츠를 들 수 있을 것이다. 그는 Q-Text의 전승 과정을 두 단계로 구분하여 설정한다. "팔레스타인 유대계 크리스천"(Q_1)과 "헬라 유대계 크리스천"(Q_2)의 전승 단계가 그것이다.[10] Q_1 공동체는 아직 유대교에서 분리되기 이전 상태에서 뿐만 아니라, Q_2 공동체로 전이되는 과정에서도 율법(토라)은 여전히 중요한 기능을 했다는 것이다. Q공동체는 여전히 토라를 준수하고 있었으며, 그 효력을 인정하고 있었다는 것이 그의 생각이다.[11]

---

9) T. W. Manson, *Sayings of Jesus*, London: SCM Press, 1949, 97.
10) S. Schulz, *Q: Die Spruchquelle der Evangelisten*, Zürich: Theologischer Verlag, 1972, 167-168.
11) 동상(同上), 171.

슐츠는 Q공동체의 토라 준수 신앙에 대해서 3가지 점을 지적하고 있다. 첫째로 Q공동체의 바리새파 비판(Q 11:42a, b)은 바리새파의 율법 준수 그 자체를 겨냥하고 있는 것이 아니라, 율법의 윤리적 실행에 대한 부재(不在)를 겨냥하고 있다는 것이다. 곧 Q의 바리새파 공격은 의례적 율법준수 그 자체에 있다기보다는 율법의 윤리적 차원을 소홀히 했기 때문이다.[12]

둘째로 그는 Q공동체가 안식일과 정결법을 준수했다고 가정한다. 마가복음(7:1~13)에 나타나는 안식일법과 정결법에 대한 논쟁이 Q본문에는 전혀 등장하지 않는다는 것이 그렇게 주장하는 이유다. 이러한 침묵은 Q공동체 구성원들의 신앙이 안식일 규정이나 정결법 준수와 충돌되지 않았음을 암시한다는 것이다.[13] 당시 유대사회에서 안식일, 정결법, 십일조와 같은 의례적 율법들의 준수는 성전제의에서 핵심사항에 속했다.

셋째로 슐츠는 유대교의 유월절 만찬 예식에서 Q공동체 신앙의 특징을 찾고 있다. 이스라엘은 현재에 그들이 하나님으로부터 버림을 받았다 할지라도 종국적으로 승리할 것이며, 마지막 날에 아브라함, 이삭, 야곱이 함께 하는 구원만찬에 참여하게 될 것이다. 이와 같은 유대교적 지평에서 이해되고 있는 유월절 만찬은 Q공동체가 유월절 어린 양으로써의 예수의 죽음이 갖는 구원사적 의의에 대해서 알지 못했다

---

12) 동상(同上), 99-100.
13) 동상(同上), 25.

는 사실을 보여준다. Q 텍스트에서 예수의 수난과 부활 담론이 발견되지 않는 이유를 슐츠는 여기에서 미루어 짐작한다.[14] Q공동체는 매년 성전에서 거행되는 유월절 희생제사를 지지했다는 것이다.

와일드는 Q의 저자가 유대교 집단에 속했거나 아니면 그리스도교 계열의 바리새파 집단에 속한 사람이라는 가정에서 출발한다. Q공동체가 바리새파의 십일조 준수에 대해서 우호적인 입장을 취하고 있는 것을 그 단적인 예로 든다.[15] Q 11:39~42의 갈등상황을 고려할 때 70년 유대전쟁 이전의 바리새파는 당시 유대사회에서 주도적인 지배집단이 아니라 소종파에 불과했고, 70년 이후에야 비로소 유대사회의 주도적인 사회집단으로 부상하게 되었다는 것이다.[16]

예수와 그의 제자집단은 바리새파의 전통 속에서 성장했기 때문에, 그들은 정결법이나 십일조에 대한 중요성을 인식하고 있었을 것이다. 예수가 바리새파의 율법해석이나 실천에 대해서 단호하게 거부하지 않고 동정심을 보이는 것은 그런 연유에서다. 바리새파에 속했던 사람들이 예수운동에 참여했고, 그들이 Q공동체의 주요 구성원을 형성하고 있었을 것이다. 따라서 그는 바리새파에 대하여 화를 선언하는 Q

---

14) 동상(同上), 60.
15) R. Wild, "The Encounter between Pharisaic and Christian Judaism," *NovT* (1985), 115.
16) 와일드는 노이스너에 의존하여 이러한 입장을 취한다. 참조. J. Neusner, *The Rabbinic Traditions about the Pharisees before 70*, Leiden: Brill, 1971. 노이스너에 따르면 70년 유대전쟁 이전의 바리새파는 정결법과 십일조 준수를 신앙행위의 주요한 척도로 삼았다.

11:34-42을 기독교계 바리새파 집단과 비(非) 기독교계 바리새파 집단 사이의 논쟁으로 간주한다.[17]

Q의 율법에 대한 충성심은 토라의 지혜전통에 근거한다. 지혜는 묵시적 심판을 알리는 예언자들을 파송한다(Q 11:47~51; 13:34~35). 예언자의 심판은 바리새파의 신명기적 전통에서 발견되는데, 예언자를 파송하는 분은 율법과 동일시된다.[18] 재콥슨에 따르면 신명기적 지혜 전통은 무엇보다도 하시딤 운동에 근거하고 있는데, 이 전통에 서 있는 Q 예언자들의 일차적인 선교사명은 다른 것이 아니라 유대민중으로 하여금 토라에로 돌아오도록 촉구하는 것이었다.[19]

이상에서 우리는 캐치폴을 중심으로 성전과 Q공동체 사이의 우호적인 관계를 유지했다고 생각하는 학자들의 의견을 살펴보았다. 이들은 주로 초기그리스도교 Q공동체의 예수운동을 유대교 테두리 안에서 시작하여 완전히 독자적인 신학노선을 걷기 이전의 과도기 상태에 존재했던 친(親) 유대교적인 기독교 운동의 한 형태로 파악하고 있음을 볼

---

17) R. Wild, "Encounter," 124. 재콥슨은 Q를 크리스천이 아니라 유대교인의 작품이라고 가정한다. Q의 논쟁 담론들은 모두 유대교 내의 문제(inner Jewish debate)에 속한다는 것이다. 참조, A. Jacobson, *The First Gospel: An Introduction to Q*, Sonoma, CA: Polebridge, 1992, 177.
18) 스텍에 따르면 Q 6:23c; 11:47~51; 13:34~35; 14:16~24은 유대교의 신명기적 전통을 담고 있다. 참조, O. H. Steck, *Israel und das gewaltsame Geschick der Propheten*, WMANT 23. Neukirchen-Vluyn: Neukirchener Verlag, 1967, 300-302.
19) A. Jacobson, *The First Gospel*, 74-66.

수 있다. 그들은 Q공동체와 성전과의 갈등을 단지 유대교 내부의 모순으로 다루고 있다.

부정적인 시각들

그러면 이와 달리 부정적인 관점에서 보는 학자들의 의견은 어떠한가? 클로펜보르그는 성전을 향한 Q공동체의 입장이 부정적이었거나 아니면 적어도 무관심했다고 생각한다. 그 근거로 그는 Q텍스트에서는 구원론에서 율법이 아무런 기능을 하지 않는다는 것을 들고 있다.[20] Q공동체에서 형성된 복음의 "담론 지도"(narrative map)는 예루살렘 성전 공동체와 대결 가운데서 형성되었으며, Q 11:42은 Q공동체가 십일조에 호의적이라는 근거로 삼을 수 없다. Q가 율법과의 논쟁에 대해서 침묵으로 일관하는 것은 공동체의 토라에 대한 무관심을 나타낸다는 것이다.[21]

토라 대신에 Q공동체는 고대문학의 지혜 장르에서 흔히 발견되는

---

20) J. S. Kloppenborg, "Nomos and Ethos in Q.," pp.77-102 in *Gospel Origins and Christian Beginnings: In Honor of James M. Robinson*, ed. J. E. Goehring, etc. Sonoma, CA: Polebridge Press, 1990, 36.
21) 동상(同上), 35f. 율법에 대한 침묵에서 클로펜보르그와 달리 캐치폴은 Q공동체와 율법 사이의 친근성을 유추하고 있다. 예수의 행위가 율법의 구원론적 의미에 대한 일종의 대체라는 주장에 대해서는 K. H. Schekle, "Israel und Kirche," 89.를 참조할 것. 여기에서 세클레는 구약성서의 두 기둥에 해당하는 율법과 예언이 임박한 하나님 통치 앞에서 그 정당성을 상실하였다고 생각한다.

"파이데이아"(*paideia*)를 구원의 모델로 제시한다. 예수의 "파이데이아"(가르침)가 지향하는 바는 그에 따르면 궁극적으로 Q의 민중을 신적 질서에 근거한 사랑의 에토스(*ethos*)에 동화시키는 일이었다.[22] Q공동체는 아직 모세 율법의 테두리 안에 머물고 있는 유대 크리스천 그룹이었는데, 그들은 모세 율법의 우수성이 새로운 율법인 하나님의 사랑, 곧 하나님 나라의 복음에 의해서 성취되었다고 생각하였다(Q 16:16~17).[23] 그럼에도 불구하고 Q공동체의 구원에 있어서 율법은 핵심적인 요소가 아니었고, 그것은 예수의 '파이데이아'(*paideia*)에서 나타나는 하나님 통치의 실현에서 비로소 성취될 것이다.[24]

Q의 구원담론에서 성전은 설 자리가 없다. Q의 담론세계에서 예루살렘과 성전은 요한 세례자 및 예수와 대립되어 나타난다는 것이다 (Q 3:3. 7~9).[25]

이와 유사한 입장을 홀슬리가 취한다. 그는 Q의 민중이 스스로를 새 이스라엘과 동일시한다고 보는데, 이러한 생각은 Q공동체가 예루살렘 기득권층과 대립적인 관계에 있었음을 암시한다는 것이다.[26]

---

22) 동상(同上), 47.
23) K. H. Schekle, *ibid*. 그는 Q텍스트에서 유대교와 초창기 그리스도교 역사의 분리를 읽을 수 있다고 생각한다.
24) D. Kosch, *Die eschatologische Tora des Menschensohnes: Untersuchungen zur Rezeption der Stellung Jesu zur Tora in Q*. Freiburg: Universitaetsverlag, 1989, 467f.
25) J. S. Kloppenborg, "City and Wasteland," 146.
26) R. Horsley, *Sociology and the Jesus Movement*, New York: Crossroad,

따라서 바리새파에 대한 저주선언은 바리새파의 "거대 전승"(Great Tradition)에 도전하는 일종의 "사회적 풍자"라고 볼 수 있다.[27] 그는 예수운동 집단과 성전 사이의 갈등을 출애굽 계약 모델과 성전제도 모델 사이의 갈등 지평에서 설명한다.

Q공동체가 성전공동체에 대해서 부정적인 입장을 취하고 있다고 생각하는 학자들은 초기그리스도교 공동체가 유대교 공동체에서 완전히 분리하여 예수 공동체로서의 자기 정체성을 분명히 하고 독자적인 신학노선을 걷기 시작한 때에 형성된 것이 Q공동체였음을 암시한다.

이와 연관성 속에서 Q 텍스트에서 율법(특히 십일조)의 역할이 어떠했는가를 살펴보는 것은 Q공동체와 예루살렘 성전공동체의 관계를 규정하는데 있어서 중요한 표지가 될 것이다. 이를 위해서 율법이나 성전과 연관된 Q텍스트들, 특히 Q 4:9~12; Q 11:42; Q 11:49~51; 13:34~35의 본문을 중심으로 문헌비평학적 입장에서 살펴보고자 한다.

1989, 111. 홀슬리에 의하면 예수 시대 갈릴리의 사회적 상황은 갈등 모델로 설명될 수 있다고 생각한다.
27) 원래 "거대 전승"(Great Tradition)과 "작은 전승"(Little Tradition) 개념은 레드필드에 의해서 사용되었다. (참조, R. Redfield, *Peasant Society and the Culture*, Chicago: University of Chicago Press, 1956, 70.) 그는 예루살렘 성전의 "거대 전승"과 예수 운동의 "작은 전승"의 갈등 관계 속에서 예수의 하나님 나라 운동을 설명하고 있다.

악마로부터 시험받는 이야기

공생애 시작에 앞서 예수께서 성령에 의해서 광야로 내 몰린 후 악마에게 시험을 받는 이야기에서 성전(*to hieron*)이 뚜렷하게 언급되고 있는 것은 독특하다.[28] 마태복음의 본문에 따르면, 성전은 악마에 의해서 예수가 시험받는 장소로 선택된다(마 4:5). 그렇다고 해서 Q공동체가 성전에 대해서 부정적인 입장을 취하고 있다고 볼 수는 없을 것이다. 성전은 하나님의 집(*domus dei*)으로서 천사에 의하여 하나님의 보호가 이루어지는 상징적인 장소로 표기된다(Q 4:11). 성전에서 뛰어내리라는 악마의 요구에 대한 예수의 거부는 성전이 갖고 있는 하나님의 보호구역으로서의 상징에 대한 거부를 뜻한다. 성전에서 뛰어내리는 것은 그것이 곧 하나님을 시험하는 일이 되기 때문이다.

왜 예수는 악마의 제안을 거부했는가? 악마는 왜 예수를 시험하는 장소로 하필 성전을 택했는가? 국제 Q학회(IQP)에 의해서 재구성된 본문은 다음과 같다:[29]

Q 4:9
(악마가) 그를 데리고 (예루살렘으로) 가서,
성전 꼭대기에 세우고,
그에게 말했다.

---

28) 출애굽기 17장 1~7절의 광야 전승이 복음서 시험설화의 중요한 배경을 형성하고 있다. 참조, J. A. Fitzmeyer, *The Gospel According to Luke I-IX*. AB 28-28a. 2 vols, Garden City, NY: Doubleday, 1981, 512; T. W. Manson, *Sayings of Jesus*, 45.
29) 참조, 소기천, 『예수 말씀 복음서 Q 개론』, 대한기독교서회, 2004, 341.

'네가 하나님의 아들이라면(*ei hyios ei tou theou*) 뛰어내려 보아라.'

Q 4:10~11
기록된 바,
하나님께서 너를 위하여 그의 천사들에게 명령하여,
그들이 손으로 너를 떠받쳐,
네 발이 돌에 부딪히지 않도록 할 것이다.

Q 4:12
그리고 예수께서 그에게 말씀하셨다.
기록된 바,
주 너의 하나님을 시험하지 말라.

왜 예수는 악마의 제안을 거부했는가? 호프만은 여기에서 젤롯당의 메시아주의에 대한 Q공동체의 거부를 읽을 수 있다고 추정한다. 본문은 Q공동체가 왜 젤롯당의 정치적 혁명운동에 가담하지 아니했는가를 설명해준다는 것이다.[30] 그에 따르면 특히 성전 꼭대기에서 악마가 예수를 시험한 것은 성전과 결부된 젤롯당의 정치적 메시아니즘과 연관성이 있다.

맨슨에 따르면 예수가 시험받는 이야기는 예수의 자기이해와 사람들이 그에게 요구하고 있는 메시아적인 기대 사이의 불일치를 드러낸다.[31] 쇼트로프에 의하면 예수의 거부는 당시 기적 행위자들로부터

---

30) P. Hoffmann, *Studien zur Theologie der Logienquelle* (NTA NS8), Münster, 1972, 74-78.
31) T. W. Manson, *Sayings of Jesus*, London: SCM, 1949, 46-47. 제이콥슨에 따르면 예수의 거부는 하나님의 역사 개입을 열광주의적이고 묵시적으로

거리를 두려는 그의 의도에서 비롯되었다.[32]

본문에서 Q공동체가 의도하는 바는 다른 데 있지 않다. 하나님의 현존에 대한 이스라엘의 불신과 예수의 신뢰 사이의 대립을 극대화시키려는 데 있다.[33] 예수의 대답이 의도하는 바는 분명하다. 하나님의 현존은 이스라엘 백성에서처럼 결코 의심받아서는 안 되고, 신뢰 가운데서 입증되지 않으면 안 된다는 것이다.

'광야에로 인도 됨,' '시험을 받음,' '40일 동안'으로 구성된 시험 이야기는 이스라엘의 광야 전승과 밀접하게 관계되어 있다.[34] 돌로 빵을 만들도록 유혹하는 첫 번째 시험 이야기는 만나 이야기를 연상시키고,[35] 성전 꼭대기에서의 두 번째 시험 이야기는 "야훼 하나님께서 자기 이름을 두시려고 선택하신 곳"과 연상시킨다.[36] 산 꼭대기에서의

기대하는 유대 집단들의 사상에 대한 수정이라고 본다(A. D. Jacobson, *The First Gospel: An Introduction to Q*. Foundations and Facets, Sonoma, CA: Polebridge, 1992, 90).

32) L. Schottroff/W. Stegemann, *Jesus von Nazareth: Hoffnung der Armen*, Stuttgart: Kohlhammer, 1978, 76. 예수는 기적을 통하여 초능력을 행사함으로써 자기가 동시대인들로부터 하나님의 아들로 숭배되고 갈채를 받도록 유혹하는 것에 대하여 경계한다.(J. A. Fitzmeyer, *The Gospel according to Luke I-II*, AB 28-28a, 2vols. Garden City, NY: Philadelphia: Fortrss, 1985. 511.)

33) J. S. Kloppenborg, *Formation of Q: Trajectories in Ancient Wisdom Collections*, Philadelphia: Fortress, 1987, 256.

34) E. Schweizer, *The Good News according to Matthew*, London: SPCK, 1976, 64.

35) 신 8:3~4; 출 16:12~15; 민 11:6~9, 21:5.

36) 신 12:6, 11, 18, 21; 14:23~29; 15:20; 16:2, 6, 11, 16; 17:8, 10.

세 번째 시험 이야기는 야훼 하나님께서 모세에게 '온 땅을' 보여주신 느보 산에서의 모세 이야기를 연상시킨다.[37]

세 가지 시험 장소(광야, 성전, 산) 사이에 어떠한 연관성이 있는가에 대해서 자세히 알 수는 없지만, 그러나 분명한 것은 출애굽 광야 전승이 텍스트의 전체 배경을 이루고 있다는 것을 부인할 수 없다. 광야 전승을 연결시키면서 Q는 하나님에 대한 이스라엘의 불신과 예수의 신뢰를 극적으로 대조시킨다.[38]

수사학적 유사 구조

광야와 성전에서 예수가 시험받는 것은 그가 하나님 아들임을 입증하는데 목적이 있었음을 알 수 있다. 그러나 본문은 예수가 기적을 행함으로써 하나님의 아들로 인정되는 것이 아님을 분명히 한다. 첫 번째와 두 번째 시험 이야기는 수사학적으로 비교할 때 유사한 구조로 이루어져 있음을 볼 수 있다:

〈첫 번째 시험〉
(악마가 내건 조건) - 만약 네가 하나님의 아들이거든,
(-요구) - ⋯ 기적을 행하라.
(예수의 응답) - "사람이 빵만으로 사는 것이 아니다."

---

37) 신 34:1~4.
38) H. Schürmann, *Das Lukasevangelium*, Freiburg, 1969, 205.

⟨두 번째 시험⟩
(악마가 내건 조건) – 만약 네가 하나님의 아들이거든,
(-요구) – (기록된 바) … 기적을 행하라.
(예수의 응답) – "너는 주 너의 하나님을 시험하지 말라."

⟨세 번째 시험⟩
(악마가 유인) – 세상 왕국을 보여주며…
(-요구) – 만약 네가 내게 절하면…
(예수의 응답) – 주 너의 하나님께 경배하고 그 분만을 섬겨라.

예수가 하나님 아들이라는 사실이 어떻게 증명될 수 있는가? 악마에 따르면 기적을 행하는 것이 기준이 된다. 만약 악마의 요구에 부응하여 예수가 상응한 기적을 행했다면, 그의 하나님 아들됨이 입증될 것이다. 그러나 예수의 응답은 악마의 요구에 충족시키지 못했다. 오히려 구약성서의 인용을 통해서 예수는 악마의 요구를 반박함으로써 하나님 아들됨을 입증한다. Q에 따르면 예수는 '하나님 아들이 이러이러 하다'는 고정관념을 탈피함으로서, 하나님의 아들이라는 상(相)을 버림으로서 하나님 아들로 입증된다고 하겠다. 하나님의 아들됨의 패러다임이 서로 다르다.

세 번째 시험 이야기는 앞의 두 시험 이야기와 문학적인 구조면에서 차이가 나타난다. 악마는 예수를 산꼭대기로 데리고 가서 모든 세상 왕국들을 보여주면서, 만약 그에게 경배한다면, 이 모든 것을 주겠다고 흥정한다. 그러나 예수는 거절한다. 경배의 진정한 대상은 "주 너의 하나님"(kyrion ton theon sou)이어야 하기 때문이다(Q 4:8, 12).

시험 이야기의 핵심은 다른데 있지 않고, 과연 누가 진정한 경배의 대상이 되어야 하는가의 문제에 있다. 악마인가 아니면 하나님인가? 우리는 어디에 근거하여 예배를 드려야 하는가? 하나님에 대한 전적인 신뢰인가, 아니면 기적 행하는 것을 봄으로써인가?[39] 광야에서 이스라엘 백성이 불순종했던 것처럼 악마는 예수로 하여금 하나님에 대한 신뢰를 저버리게 하려고 한다. 악마의 제의에 대한 예수의 거절은 예배드리는 자가 어떤 자세를 가져야 할 것인가를 보여준다. 예배드리는 자에게 필요한 것은 기적이나 실증이 아니다. 예수에게서 볼 수 있듯이 하나님에 대한 전적인 순종과 신뢰이다.

시험 이야기의 초점은 예수의 하나님 아들됨이나 성전이 가지는 구원의 상징성에 있는 것이 아니라, 참 예배자로서의 예수의 절대적인 순종과 신뢰에 있음을 알 수 있다. Q공동체에서는 통속적인 유대교 공동체와 달리 성전을 하나님의 유일무이한 구원 장소로 간주하지 않는다. 악마는 당시 일반화된 성전 중심의 구원사상을 가지고 예수가 기적을 행하여 하나님 아들됨을 과시하도록 요구하지만 예수는 이를 거절한다. 예수의 기적 수행 거부에서 우리는 성전에 대한 Q공동체의 신학적 입장을 읽을 수 있다. 하나님의 구원 행위는 결코 성전에 한정되지 않는다는 것이다. 비록 성전이 아직은 구원에 대한 상징적 의미를 지니고 있을지 몰라도, Q공동체 구성원들에 있어서 성전은 더 이상 구원의 유일한 장소는 아니라는 것이다.

---

39) 참조, B. Gerhardsson, *The Testing of God's Son*(Matt 4:1-11 & Par.), ConBNT2.1. Lund: Gleerup, 1966, 71-79.

십일조에 대한 Q의 입장

본문에서 우리는 바리새파의 십일조 규정에 대한 Q공동체의 태도를 엿볼 수 있다. 십일조는 성전을 유지하기 위해서 없어서는 안 될 중요한 재원이었기 때문이다. 국제Q학회(IQP)에 따라 재구성된 Q 본문은 다음과 같다:[40]

> 42a절: 그러나 너희 바리새파 사람들에게 화가 미칠 것이다,
> 너희가 박하와 운향과 온갖 식물의 십일조를(*to hedousomon*) 드리되,
>
> 42b절: 그러나 너희는 정의(*ten krisin*)와
> 하나님의 사랑을(*ten agapen tou theou*) 소홀히 하였다.
>
> 42c절: 그것들(*kakeina*)도 소홀히 해서는 안 되지만,(42cb′)
> 그러나 이것들(*tauta*)은 반드시 해야 한다.(42ba′)

이 본문의 배후에는 비록 하나님께서 요구하는 것 가운데 모두는 아닐지라도 십일조는 반드시 내야 한다는 전제가 깔려있다. 본문을 통해서 우리는 Q공동체가 성전에 십일조를 납부하고 있었다고 추론할 수 있는가?

42a절에 등장하는 세 가지 풀잎들이 과연 당시 행해지고 있던 십일조의 중요한 품목들이었는가에 대해서는 논란의 여지가 많다.[41] 본문

---

40) 참조, 소기천, 위 책, 362.
41) 마태의 병행절(마 23:23)에 따르면 십일조의 품목은 박하(*eduosmon*: mint),

에서는 실질적인 십일조 품목들이 열거되고 있다기보다는 상징적인 논쟁을 위해서 그 품목들이 열거된 것으로 보는 것이 타당할 것이다. 42a절과 42b절을 십일조 규정에 있어서 상호 보완적인 관계로 보아야 하는가? 만약 그렇다면 Q공동체는 일반적인 십일조 규정에 대해서는 수용하고 있었을 것이고, 그 규정을 평소에 준수하고 있었을 것이다(42a절). 42b절은 단지 십일조의 보다 중요한 항목들에 대한 바리새파 사람들의 무지를 비판하는 것으로 볼 수 있다.

십일조의 사회적 상징성

본문이 십일조의 사회적 상징성을 반영하고 있다고 볼 수는 없는가?[42] 만약 그렇다면 42절은 바리새파에 대립되는 사회적 경계를 설정하고 있는 것이며, 그것은 역사적이라기 보다는 일종의 수사적 표현일 개연성이 크다.

42a절과 42b절에서 요구되고 있는 사항들을 모두 준수할 것을 촉구

회향(*anethon*: dill), 근채(*kuminon*: cumin)이다. 반면에 누가에서는 박하(*eduosmon*: mint), 운향(*peganon*: rue), 채소(*lachanon*: a garden herb or vegetable)이다. 편집비평의 관점에서 추정해 볼 때 누가는 그의 독자들에게 생소한 품목을 변형시켰을 수 있다. 십일조의 품목에 대한 상세한 연구는 K. S. Han, *Q and the Temple: The Q community's attitude toward the Temple*, University of Toronto, 1998, 236-244를 참조. 팔레스타인에서 서식하고 있는 식물에 대해서는 W. Walker, *All the Plants of the Bible*, New York: Harper & Brothers Publishers, 1957, 132를 참조.

42) J. S. Kloppenborg, "Nomos and Ethos in Q.," 42; L. E. Vaage, "The Woes in Q(and Matthew and Luke): Diciphering the Rhetoric of Criticism," *SBLASP* 27, 1988, 605.

하는 42c절에 근거하여 우리는 Q공동체가 성전에 정기적으로 십일조를 납부하고 있었다는 사실을 입증할 수 있는가? 42c절의 요구는 성전에 대한 십일조의 의무를 강조하고 있다기보다는 오히려 저자가 몸담고 있는 Q교회 공동체에 대한 구성원들의 십일조 의무를 강조하고 있는 것으로 볼 수는 없는가?

42절 배후에는 십일조 규정에서 본질을 형성하고 있는 정의(he krisis)나 하나님의 사랑(he agape tou theou)과 같은 보다 중요한 율법의 요구를 바리새파가 소홀히 한데 대한 비판이 서 있다. 맨슨은 42절 배후에는 Q공동체와 바리새파 내의 특정 계파 사이의 갈등이 전제되어 있다고 생각한다. 바리새파의 주류는 율법의 본질적인 요구로서 42b절을 준수하고 있었기 때문에, 율법의 윤리적 차원을 강조하는 Q공동체와 그다지 큰 차이가 없다고 그는 생각한다.[43] 그의 이러한 발상은 Q공동체를 바리새파의 한 아류로 간주하는 오류를 범할 수 있다.

슐츠에 따르면 Q공동체가 42b절을 강조하는 배경에는 바리새파의 십일조 행위가 율법에 어긋나서라기보다 Q공동체가 율법의 행위와 윤리적 행위 사이의 균형을 고려한 율법의 총체적인 준수를 철저화했기 때문이다. Q공동체는 제의법과 윤리법을 동일한 수준에서 생각했다는 것이다. 그에 따르면 Q는 율법의 제의적 차원으로서의 바리새파의 십일조 행위를 비판한 것이 아니라 율법의 윤리적인 정의 차원에 강조점을 둔 것이다.[44]

---

43) T. W. Manson, *Sayings of Jesus*, 97.
44) S. Schulz, *Q*, 99-100. 이와 유사한 입장을 지닌 학자로서는 슈어만을 들 수

캐치폴 역시 42b절은 십일조 행위에서 정의 문제에로 Q공동체의 신학적 관심이 바뀌어가고 있음을 반영하고 있다고 생각한다. Q공동체에서 십일조의 제의규정과 윤리규정은 다 같이 준수되어야 할 과제이지만, 본문에서 제기되는 문제는 윤리적 정의의 실천이 제의적 십일조 행위보다 우선하고 있음을 보여준다는 것이다.[45]

바아그는 42절의 논쟁이 사회 비판의 성격을 담고 있다고 생각하는데, 예수의 화(禍) 선언은 바리새파적 규범 윤리와 종교-문화적 제도에 대한 비판이라는 것이다.[46] 42b절에 등장하는 정의(krisis)는 십일조와 이웃사랑의 실천을 결합시키는 구약성서적 의미의 사회정의(mshpath)을 연상시킨다(신 14:28~29). '정의'는 사회적 약자들을 위한 윤리적 요구를 나타낸다. Q공동체는 42b절에서 '정의'(이웃사랑)와 '하나님 사랑'을 율법의 궁극적 목표로 제시하고 있다.[47] 이와 유사한 관점에서 캐치폴은 42b절의 '크리시스'(krisis)를 이 개념이 등장하는 다른 본문들(Q 10:14; 11:31, 32)의 문맥과의 연관성 가운데서 볼 때 '정의'(justice)보다는 '심판'(judgement)으로 번역하는 것이 타당하다고

있다. 그는 42절을 율법의 엄격한 준수를 강조하는 유대 그리스도인 그룹에 의해서 전승되었다고 생각한다. 그들은 율법의 제의적 차원 보다 윤리적 차원을 더 강조하였다. H. Schürmann, "Das Zeugnis der Redenquellen für die Basileia-Verk ndigung Jesus," in *Logia: Les Paroles de Jesus-The Sayings of Jesus: Memorial Joseph Coppens*, ed. Joel Delobel (BETL 59: Uitgeverij Peeters and Leuven University Press, 1982), 174-175.

45) D. Catchpole, *Quest*, 265.
46) L. E. Vaage, *op. cit.*, 582-584.
47) J. S. Kloppenborg, "Nomos and Ethos in Q.," 47-48.

생각한다.[48] 심판과 사랑은 하나님의 속성을 나타내는데, 바리새파는 바로 이것을 소홀히 했다는 것이다.

본문에서 42c절은 어떠한 기능을 하고 있는가? 표면상으로 볼 때 42c절은 십일조 행위를 독려하는 것처럼 보인다. Q공동체는 성전에 십일조를 바쳐왔으며 비판적이기는 하지만 성전에 대한 의무를 다 해왔다고 볼 수도 있다.[49] 그러나 '이것들'(*tauta*) - '그것들'(*kakeina*)의 문법적인 구조면에서 볼 때 비중은 첫 부분에 있음을 알 수 있다. 그것들(십일조)도 소홀히 해서는 안 된다는 42cb′절은 42a절이 아니라 42b절에 근거한다. 십일조의 목적은 정의와 하나님 사랑의 실천에 있다. 42a절과 42b절 사이의 대조에서 볼 수 있는 바와 같이 Q에 있어서 십일조의 일차적인 목표는 십일조의 규정 그 자체를 지키는 데 있는 것이라기보다는 하나님의 정의와 사랑의 요구에 순종하는데 있음을 알 수 있다. 그러나 그것은 법적인 의무사항에 근거한 것이 아니라 하나님의 속성(하나님의 정의와 사랑)에 근거한다. 따라서 42c절의 지향점은 42b절이 지니고 있는 의미를 강조하는데서 찾아야 할 것이다.

미가쿠 사토가 추정하는 바와 같이 42c절은 42b절과의 연속선상에서 볼 때 그 형식과 내용면에서 서로 다르기 때문에 Q공동체의 후기 편집으로 보인다. 아마도 42c절의 대상은 바리새파가 아니라 Q공동체 내

---

48) D. Catchpole, *Quest*, 265.
49) C. M. Tuckett, "Q, The Law and Judaism," in *Law and Religion*, ed. B. Lindars, Cambridge: James Clark, 1988, 95-98.

부에 속해 있던 일부 그룹이었을 것이다.[50] 42c절이 편집자의 손에 의해 후대에 편집된 것이라면, 도대체 어떤 동기에서 그렇게 했을까? 아마도 Q공동체는 새로운 교회 공동체의 운영과 선교에 필요한 재정을 충당하기 위하여 십일조 규례를 제도화했을 수 있다.

Q의 지혜 신탁(sophia oracle)

본문은 구약성서의 혜 신탁과 같이 기존의 전승재료에서 유래하였을 개연성이 높다.[51] 그러나 본문은 내용과 형식면에서 볼 때 다른 화(禍) 선언들과 차이가 드러난다. 본문은 다음과 같이 재구성된다:[52]

> 11:49절: 그러므로 지혜(he sophia)는 말하기를,
> 내가 그들에게 예언자들과 사도들을 보낼 것인데,
> 그들은 그 가운데서 더러는 죽이고 더러는 박해할 것이다.
> 11:50절: 창세 이래로 흘린 모든 예언자들의 피에 대하여
> '이 세대'가 책임을 져야 할 것이다.

---

50) M. Sato, *Q und Prophetie: Studien zur Gattung und Traditionsgeschichte der Quelle Q*, WUNT 2/29. Tübingen: J. C. B. Mohr, 1988, 197. 셍크도 42c절을 Q의 편집으로 보고 있으며 Q공동체와 바리새파 사이의 문제가 아니라 그리스도교 공동체 내부 그룹 간의 문제로 생각한다(W. Schenk, *Synopse zur Redenquellen der Evangelien: Q-Synopse und Rekonstruktion in deutscher Übersetzung*, Düsseldorf: Patmos, 1981, 77).
51) 스텍은 본문이 기존의 신명기적 전승과 지혜 전승의 영향을 받은 유대교 회개 설교자 그룹에서 유래하였다고 본다(O. H. Steck, *Israel*, 26-33).
52) 참조, 소기천, 위 책, 364.

11:51a절: **아벨의 피로부터 시작하여 제단과 성소 사이에서 죽은 스가랴의 피에 이르기까지 말이다.**

11:51b절: **내가 너희에게 말한다. '이 세대'가 그 책임을 져야 할 것이다.**

본문은 지혜 신탁(*Sophia oracle*)과 예언자들의 비참한 운명을 결합시킴으로써, '이 세대'에게 그 책임을 묻는다.[53] 하나님의 지혜는 미래에 예언자들을 파송할 것을 예언한다. 여기에서 비판의 대상이 성전을 더럽힌 사람들인지, 아니면 예언자들을 죽인 성전과 결탁함으로써 스가랴를 죽인 사람들인지에 대해서는 불분명하다.

스가랴가 누구를 지칭하고 있는가? 학자들 사이에 의견이 통일되어 있지 않지만,[54] 역대하 24장 20절에 등장하는 스가랴가 개연성이 높은 것으로 보인다.[55] 야훼는 유대 백성이 그에게 돌아오도록 예언자이며 사제인 스가랴를 파송한다(19절). 그런데 스가랴는 야훼의 집 뜰 안에서 돌로 죽임을 당하게 된다. 그를 살해한 자들은 누구인가? 대사제 여호야다 시절에 권력을 상실했으나 스가랴 시절에 다시 권력을 장악하

---

53) Q 13: 34~35도 동일한 주제를 다루고 있다. 참조, C. M. Tuckett, *Q and the History of Early Christianity: Studies on Q*, Peabody, MA: 1996, 307.
54) 바룩의 아들 스가랴(슥 1:1), 67년 유대전쟁 때 젤롯당에 의해서 암살당한 바레이스의 아들 스가랴(M. R. James, "The Gospel of the Birth of Mary," in *The Lost Book of the Bible*, New York, 1926, 17), 세례자 요한의 아버지 스가랴(O. H. Steck, *Israel und das gewaltsame Geschick der Propheten*, 37-40.) 등이 있다.
55) C. M. Tuckett, *Q and the History of Early Christianity*, 311-312.

게 된 불의한 유대 지도자들이다(19~23절).

Q본문에 등장하는 스가랴 역시 제단과 성소 사이에서 죽음을 당하는 것으로 보아 예언과 사제의 역할을 겸했던 것으로 추정된다. 본문에서는 물리적인 박해상황이 이 아니라, Q공동체가 예루살렘 성전 공동체에 의해서 당해야 했던 보다 일반적인 적대상황이 전제되어 있는 것으로 추정된다.[56]

분명한 것은 Q공동체가 역대하 24장에에 등장하는 사가랴가 처한 상황과 그들의 카리스마적 예언자 집단이 처한 박해상황을 동일선상에서 해석하고 있다는 점이다. 사가랴의 불의한 죽음을 언급함으로써 Q는 과거의 예언자 살해범을 현재 Q공동체 예언자들을 적대시하는 자들과 동일시한다. 성전은 과거나 현재나 불의한 '이 세대'(genea tautes)의 본거지임이 드러난다. 성전은 죄 없는 자들의 죽음에 의해서 더럽혀졌기 때문에 이제 유대백성을 보호해주는 기능을 상실하였다.

바울은 예수의 죽음을 인류의 죄를 대속(代贖)하기 위한 구원사건으로 해석하였다. 그는 십자가 처형 사건(Crucifixion)을 십자가 구원사건(Cross)으로 해석했고, 정치적 스캔들을 종교적 구원사건으로 바꾸었던 것이다. 예수의 죽음에 대한 바울의 이러한 비정치적이며 대속적인 이해는 그레코-로만 사회에서 정치권력과의 불필요한 마찰을 피하고 복음을 자유롭게 전파하기 위해서 필요한 조처였을 것이다. 그러나 Q는 예수의 죽음을 구약 예언자들의 순교적 죽음의 지평에서 이해

---

56) D. Garland, *The Intention of Matthews 23*, NovTSup 52, Leiden: Brill, 1979, 195.

한다. Q는 의인(義人) 예수를 불의한 예루살렘 성전의 모순구조에 의해서 비참하게 살해당한 것으로 전한다. Q는 아마도 예수 죽음의 목격자 전승에 충실하였던 것으로 보인다. 본문 배후에는 Q공동체의 성전에 대한 부정적인 시각이 깔려 있다.

예루살렘을 향한 탄식

본문에서는 성전이라는 용어가 등장하지 않지만, 예루살렘에 대한 탄식이 성전의 지배세력과 연관성이 있음이 전제되어 있다. 본문은 다음과 같이 재구성된다:[57]

> Q13:34a절: 예루살렘아, 예루살렘아, 예언자들을 죽이고,
> 너희에게 파송한 자들을 돌로 치는구나.
> Q13:34b절: 암탉이 병아리를 그의 날개 아래 모으듯이,
> 내가 몇 번이나 너희 자녀들을 모으려고 했던가?
> Q13:34c절: 그러나 너희는 응하지 않았다.
> Q13:35a절: 보라, 너희 집은 버림받게 될 것이다.
> Q13:35b절: 내가 너희에게 말한다. '주의 이름으로 오시는 분이여,
> 찬미받으소서' 하고 말할 날 까지 너희는 나를 보지
> 못할 것이다.

34~35a절에서는 예루살렘의 성전 세력에 대한 Q공동체의 입장이 신명기 신학의 지평에서 부정적으로 표현되고 있다. '너희 집'(*ho oikos*

---
57) 참조, 소기천, 위 책, 374-375.

hymon)이 하나님에 의해 버림받게 될 것이라고 한다. 아마도 심판의 대상은 성전을 포함한 예루살렘 도시 전체를 염두에 두고 있는 것 같다.[58] 본문은 밀러가 말하는 것처럼 '사후 예언'(*vaticinium ex eventu*)의 성격이 짙다.[59] 35a절(*aphietai*)은 하나님의 예언자들(카리스마를 지닌 Q의 떠돌이 예언자들)을 죽인 예루살렘 성전 지배세력에 대한 심판 예언이다.[60] 이러한 신명기적 심판을 나타내는 구절은 Q공동체의 역사적 박해경험을 반영하고 있을 것이다. 35a절이 유대전쟁 당시의 성전 파괴를 반영하고 있는지에 대해서는 확실치 않다.[61] '너희 집'(*ho oikos hymon*)은 Q공동체를 박해하고 있는 성전과 예루살렘 지배계층을 지칭할 것이다.

34~35a절이 성전에 대한 부정적인 관점을 드러내고 있다면, 35b절은 일종의 결론에 해당하는 편집구로 보인다.[62] 35b절은 '나는 너희에게 말한다'(*lego hymon*)로 시작한다. 하나님의 소피아에서 예수에게로 화자(話者)가 바뀌고 있음을 볼 수 있다. 본문은 이스라엘의 불순종

---

58) 그러나 재콥슨에 의하면 34~35a절은 35b절과 통일성을 갖는데, 35b절은 전체 본문의 결론부분에 해당한다. 미래의 신명기적 미래의 희망을 내용으로 하는 35b절은 3435a절의 부정적인 입장보다 우위에 있다(*The First Gospel*, 210-211). D. Catchpole, *Quest*, 271.
59) R. J. Miller, "The Rejection of Prpophets in Q," *JBL* 107, 1988, 238.
60) Q 6:22~23; 11:47~51; 13:34~35. 참조, M. Myllykoski, "The Social History of Q and the Jewish War," in *Symbol and Strata: Essays on the Sayings Gospel Q*, ed. R. Uro, Göttingen, Wandenhoeck & Ruprecht, 1996, 179.
61) 밀리코스키가 그렇게 본다. M. Myllykoski, *op. cit.*, 199.
62) R. Bultmann, *History of the Synoptic Tradition*, trans. J. Marsh. NY: Harper & Row, 1963, 120-121.

의 결과로 나타난 예루살렘과 성전의 파괴를 주제로 한 신명기신학의 전통 위에 서 있다. 맨슨은 35b절을 다음과 같이 해석한다: "너희가 나에게 '주의 이름으로 오시는 분이여 축복을 받으소서,'라고 말할 때가 올 것이다. 그러나 그 때는 이미 늦을 것이다."[63] 본 절은 묵시적 종말 때 인자(人子)의 도래(파루시아)를 암시한다. 인자의 도래는 Q공동체 박해자들에게는 구원과 기쁨의 때가 아니라 심판과 재앙의 때이다.

Q13:34~35은 새로운 공동체에로의 부름을 전제한다. Q공동체는 예루살렘 성전공동체에 대립되는 하나의 대안 공동체이다. 이 공동체는 기존의 성전이 아니라 예수가 벌인 '하나님 통치'(*basileia tou theou*)를 구원의 새로운 상징으로 제시한다. Q공동체는 스스로를 예수에 의해서 시작된 '하나님 통치' 선교의 계승자라고 이해했다.[64] '하나님의 통치'는 '너희 집'과 대립 관계에 있는 Q공동체에게 있어서 일종의 새로운 사회적 상징체계를 형성한다. '하나님의 통치'라는 새로운 상징체계를 통하여 Q공동체는 정결의식과 희생제의가 핵심을 이루고 있는 성전 공동체로부터 스스로를 구별한다.

Q와 성전의 상징세계

Q 4:9~12에서는 성전에 대한 Q의 입장이 명시적으로 나타나지 않

---

63) T. W. Manson, *The Mission and Message of Jesus: An Exposition of the Gospels in the Light of Modern Research*, New York: E.P.Dutton, 1938, 420.
64) P. D. Meyer, "The Community of Q," Ph. D. dissertation, University of Iowa, 1967, 65.

고 있지는 않다. Q가 성전이 지니는 구원의 상징성을 인정한다 하더라도 그것은 옛 시대에 한정된다. 구원과 하나님 계시의 중심은 더 이상 성전이 아니라 예수이다. 예수가 하나님의 아들인 것은 기적을 행해서가 아니다. 하나님에 대한 전적인 신뢰를 통해서 입증된다. 예수는 성전에 대체되는 새로운 시대의 구원의 상징이다.

Q 11:49~51에서는 Q의 박해 상황을 구약시대에 스가랴를 비롯한 예언자들을 살해한 신명기적 사관의 지평에서 해석한다. Q의 예언자들과 사도들을 박해하는 '이 세대들'은 결국 하나님의 심판을 면치 못할 것이다. Q 13:34~35에서 Q공동체는 성전을 "너희 집"과 동일시한다. 예루살렘과 성전 파괴에 대한 예고는 Q공동체가 하나님의 통치라는 전적으로 새로운 사회적 상징체계에 적응되어 가고 있음을 반영한다.

성전을 상징세계의 중심으로 여기고 있던 제2 성전기의 유대교 저작들과 비교해 볼 때 Q복음은 큰 차이가 있다.[65] Q복음에서는 유대교 상징세계의 중심이었던 성전이 구원 사역에서 기능을 하지 못한다. 물론 위에서 논구된 Q 텍스트들 사이에 정도의 차이는 발견되지만, 성전 무용론과 성전에 대한 비판적 입장을 견지하고 있다는 점에서는 공통점이 있다. 셰클레가 주장하듯이,[66] 성전에 대한 Q공동체의 이러한 부정

---

65) 제2 성전기의 유대교 저작 가운데 대표적인 것으로는 4Ezra; Tobit; 2 Baruch; As. Mos.; 1Enoch; Pss. Sol. 등을 들 수 있다. 이스라엘의 불순종에도 불구하고 이 저작들에서 성전은 여전히 하나님의 임재장소로써 핵심적인 상징체계를 형성한다.
66) K. H. Schekle, "Israel und Kirche im Anfang," *TQ* 163(1983), 86.

적인 입장은 그리스도교가 유대교로부터 분리되어 독자적인 하나님 통치 공동체 운동으로 발전하는 역사적 과정을 보여준다.

우리가 위에서 살펴 본 Q텍스트들에는 다양한 전승층(傳承層)이 존재하고 있음을 알 수 있다. 비교적 초창기의 전승층에 해당하는 것으로 보이는 텍스트들(Q 11:42a, b; 11:49~51; 13:34~35)은 성전 중심의 상징주의에 반대하는 입장을 분명히 한다. 그러나 후대의 편집으로 보이는 텍스트들(Q 4:9~12; 11:42c)에서는 Q공동체와 예루살렘 성전공동체 사이의 갈등과 대립이 어느 정도 해소되어 있는 것 같다. 이미 Q텍스트의 후기 전승단계에서 Q공동체는 예루살렘 성전공동체로부터 완전히 분리되어 새로운 신앙적 정체성을 확립하고 독자적인 길을 걸어간 것으로 보인다.

제10장

큐복음과 사회적 소수자

이성적인 것과 현실적인 것

일찍이 포이에르바흐는 현실적인 것과 이성적인 것의 일치("was wirklich ist, ist vernünftig")를 선언하였던 헤겔의 관념철학에 저항하여 현실적인 것은 이성적인 것이 아니라 사회정치적 틀 속에서 항상 구체성을 띠고 나타날 수밖에 없다는 점을 말하였다.

따라서 포이에르바흐는 현실적인 것의 문제를 푸는 열쇠로서 헤겔과는 달리 이성을 도구로 한 절대관념의 세계에 매달리지 않고, 인간의 구체적인 삶, 감성, 욕구의 세계에 주목하였다. 그에게서 진리는 영원한 존재를 사고하는 데서 찾아지는 것이 아니라, 인간의 일상적인 삶의 세계를 분석하는 가운데서만 발견된다. 신학도 여기에서 예외가 아니다. "신학은 인간학이다"라는 전제 하에서 그는 신학을 탐구한다. 신의 표상은 포이에르바흐에 의하면 무한 속에 투영된 인간의 자기표상에 불과할 뿐이다. 그 이상도 그 이하도 아니다. 신 의식은 곧 인간의 자의식의 표현이며, 신 인식은 곧 인간의 자기인식이라는 것이다. 이러한 점에서 포이에르바하는 신학을 인간학(Theologie ist Anthropologie)으로 환원시켰다고 볼 수 있을 것이다.[1]

한 편 칼 마르크스는 포이에르바하의 인간학을 경제-정치적 사회지평에서 확대시켰다. 사고(Denken)가 아니라 지각(Wahrnehmung)이 현실을 이해하는 열쇠라는 포이에르바하의 입장을 그는 그대로 받아 드린다. 그러나 그는 포이에르바하의 감성적 인간 이해가 너무 추상적이라고 비판한다.

마르크스는 진리의 추구는 이제 현실에 대한 올바른 인식 차원을 넘어서 현실의 변혁을 추구하는 일이라고 말한다.[2] 진리는 그렇기 때문에 '존재하는 것'(was ist)에 대한 물음일 뿐만 아니라, '존재해야 할 것'(was sein soll)에 대해서 물어야 한다는 것이다. 진리에 대한 물음은 이론(Theorie)에 대한 물음일 뿐만 아니라 실천(Praxis)에 대한 물음이 되어야 한다는 것을 뜻한다. 인간은 기존의 왜곡된 물질적 세계 관계의 인식차원을 넘어서 그것을 실천 가운데서 변혁함으로써 그 타당성이 검증되지 않으면 안 된다. 결론적으로 포이에르바하에 있어서 인간의 자기투영으로서의 신을 마르크스는 왜곡된 사회관계의 반영

---

1) 포이에르바하/박순경 역, 『기독교의 본질』, 종로서적, 1984, 서론.
2) K. Marx, *Deutsche Ideologie*, MEW III, 42.

으로 생각한다.

마르크스는 지배계급이 두 가지 이유에서 종교를 필요로 한다고 보았다. 한편으로 종교는 기존의 왜곡된 세계관계를 정당화시켜주고 유지하는 역할을 하고, 다른 한 편으로는 피 압박 민중에게 아편의 기능을 수행함으로써 기존 세계관계의 변혁을 위한 그들의 혁명의지를 마비시킨다는 것이다.

마르크스는 이와 더불어 부르조아 의식의 이데올로기적 성격을 폭로하는데 결정적으로 기여하였다. 한 사회의 물질적 부를 장악하고 있는 세력과 그 사회의 지배사상 사이에는 불가분리의 관계가 있다는 것이다. 인간의 관념은 결코 보편타당성을 띨 수 없고, 언제나 특정한 사회적 산물일 뿐이며, 따라서 그에 따르면 한 시대의 지배 사상은 그 시대의 지배적인 물질적 관계의 관념적 표현에 지나지 않는다. 사회적 존재와 무관한 사상은 존재하지 않는다는 것이다.

마르크스의 이러한 주장은 신학에서도 여전히 타당성을 지닌다. 하나님의 계시 자체는 보편적이고 시공을 초월한 것인지 모른다. 그러나 이 계시에 관한 신학적 언어는 사회적 현실에 의하여 규정되는 인간의 제한적인 경험과 분리될 수 없다. 따라서 한 시대의 신학사상은 특정한 사회의 물질적 지배관계와 결코 유리될 수 없다. 이러한 지평에서 볼 때 소위 신학의 정통성을 강조하는 서구신학 역시 보편타당성을 지닌 것이 아니라, 계몽주의 이래 새로운 지배세력으로 등장한 서구 부

르조아 계급의 특정한 사회적-물질적 관계에 대한 의식의 한 형태임을 알 수 있다.[3]

역사의 예수냐 신앙의 그리스도냐

20세기 성서신학의 흐름에서 보면 서구 부르조아 신학은 한 편으로 복음서 연구에 있어서 주로 역사비평학에 의존하면서 소위 "역사적 예수와 케리그마의 그리스도(historischer Jesus und kerygmatischer Christus)" 사이의 논쟁에 많은 시간과 정력을 소비하였다. 다른 한 편으로 복음서가 전하는 예수 말씀의 "진정성(Echtheit)-비진정성(Unechtheit)" 논쟁을 신학의 주요 과제로 삼았다. 물론 이러한 논쟁들이 복음서와 역사적 예수 연구에 대한 그들의 지적 욕구를 만족시켜 주는 데는 성공하였을지 모른다. 그러나 유감스럽게도 그들은 복음서가 지니고 있는 진리의 또 다른 지평을 간과하였다. 곧 복음의 해방적 지평 그리고 복음의 당파적 지평이 그것이다. 예를 들면 불트만은 인간을 실존이라는 보편성에 거점을 두고 이해함으로써 구체적인 인간을 추상화 하고 있다. 마치 포이에르바흐가 인간을 감성(Sinnlichkeit)이라는 보편성에 거점을 두고 이해함으로써 구체적인 인간을 추상화 하고 있는 것과 유사하다. 따라서 불트만의 실존주의 신학에서는 복음서에서 해방을 위한 가난한 사람들의 당파적 실천(Praxis)에 관한 예수의 이야기를 발견하는 것이 아니라, 오로지 인간 일반의 실존적 결

---

3) 서구 부르조아 신학과 계몽주의 사상 사이의 관계에 대하여는 김명수, "민중신학의 해석학," 『기독교사상』 1992, 3-4월호.

단을 촉구하는 예수의 이야기를 만날 수 있을 뿐이다.

본 논문은 두 가지 문제의식을 가지고 출발하려고 한다. 모든 종교가 민중의 사회변혁의지를 마비시키는 아편의 역할을 한다는 마르크스의 종교이해가 갈릴리 민중의 예수운동에도 해당되는가? 성서 본문에 근거하여 복음의 특수성(Partikularität)과 당파성(Parteilichkeit)을 밝혀낼 수 있는가?[4]

Q와 가난한 사람들

마태와 누가가 그들의 복음서에서 공통으로 보도하고 있는 "가난한 사람들에 대한 축복선언"[5]은 Q가 전하는 예수 복음의 가장 중요한 요소 가운데 하나이다. 하나님 나라의 수혜자로서의 가난한 사람들에 대한 이 축복선언문은 그리스도교 역사에서 항상 끊임없는 도전으로 다가왔다.

그리스도인은 이 축복선언문을 어떠한 시각에서 읽어야 하는가? 순수 종교적이고 윤리적인 인간 행태의 모형을 유추해 내어야 하는가? 아니면 가난한 사람들에게 피안의 위로와 보상을 약속해주는 민중의 아편으로 읽어야 하는가? 알베르트 슈바이처(A. Schweitzer)가 주장

---

4) 포스트모더니즘의 한국신학적 과제에 대하여는 김명수, "탈현대주의와 한국신학의 과제," 『예수 민중 민족』 안병무 박사 고희 기념 논문집, 한국신학연구소, 1992.
5) Q 6:20~21/마 5:3·6.

하는 것처럼 임박한 종말을 전제한 소위 "잠정윤리"(Interimsethik)로 읽어야 하는가?[6] 아니면 예수의 사회 변혁적 의지를 찾아야 하는가?

이상에서 제시된 질문들을 고려하면서 Q가 보도하고 있는 가난한 사람들에 대한 축복선언문을 읽어야 할 것이다. 전승비평학적 견지에서 볼 때 본문은 축복 선언문은 세 단계의 전승 과정을 거쳐 지금에 이르고 있음을 알 수 있다. 예수, Q공동체 그리고 복음서 편자의 전승 단계가 그것이다.

가난한 사람들에 대한 축복선언문은 역사의 예수에게 소급시킬 수 있는 가장 오래된 층에 속한다. 이 축복선언문은 두 개의 서로 다른 형태로 전승되고 있다.[7] 누가복음에 따르면 예수께서 평지에 서서 제자들과 민중을 향하여 설교를 한다(눅 6:20~49). 마태복음에 따르면 예수께서 산에 오르셔서 설교를 한다(마 5:1~7:29). 누가의 평지설교와 마태의 산상설교는 동일하게 이 축복선언문으로 시작된다.

전승사적 연구의 결과들을 종합해보면 이 축복선언문이 예수 말씀

---

6) 슈바이처의 "잠정윤리"에 관해서는 E.Gräßer, "Zum Stichwort Interimsethik. Eine notwendige Korrektur," in: H. Merklein(Hgr), *Neues Testament und Ethik*, Freiburg, 1989, 18-30.

7) E. Percy, Die *Botschaft Jesu. Eine traditionskritische und exegetishce Untersuchung*, Lund, 1953, 40; R. Bultmann, *Die Geschichte der synoptishcen Tradition*, Göttingen 1970, 350; H. Frankemölle, *Die Makarismen(Mt 5,1-12:Lk 6,20-23), Motive und Umfang der redaktionellen Komposition*, BZNF15, 1971, 52-75.

복음서인 Q에서 유래했다는 것을 알 수 있다.[8] 마태와 누가는 그들이 속해있는 교회의 선교 상황에서 이를 서로 다르게 보도하고 있을 뿐이다.[9] 누가가 네 개의 저주선언문을 축복선언문에 이어 나열하고 있다면, 마태는 다섯 개의 축복선언문을 더 첨가하여 그것을 확대시키고 있다.[10] 우선 이 선언문의 Q원형을 재구성해보자.

가난한 사람들은 행복하여라

마태와 누가의 본문을 비교하면 차이점이 쉽게 드러난다. 마태는 누가에 비하여 '가난한 사람들'(hoi ptochoi) 앞에 소격관형사를 첨부하고 있으며 누가의 '하나님 나라'(he basileia tou theou) 대신에 '하늘나라'(he basileia ton ouranon)를 사용하고 있다. 그리고 마태는 누가의 복수 2인칭 '너희의 것'(hyumetera) 대신에 복수 3인칭 '그들에게'(auton)를 사용하고 있다. 마태의 본래 Q에 없던 '심령이'(to

---

8) 그러나 브레게(M. Th. Wrege)는 마태와 누가가 보도하고있는 축복선언문이 서로 다른 뿌리에서 유래한다고 상정한다(Die Überliferungsgeschichte der Bergpredigt, WUNT9, Tübingen, 1968, 5-27).

9) D. Lührmann, Die Redaktion der Logienquelle, WUAWT33, Neukirchen-Vluyn, 1969, 53.

10) G. Strecker, Die Bergpredigt, Ein exegetischer Kommentar, Göttingen 1984, 31; G. Barth, "Das Gesetzesverst ndnis des Evangelisten Matth us", in : G. Bornkamm u a.(Hrg), Überlieferung und Auslegung im Matth usevangelium, WMANT I, Neukirchen-Vluyn, 1970, 115; H. Th. Wrege, Bergpredigt. 27; H. Frankemölle, Makarismen, 55ff; K. Koch, Was ist Formgeschichte?, Neukirchen-Vluyn, 1964, 9: H. Merklein, Die Gottesherrschaft als Handlungsprinzip. Untersuchung zur Ethik Jesu, Würzburg, 1984, 48.

pneumati)를 첨가한 것으로 보인다.[11] 이와 병행문을 형성하고 있는 폴리캅 서신[12]과 도마 복음서[13]에도 '심령이'가 전승되지 않고 있다.

마태의 직접적인 병행은 쿰란문헌에서 발견된다.[14] 여기에서도 '심령'(ruach)은 편집구로 보인다. 마태는 '심령이'(to pneumati)를 첨가함으로써 물질적으로 가난한 사람들인 프토코이를 공동체의 상황에서 새롭게 해석하고 있음이 틀림없다. 마태는 이와 유사한 편집 작업을 5장 6절에서도 시행한다.[15]

---

11) R. Bultmann, op. cit., 114; G. Barth, op. cit., 115; S. Schulz, Q. Die Spruchqulle der Evangelisten, Zürich, 1972, 77; H. Merklein, op. cit., 49.
12) J. A. Fischer(Hrg), Die Apostolische Väter, Schriften des Urchristentums, I, Darmstadt, 1981, 250. 여기에서는 마태의 3인칭과 누가의 '하나님 나라'를 따르고 있다.
13) 도마복음서 로기온 54: "예수께서 말씀하셨다. 가난한 사람들은 행복하다. 하늘나라가 너희의 것이다." 도마복음서에서는 '하늘나라'가 자주 등장하는데(로기온20, 54, 114), 이에 반하여 '하나님 나라'는 전혀 등장하지 않는 것이 특징이다. 참조, E. Haenchen, Die Botschaft des Thomas-Evangelium und die kanonischen Parallen, Berlin, 1966, 24; W. Schrage, Das Verh ltnis Thomas-Evangeliums zur synoptischen Tradition und zu den koptischen Evangelienübersetzungen. Zugleich ein Beitrag zur gnostischen Synoptikerdeutung, Berlin, 1964, 31.
14) E. Lohse(Hrg), Die Texte aus Qumran. Hebräisch und Deutsch. Mit masoretischer Punktation. Übersetzung, Einführung und Anmerkungen, Darmstadt, 1984, 212. 쿰란공동체에서는 '심령이 가난한 사람들'(ani ruach)을 영적 그리고 윤리적 지평에서 해석하고 있다(IQM 14,7). E. Bammel, ptochos, ThWNT VI 896-901; G. Strecker, Bergpredigt, 33ff; H. Th. Wrege, Bergpredigt, 6 ; U. Luz, Das Evangelium nach Matthäus(Mt1-7), Teilband I, Neukirchen-Vluyn, 1985, 206.
15) 마태 5장 6절의 "의에 주리고 목마른 자"에서 '의에'(ten dikaionsune)는 마태에 소급된다. 참조, S. Schulz, Q, 77.

'하늘나라'(he basileia ton ouranon)는 신약성서에서 요한복음 3장 5절을 제외하면 단지 마태복음서에만 등장한다.[16] 마태공동체의 주류를 구성하였던 유대계 디아스포라 그리스도인들은 일반적으로 '하나님'(야훼)이라는 이름을 부르기 꺼려하였다.[17] 그 대신 하나님께서 계신 곳의 은유적 상징인 '하늘'을 자주 사용하였다.

누가는 모든 축복선언문의 청중을 2인칭으로 나타낸다. 이와 다르게 마태는 5장 11절 이하를 제외하면 모두 3인칭을 쓰고 있다. 그렇다면 Q에서는 2인칭으로 쓰였는가,[18] 아니면 3인칭으로 쓰였는가?[19] 양식사적 고찰에 의하면 마태의 3인칭이 Q에 가까울 수 있을 것이다.[20] 아마 누가는 부자들에 대한 저주선언 그리고 네 번째의 박해당하는 자들에 대한 축복선언과의 문학적 조화를 고려하여 3인칭을 2인칭으로 대체하였을 것이다.[21]

---

16) K. L. Schmidt, basileia, ThWNT I, 582. 마태복음서에 '하늘나라'는 32번 등장한다. 참조, G. Strecker, Bergpredigt, 32.
17) G. Bornkamm, Jesus von Nazareth, Stuttgart, 1978. 57. 참조, Th. O. F. M. Soiron, Bergpredigt, 142f. 소이론은 마태의 '하늘나라' 개념이 유대교의 "말쿠트 샴마임"에서 유래하였다고 추정한다. 유대교는 신명(神名)인 "야훼" 대신에 신이 계신 곳으로 생각되는 하늘인 "샴마임"을 일차적으로 사용하였다(142f). 참조 F. L. Strack/P. Billerbeck, Kommentar zum Neuen Testament aus Talmud und Midrasch, Bd I. München, 1922, 189; H. Merklein. op. cit., 142f.
18) M. Dibelius, Die Formgeschichte des Evangeliums, Tübingen, 1971, 248.
19) R. Bultmann, op. cit., 114.
20) H. Schürmann, Das Lukasevangelium I, Freiburg, 1969, 329.
21) 그러나 루츠(U. Luz)에 의하면 원래 3인칭이었던 것이 예수에게서 2인칭으로 사용되었고, 마태는 그것을 다시 3인칭으로 변형시켰다(op. cit. 201).

배고픈 사람은 행복하여라

이 말씀은 마태보다 누가의 본문이 Q의 모습을 보존하고 있음을 쉽게 알 수 있다. '지금'(nun)은 누가의 첨가구가 확실하다. 누가는 현재의 의미를 더욱 강조하기 위하여 2인칭에 걸맞은 '지금'을 삽입하였을 것이다.[22] '의에 목마른 자'는 마태의 첨가임이 분명하다.[23] 이것을 첨가함으로서 마태는 물질적으로 '배고픈 사람'을 윤리적 행태와 연결시키고 있다.[24] 따라서 누가가 Q의 형식을 보존하고 있다고 볼 수 있다.

우는 사람은 행복하여라

누가는 마태의 '애통하는 사람들'(hoi pentountes) 대신에 '통곡하는 사람들'(hoi klaiontes)을 쓰고 있다.[25] 마태는 이 개념을 종교적 그리고 윤리적 지평에서 사용하고 있는 것 같다.[26] 즉 마태는 누가에 비

---

22) G. Strecker, *op. cit*., 38.
23) G. Barth, *op. cit*., 116; H. Frankemölle, *op. cit*., 91; G. Strecker, *op. cit*., 38ff: 마태 신학의 핵심 개념에 속하는 '의'(dikaiosyune)는 복음서에서 7번 등장한다.(3:15; 5:6.10.20; 6:1.33; 21:32). 루츠는 마태의 '의' 개념을 세 가지 측면에서 해석한다. ①인간의 행위, ②신적인 은사 혹은 신의 능력, ③하나님의 계약질서와 연결된 은사와 과제(U. Luz, *op. cit*., 209f).
24) 마태는 여기에서 p-두운법(π-Alliterration)을 사용하고 있다: 3절의 '극빈자들'(ptochoi), 5절의 '온유한 사람들'(praeis), 6절의 '굶주린 사람들'(peinontes). 참조, C. Michaelis, *Die π-Alliteration der Subjektsworte der ersten vier Seligpreisungen in Mt V, 3-6 und ihre Bedeutung für den Aufbau der Seligpreisungen bei Mt, Lk und Q*, NT 10, 1968, 148-161.
25) H. Schürmann, *Lukasevangelium I*, 331. 슈어만은 '펜테인'(pentein)이 이사야 61장 1절 이하를 회상하고 있다고 추정한다.
26) U. Luz, *Evangelium I*, 208.

교하여 볼 때 일반적 개념을 사용함으로써 물질적으로 굶주린 사람들을 윤리적 가난으로 재해석하고 있다. '위로받다'(parakalein)은 이사야 61장을 연상하고 있다. 특히 예루살렘에서 애통하는 사람들에 대한 하나님의 위로가 암시되고 있다.[27] 누가의 '웃다'(gelao)는 오직 이곳에만 등장하는 것으로 보아 누가의 편집일 개연성이 높다.

이상을 종합하면 축복선언문에 대한 Q본문은 다음과 같이 복원될 수 있다:

행복하여라, 가난한 사람들아,
그들에게 하나님 나라가 속하여 있다.

행복하여라, 배고픈 사람들아,
그들은 배부르게 될 것이다.

행복하여라, 우는 사람들아,
그들은 웃을 것이다.[28]

---

27) 동상(同上).
28) 참조, H. Merklein, *Gottesherrschaft*, 49f; W. schenk, *Synopse zur Redequlle der Evangelien. Q-Synopse und Rekonstruktion in deutscher Übersetzung mit kurzen Erläuterungen*, Patmos, Düsseldorf, 1981, 24; P. Hoffmann/V, Eid, *Jesus von Nazareth und eine christliche Moral. Sittlich-Perseritiven der Verkündiger Jesu*, Freiburg, 1975.

그리스 문학에 나타난 축복문 양식[29]

그리스 문학에서는 일반적으로 축복선언문에 대한 세 가지 양식이 발견된다.[30] "마카리오스(*makarios*)는 원래 신들을 찬양하는데 쓰이던 제의 개념이었다. 이것은 후대에 이르러 인간의 행복을 표시하는 "유다이몬(*udaimon*)과 구분하지 않고 쓰여졌다.[31] 축복선언문의 이러한 형식은 격언적 성격(Gnomecharakter)을 갖는다. 이것은 고통이나 궁핍과는 거리가 먼 사람 그리고 재화를 통하여 삶을 즐기는 사람들에게 해당된다. 사회의 부유층에 대한 축복 또한 여기에 해당된다.[32] 물질, 부, 명예, 권세 등 외형적으로 나타난 소유에 의해서 축복을 받았다고 여겨지는 경우가 있다. 이런 경우에는 대부분 행복의 이유를 설명하는 관계문장을 동반하지 아니한다. 외형적인 물질과 명예와 권력을 유한 사람들이 행복할 것이라는 것은 자명한 일이기 때문이다.[33]

---

29) F. Hauck/E. Bertramm Makarios, *ThWNT IV*, 365-375; J. M. Robinson, Logoi Sophon. Zur Gattung der Spruchquelle Q, in : E. Dinkler(Hrg) *Zeit und Geschchte*(FS R. Bultmann), Tübingen, 1964, 77-96.

30) "*makarios hostis*"; "*olbios hostis*"; "*udaimon*"이 그것이다. 이 개념들에 대한 사용 방법에 대해서는 F. Hauck/E. Bertram, 앞 책, 365f 참조. "*olbios*"는 인간의 일상적인 행복을 표시하는 개념인데, 이 개념은 주로 재물과 연관된 인간의 행복을 지칭하기 위하여 사용된다.

31) 앞 책, 366.

32) 동상(同上).

33) W. Bauer, *makarios, Griechisch, deutsches Wörterbuch zu den Schriften des Neuen Testament und der übrigen frühchristlichen Literatur*, Berlin, 1971.

현재의 축복 선언

LXX(칠십인 역)에서 "마카리오스(makarios)"로 번역된 히브리어는 "아세르(asher)"이다(이사 31:9). 아세르는 일반적으로 세속적이고 지상의 행복을 찬양할 때 쓰인 개념이다.[34] 특히 예수 시락서 25장 7~10절은 축복문에 대하여 다음과 같이 집중적으로 보도하고 있다:[35]

> … 지혜있는 여인을 아내로 맞이한 사람은 행복하여라, … 자기 혀로 올무에 걸리지 아니하는 사람은 행복하여라, … 지혜를 찾는 사람은 행복하여라, …

이러한 지혜문학에서 축복문은 지혜(Sophia)에 의해서 인도되는 인간의 삶이 그 중심에 서 있다.[36] 이와는 달리 시편 1편 1절 이하에 등장하는 "아세르(asher)"는 야훼의 율법에 충실한 삶 그리고 하나님의 지혜를 따라가는 삶을 지칭한다. 즉 내적 논리로서의 '행위 인과론'(Tun-Ergehen-Zusammenhang)은 지혜문학에서 나타나는 축복문의 특징을 이룬다.[37] 경건한 행위 그리고 하나님을 경외하는 행위는 여기에서 축복의 전제조건이 된다.

---

34) G. Strecker, *makarios, EWNT II*, 927. 참조, 창세 30장 13절; 시편 126편 5절.
35) *Jerusalmer Bibel*, 974.
36) K. Koch, *Was ist die Formgeschichte?*, Neukirchen-Vlugn, 1989, 8.
37) G. C. Kähler, "Studien zur Form-und Traditionsgeschichte der Biblischen Makarismen," *ThLZ 101*, 1976, 77-80. 여기에서 축복은 행위 인과론적으로 이해되고 있다.

묵시적 축복 선언

묵시문학에서 나타나는 축복문은 일반적으로 종교적-윤리적 동기에 의하여 형성된다. 그것은 동시에 3인칭과 축복의 근거를 제시하는 관계 부문장을 가져온다:

> … **의를 행하는 사람은 행복하여라, 옳은 길을 가고 죄의 길에 들어서지 아니하는 사람은 행복하여라, 왜냐하면 그들은** … **주의 날에 보상을 받게 될 것이기 때문이다.** (*Ethiopia Henoch* 82:4)
>
> **의를 행하는 사람들과 선택받은 사람들은 행복하여라, 왜냐하면 너희 유업이 찬란하게 빛날 것이기 때문이다.** (*Ethiopia Henoch* 58:2)
>
> … **지혜의 말을 받아들이고 이해하는 사람들, 지극히 높은 분의 길, 옳은 길을 따르는 사람들, 악을 행하지 아니하는 사람들은 행복하여라, 왜냐하면 저들은 저 날에 구원을 받게 될 것이기 때문이다.** (*Ethiopia Henoch* 99:10)

위에서 볼 수 있듯이 묵시문학의 축복문에서 특징적으로 나타나는 것은 축복의 근거를 제시하는 관계 부문장들이 뒤 따른다는 점이다. 묵시문학에서의 축복문은 경건한 사람들이 당하는 현재의 고난과 압제에 대한 종말론적 보상과 결부되어 나타난다. 역경 가운데서도 좌절하지 않고 하나님에 대한 신앙을 견지하는 사람은 마지막 날에 구원을 받고 새 세계에 참여하리라는 것이다. 그런 의미에서 그들은 축복의 대상이 된다.

그리스 문학에서 등장하는 축복문은 인간의 소유에 대한 축복을 그 핵으로 하고 있다. 그러나 묵시문학에서는 지혜로운 삶의 결과로서의 하나님의 축복이 중심에 서 있다. 그리스 문학 그리고 지혜문학의 축복문에서도 '행위 인과론적 사고'가 결정적인 역할을 하고 있음을 볼 수 있다. 그리스 문학에서의 현재 축복된 상태는 과거의 업적과 불가분리의 관계를 가진다. 이에 반하여 묵시문학적 축복문은 현재 인간이 당하는 고통과 미래에 주어질 보상 사이에 변증법적 관계를 형성한다.

경건한 사람들이 당하는 고난과 박해는 하나님의 뜻(토라)을 따라 사는 사람들에게 주어지는 필연적 결과이다. 그들이 당하는 박해와 고난은 무의미한 것이 아니라 마지막 날에 반드시 하나님의 보상을 동반하게 된다. 따라서 여기에서는 경건한 사람들이 당하는 현재의 고난은 축복과 거리가 멀다. 이 축복의 불투명성을 묵시문학은 종말상태의 축복을 확증해줌으로서 해결된다.

그렇다면 Q가 전하고 있는 극빈자들에 대한 축복선언문은 어디에서 유래하고 있는 것일까? Q의 축복선언문은 문학의 형식에 비추어 볼 때 묵시적 축복문에 속한다. 축복의 근거를 제시하는 '호티'(*hoti*)로 인도되는 부문장이 나오기 때문이다.

그럼에도 불구하고 묵시문학의 축복문과 Q의 축복문 사이에는 몇 가지 중요한 차이점들이 존재한다. 묵시문학의 축복문에서 구원은 철저하게 미래의 일이다. 그러나 Q의 축복문에서는 하나님의 나라는

현재성이 강조되고 있다. 현재와 무관한 하나님 나라가 아니라, 이미 극빈자들의 현재적 운명의 질적 전환을 가져오는 현재적이고 역동적인 '힘'으로서의 하나님 나라가 강조되고 있다.

묵시문학에서는 미래에 축복을 받게 될 대상이 현재 상태에서 고난을 당하고 있는 경건한 사람들이다. 종교-윤리적 가치가 중요한 기능을 한다. 그러나 Q에서는 종말의 때에 축복을 받게 될 대상이 다름 아닌 극빈자들이다. 현재 가난하게 살고 있다는 그 자체가 미래에 받게 될 축복의 근거로 제시된다. Q에서는 적어도 상호성의 윤리나 행위 인과론적 축복 사상은 설 자리가 없다. 사회-경제적으로 소외되었다는 것 자체가 종말적인 구원과 하나님 나라를 소유할 수 있는 자격이 된다.

Q는 사회의 불의한 제도에 의해서 현재 인간적인 삶을 박탈당하고 있는 극빈자들(*hoi ptochoi*)이야말로 인식론적 특권을 넘어서 '하나님 나라 공민(公民)으로서의 특권'을 가진다고 생각했다. Q는 역설적이게도 그들이 행복하다고 선언했다. 왜 그런가? 왜냐하면(*hoti-*) 하나님 나라가 그들에게 (이미) 속하여있기 때문이다. 그들은 (장차) 배부르게 되고, 웃을 것이기 때문이다. 사회적 소수자들이 역설적으로 체험하게 될 미래 운명의 뒤바뀜을 Q는 묵시종말적 지평에서 조명된 이스라엘 민중의 사회적 해방사건(이사야 61장 1절)과 연결시키고 있다.

Q 축복선언문의 확장

Q에 의해서 전승된 위에서 살펴 본 사회적 소외계층에 대한 축복선언문은 물론 지상 예수의 하나님 나라 사역에 근거하고 있을 것이다. 여기에 Q는 네 번째 축복선언문을 첨가한 것으로 보인다.

마태와 누가에 의해서 공통으로 전승되고 있는 네 번째 축복선언문(Q 6:22~23/마 5:11~12)은 Q공동체의 선교 상황을 반영하고 있다. 네 번째 축복선언문은 '형식과 내용'에 있어서 앞의 지상 예수의 축복선언문들과 차이가 있다.

누가복음 6장 22절 이하에 따르면, 유대교로부터 출교당한 초기 그리스도교 Q공동체의 영적 지도자들인 카리스마적 떠돌이 예언자들(Wandercharismatiker)의 박해 상황이 암시되고 있다(*aporizo-ekbalo to onoma*). 이와 달리 마태 5장 11절 이하에서는 이방 그리스도인 일반의 박해상황이 반영되어 있다(*dioko-pan poneron*).

스트렉커는 마태교회의 모욕과 박해상황이 이방인과 마태 공동체 사이의 긴장관계를 드러낸다고 추정한다.[38] 마태교회가 이방선교를 하는 과정에서 이러한 결과가 초래했다는 것이다. 마태는 '나 때문에'(*heneken emou*) 모욕과 박해가 초래한다고 보도하고 있다. 그러나 누가는 '사람의 아들 때문에'(*heneka tou hyiou tou anthropou*)라고 한

---

38) G. Strecker, 앞 책, 46.

다. 누가 본문이 Q에 더 가까이 서 있다.[39]

다른 한편 마태는 5장 12절에서 '너희는 기뻐하고 즐거워하라' (kairete kai agaliasthe)는 현대 명령법을 사용한다. 그와 동시대의 박해 속에 있는 그리스도인들에게 종말론적 기쁨과 환희(하늘의 보상)를 약속한다.[40] 이에 반해서 누가는 6장 23절에서 단순과거 명령법 '너희는 기뻐하고 뛰놀라'(kairete kai skirthesathe)를 사용한다. 그리고 종말의 표상인 '저 날들'(en ekeine te hemera)을 삽입하고 있다. 누가의 구성보다 마태의 구성이 여기에서는 일차적으로 보인다.[41] 마태의 구성에서는 또한 '너희보다 먼저 온 예언자들'이 언급되어 있다. 누가는 구약의 예언자들이 언급되고 있다. 따라서 마태가 누가에 비하여 Q에 가까이 있는 것으로 보인다.[42] Q는 구약의 예언자들의 박해 전통에서 교회의 영적 지도자들이 겪는 박해를 바라보고 있다.[43]

그렇다면 지상 예수에게서 유래한 축복선언문과 Q공동체에서 형성된 축복선언문 사이에는 어떤 연관성이 있는가? 첫째로, 지상 예수의

---

39) H. E. Tödt, *Der Menschensohn in der synoptischen Überliefrung*, Gütersloh, 1963, 114.
40) 참조, 요엘 2: 21; 계 19: 7.
41) 참조, G. Strecker, 앞 책, 48.
42) U. Luz, *a.a.O.* 215ff.
43) 참조, O. H. Steck, *Israel und das gewaltsame Geschick der Propheten. Untersuchung zur Überlieferung des deuteronomistischen Geschichtsbildes im Alten Testament, Spätjudentum und Urchristentum*, Neukirchen-Vluyn, 1967, 286ff.

축복선언문에서는 사회경제적 소외계층인 극빈자들이 하나님 나라의 일차적 수혜자로서 축복의 대상이 되고 있다. 그들은 적어도 지상 예수에 의해서 전개되었던 하나님 나라 운동의 주요 대상이었음에 틀림없다. 그러나 Q의 축복선언문에서는 사람의 아들 예수 때문에 고난을 당하고 있는 공동체의 영적 지도자들이 축복의 대상이 된다. Q공동체의 영적 지도자들을 박해했던 자들은 누구인가? 아마도 유대교 회당(Synagogue) 지도자들이었을 것이다. 예수가 요한 세례자가 고대했던 '오실 그 분'이요 '사람의 아들'이라는 Q공동체 영적 지도자들의 선교를 회당공동체는 결코 용납하지 못했을 것이다. 농촌 지역의 회당공동체 평신도 구성원들을 주요 선교 대상으로 삼았던 Q의 예수운동이 긴장과 갈등을 불러 일으켰을 것이다. Q예언자들은 그들에 의해서 박해를 받을 수밖에 없었을 것이다.

역사적 예수에게서 보이는 복음의 민중 편향성은 Q공동체에 와서는 영적 지도자들의 박해와 순교로 인한 복음의 선교적 당파성으로 확대되고 있다.

마태에 의한 확대(5:5~12)

마태는 5장 3~12절에서 Q공동체로부터 전승한 축복선언문을 도합 9개의 축복선언문 군(群)으로 확대한다.[44] 그는 3~10절에서 축복선언

---

44) 참조, H. D. Betz, Die Makarismen der Bergpredigt(Matt us 5, 3-12), *ZThK* 75, 1978, 3-19. 베츠는 마태의 축복선언문을 완전을 뜻하는 10개로 간주한다.

문을 크게 두 그룹으로 구분한다. 각 그룹은 네 개의 축복선언문에 의해서 구성된다.

축복선언문의 두 번째 행은 모두 3인칭 복수형으로 나온다.[45] 또한 부문장은 모두 이유를 나타내는 "호티-"문장으로 되어 있다. 전반부 축복선언문(3~6절)의 주문장은 모두 그리스어 "피"(π)-두운법(頭韻法)으로 시작된다.[46] 두 번째 그룹에 속하는 나머지 네 개의 축복선언문(7~10절)은 원래 서로 연관성이 없는 독립된 전승들이었을 것이다. 이것들은 마태에 의하여 수집되어 편집되었을 것이다.

전반부의 네 번째에 해당하는 '온유한 사람'에 대한 축복문(5절)은 마태 공동체에 소급되는 것 같다. '의에 주리고 목마른 자'(6절)와 '의를 위하여 박해 받는 사람'에 대한 축복(10절) 또한 마태의 편집일 개연성이 높다. 마태는 공동체의 생활 규율로서 '의'(*dikaiosyune*)의 실천을 강조하고 있기 때문이다(마 7:21).

루츠는 미대기 하나님의 은총에 의해서 주어신 축복선언문(1~4번째)을 확대하여(5~8번째) 공동체의 생활규율로 삼고 있다고 보았다.[47] 시간적으로 Q공동체에 비하여 30년 정도 나중에 존재했던 마태공동

---

45) 동상(同上).
46) G. Ch. Michaelis, Die p-Alltiteration der Subjektworte der ersten vier Seligpreisungen in Mt V.3-6 und ihre Bedeutung für die Aufbau der Seligpreisungen bei Mt, Lk und in Q. *NT 10*, 1968, 148-161.
47) U. Luz, 앞 책, 203.

체는 변화된 선교 상황 속에서 새로운 내용과 방식으로 복음을 전파하지 않으면 안 되었을 것이다. 마태교회의 주된 관심사는 역사적 예수나 Q와 달리, 더 이상 사회적 소수자들이 아니었다. 그리스도인으로서 어떻게 하나님의 의(dikaiosyune tou theou)를 펼치며 그 분의 뜻(thelema tou theou)을 실천하는 삶을 살 것인가 하는 문제였다. Q가 전한 복음의 민중적 편향성이 마태에 의해서는 그리스도인의 삶에서 입증되지 않으면 안 되는 윤리적 실천(ethische Praxis)의 문제로 바뀌고 있음을 볼 수 있다.[48]

누가에 의한 확대(6:24~26)

Q로부터 물려받은 4개의 축복선언문에 이어 누가는 나란히 4개의 화(禍)선언문을 나란히 보도하고 있다.[49] 이 화선언문은 마태의 본문에서는 발견되지 않는다. 원래 Q 본문에는 4개의 화선언문이 들어 있었는데, 마태에 의해서 삭제된 것인가? 아니면 누가의 편집으로 첨가된 것인가? 누가는 Q에 가까운 자료(QLk)에서 화선언들을 발견했을 수 있을 것이다.[50]

---

48) 마태의 산상설교는 단순히 심정윤리(Gesinnungsethik)의 차원에 국한해서 이해될 수 없다. 왜냐하면 마태 공동체는 그리스도인으로서의 "자기 정체성"을 사회 윤리적 지평에서 소외계층과의 연대적 실천에서 찾고 있기 때문이다(참조, 마 25:31~46의 최후심판 비유).
49) 에티오피아 에녹서에도 부자들에 대한 화 선언들이 등장한다(94~105장, 특히 97장 7~10절; 98장 7~9절, 16절).
50) G. Strecker, 앞 책, 35.

그렇다면 누가는 어째서 축복선언문들과 병행하여 화선언문들을 보도하고 있는가? 페르씨는 여기에서 누가의 에비온 전통을 발견하려고 한다.[51] 에비온 전통에서 유래한 화선언들을 보도함으로서 누가는 극빈자들을 위한 복음의 당파성을 분명히 하고 있다.

화선언의 대상은 누구인가? 누가 공동체에 속한 부유한 그리스도인들인가?[52] 유대교 회당공동체의 지도계층인가?[53] 바리새파의 율법학자들인가?[54] 제자권 밖에 머물러있는 사람들 일반인가?[55] 누가 공동체에 대적하였던 부유한 랍비나 아니면 소종파들인가?[56]

그룬트만(Grundmann)에 의하면 화선언의 대상은 부유한 사람들이다. 그들을 종말적 회개에로 촉구하는 말씀이라는 것이다.[57] 슈미트할스(Schmidthals)도 이와 유사한 지평에서 생각한다. 원래는 누가 교

---

51) E. Percy, 앞 책, 106. 누가복음에서 발견되는 그 밖의 에비온 전통들은 다음과 같다: 13: 10~17; 14: 1~6; 15: 3~7; 17: 11~17; 18: 10~14; 19: 1~10; 5: 27~32.
52) R. J. Karries, *The Lukan "Sitz im Leben" Methodology and Prospects*, SBL Seminar Papers, London. 1976, 219-233.
53) H. A. W. Meyer, *Evangelien des Markus und Lukas*, KEK 9, Göttingen 1954, 295.
54) H. Schürmann, 앞 책, 340.
55) H. Schneider, *Das Evangelien nach Lukas* 2Bd, GTB 500. 501. Gütersloh, 1977, 153.
56) F. Hauck, *Das Evangelien des Lukas*, ThHKIII, Leipzig, 1934, 84.
57) W. Grundmann, *Das Evangelium nach Lukas*, ThHK NT3, Berlin, 1978, 144f. "화선언은 가난한 사람들을 박해하는 사람들에 대한 회개를 겨냥하고있다. 부자들은 그들이 재물이 많기 때문이 아니라, 재물 가운데서 자기 자신의 삶의 보장을 추구하기 때문에 저주의 대상이 된다."

회의 정규 멤버였다가 재물이 많아 신앙생활을 포기하고 교회를 떠나간 부유한 사람들이 화선언의 대상이라고 슈미트할스는 보고 있다.[58]

한편 슈어만(Schürmann)은 26절에 등장하는 거짓 예언자들에 주목한다. 이와 연관성 속에서 39절 이하에 등장하는 거짓 선생들이 화선언의 대상이라는 것이다. 이러한 현상은 초기그리스도교 이단 논쟁에서도 찾아볼 수 있다.[59] 호른(Horn)은 화선언의 사회적 배경으로써 두 사회적 집단 사이의 갈등을 상정한다. 주로 갈릴리의 사회적 소수자들로 구성된 유대계열의 초기그리스도교 공동체와 중산층 이상의 구성원을 가진 유대 회당공동체 사이의 사회계층적 갈등이 화선언의 배경을 이루고 있다는 것이다.[60] 24절에서 약속된 신적인 "위로"(paraklesis)는 과연 누구에게 속하는가? 부유한 회당공동체 구성원인가 아니면 가난한 유대계 그리스도교도들인가? 누가 참 이스라엘이요 누가 거짓 이스라엘인가? 누가 참 예언자요 누가 거짓 예언자(pseudoprpophetai)인가?[61] 어느 집단이 참 하나님 백성이며 참 이스라엘인가? 화선언의 배경에는 이러한 논쟁이 깔려 있다.

누가는 의도적으로 극빈자들에 대한 축복선언과 부자들에 대한

---

58) W. Schmithals, *Das Evangelium nach Lukas*, Zürich, 1980, 81f. 슈미트할스는 여기에서 어록공동체의 고난, 박해, 빈곤의 상황을 역사비평학적 반성 없이 누가공동체의 상황과 일치시키고 있다.
59) H. Schürmann, 앞 책, 339f.
60) F. W. Horn, *Glaube und Handeln in der Theologie des Lukas*, GThA Bd.26. G ttingen, 1980, 19f.
61) 동상(同上).

화선언을 대립시킴으로써 두 사회계층 사이의 긴장과 갈등을 첨예화한다. 사회의 한편에는 부유한 자, 배부른 자, 웃는 자들이 있고, 다른 한편에는 극빈 자, 배고픈 자, 우는 자가 있다.[62] 사회적 양극화로 인한 이러한 갈등은 누가복음의 다른 곳에서도 나타난다. '마리아 찬가'(1:46~55)와 '부자와 거지 나사로의 비유'(12:13~34)를 그 예로 들 수 있다.

화(禍)선언과 함께 이러한 누가의 본문들은 부유한 사람들을 돌이켜 구원으로 인도하기 위한 목적을 지니고 있다기보다는 양극화된 사회의 모순을 액면 그대로 폭로하는데 초점이 있다. 다시 말하면 탐욕에 눈이 어두워 가난한 이웃과 나누는 삶을 게을리 했던 부유한 사람들에 대한 심판이 초점을 이룬다.

소브리노(Sobrino)는 부의 본질을 예리하게 파헤친다 : "부는 본질적으로 악의 뿌리요 … 부는 불의이다. 그것은 인간의 마음을 하나님으로부터 차단시킨다. 재화의 축적인 부는 물론 타인으로부터 강탈한 것이다. 이런 근거에서 부자는 가난한 사람들의 착취자이다."[63] 부유한 사람들은 재화로 인해서 이미 이 세상에서 위로를 받았다(24절). 따라서 하나님 나라에 들어갈 수 없다는 것이 누가의 신학적 입장이다.

---

62) J. Ellacuria, "Die Seligpreisungen als Grundgesetz der Kirche der Armen," in: G. Collet(Hrg.), *Der Christus der Armen. Das Christuszeugnis der lateinamrikanischen Befreiungstheologen*, Freiburg, 1988, 184-200.

63) J. Sobrino, Der Gott des Lebens wird sichtbar bei Jesus von Nazareth, in: H. Assmann(Hrg.), *Die Götzen der Unterdrckung und der befreiende Gott*. Münster, 1984, 63-110. (77).

가난과 부는 상관되어 있듯이, 부자와 가난한 사람도 서로 연관되어 있다. 가난한 사람들을 위한 복음의 당파성을 엘라꾸리아(Ellacuria)는 다음과 같이 말한다. "사회계층적 대립 상황에서 하나님은 부자들의 반대편에 서 계신다. 하나님은 가난한 사람들, 압제당하는 사람들 편에 서 계신다. 하나님과 그의 나라는 당파적(parteiisch)이다. 철저히 당파적이다."[64]

프토코스(ptochos)

'가난한 사람'에 해당하는 그리스어로는 '프토코스(ptochos)'와 '페네스(penes)'가 있다. 프토코스는 이웃의 보살핌이나 물질적 도움이 없이는 생존이 불가능한 사람을 일컫는다. 오늘의 용어로 표현하면, 극빈자 또는 '생활보호 대상자'에 해당된다. 자기 자신의 육체적 노동력을 팔아서 생계를 이어갈 수 없는 지체부자유자, 병자, 걸인 등이 주로 프토코스에 속한다.

반면에 페네스(penes)는 열심히 노동을 하여도 응분의 대가를 받지 못하고 궁핍한 생활에 쪼들려야만 사람을 일컫는다.[65] 오늘의 용어로 바꾸면 '서민 대중'에 해당될 것이다. 프토코스(ptochos)는 절대적 빈곤에 처한 사람을 가리킨다면, 페네스(penes)는 상대적 빈곤에 처한

---

64) J. Ellacuria, 앞 책, 192.
65) 참조, M. Puzicha, *Christus Peregrinius, Die Fremdenaufnahme(Mt25, 35) als Werk der privaten Wohlttigkeit im Urteil der Alten Kirchen*(MBThH47), Münster, 1980, 24.

사람을 지칭한다.[66] 일용할 양식을 위해서 매일 육체노동을 하지 않으면 안 되는 소농, 수공업자 그리고 소상인 등이 페네스에 속한다.

가난한 사람에 해당하는 히브리-구약적 개념으로는 '아니(ani)', '달(dal)', '에비온(ebion)', '레쉬(resh)' 등이 있다.[67] 그들이 겪는 물질적 빈곤은 제도적인 결과로서 주로 사회 구조적 모순으로 인한 불의에서 기인한다. 따라서 그들은 야훼의 공의로운 심판을 대망하며 사는 사람들이다. 구약에서는 사회경제적 빈곤과 종교적 지평에서의 경건이 밀접하게 연결되어 사용되고 있다.

구약성서에 나타난 가난한 사람들

기원전 13세기에 있었던 히브리인들의 이집트 탈출사건(Exodus)은 이스라엘 백성의 신앙고백의 중심에 서 있다. 야훼 하나님에 의해

---

66) 참조, F. Hauck, ptochos, *ThWNT VI*, 888f.
67) 참조, E.Bammel, ptochos, *ThWNT VI*, 888f. '아니'(*ani*)는 대체로 물질적으로 궁핍하고 신체적으로 연약한 사람을 지칭한다. 동시에 야훼를 신뢰하는 경건한 사람을 뜻하기도 한다(시편18편 28절). 이에 대하여 '에비온'(*ebion*)은 자선에 의존해야 생명을 부지할 수 있는 걸인을 뜻한다. 구약에서 가장 폭 넓게 쓰이는 이 개념은 야훼의 〈공의〉(체덱카: zedeka)로운 통치와 연관성을 지닌다.(시편 35편 10절; 37편 14절; 40편 18절; 70편 6절; 74편 21절; 81편 1절; 109편 16, 22절). '달'(*dal*)은 사회의 중심부에서 밀려난 주변부 계층을 총칭하는 개념으로 쓰인다. 물론 달은 아니·에비온과 함께 사회적 불의로 인한 모순으로 이해된다(아모 4장 1, 2절; 8장 4, 6절). 참조, M. Fendler, Zur Sozialethik des Amos, *Ev.Th 33*, 1973, 32-53. '레쉬'(*resh*)는 순수 사회경제적 지평에서의 가난한 사람을 뜻한다. 지혜문학에서 이 개념은 가난의 책임을 개인의 게으름 탓으로 돌리는 것이 특징이다.

서 이스라엘 백성이 이집트 파라오의 압제에서 벗어났다. 이 해방 사건을 이스라엘은 그들의 역사 속에서 부단히 회상하고 자손에게도 잊어버리지 않도록 교육시킨다. 이집트 파라오로부터의 해방 사건을 통해서 이스라엘은 그들이 야훼 하나님의 백성이라는 자아정체성(自我正體性)을 확고히 하였다. 이스라엘 신앙고백의 원형은 신명기 26장 5~9절에서 발견된다:

> 너희는 너희 하나님 야훼 앞에 아래와 같이 아뢰어야 한다. "제 선조는 떠돌며 사는 아람인이었읍니다. 그는 얼마 안 되는 사람을 거느리고 이집트로 내려가서 거기에 몸 붙여 살았습니다. 그러나 그는 거기에서 불어나 크고 강대한 민족이 되었습니다. 그래서 이집트인들은 우리를 억누르고 괴롭혔습니다. 우리를 사정없이 부려먹었습니다. 우리가 우리 선조들의 하나님 야훼께 부르짖었더니, 야훼께서는 우리의 아우성을 들으시고 우리가 억눌려 고생하며 착취당하는 것을 굽어 살피셨습니다. 야훼께서는 억센 손으로 치시며 팔을 뻗으시며 온갖 표적과 기적을 행하심으로써 모두 두려워 떨게 하시고는 우리를 이집트에서 구출해 내셨습니다. ⋯ "

초기 이스라엘과 가난한 사람들

이스라엘 민족이 맨 처음 인류 역사의 무대에 등장한 것은 기원전 13세기 말경이다. 이 시기의 팔레스타인 사회는 청동기 시대에서 철기시대로 이행되는 과도기였다.[68] 당시 팔레스타인에 거주하고 있던 여

---

68) 초기 이스라엘 형성기의 사회적 변동에 관한 사회사적 연구로는 다음의 책들이

러 족속들 사이에는 전쟁이 끊이지 아니 했다. 도시와 옥토는 주로 가나안 족속들에 의해서 다스려졌다. 일찍이 철기문화를 꽃피웠던 가나안 족속들은 강력한 철제무기를 앞세워 다른 족속들을 압제하고 있었기 때문이다. 반면에 낙후한 무기를 지니고 있던 족속들은 산악지대로 밀려날 수밖에 없었다.

로핑크(Lohfink)는 이 시기 팔레스타인 사회의 재편 과정에서 발생한 이주운동을 도시사회(Städtegesellschaft)와 지파사회(Stammengesellschaft) 사이의 갈등 지평에서 이해하고 있다.[69] 야훼 하나님에 의한 출애굽 해방사건을 경험했던 히브리인들, 곧 야훼지파는 요르단강을 건너 가나안 지역에 들어왔을 때 그 지역의 도시에는 이미 가나안 여러 족속들에 의해서 도시국가가 형성되어 있었다. 히브리 야훼지파는 팔레스타인의 불모지인 산악지대에 거주할 수밖에 없었다. 그들은 동일 지역에 삶의 터전을 마련하고 있던 이스라엘 여러 지파들과 동맹을 체결하고 소위 초기 이스라엘 지파동맹사회(Amphikthiony)를 건설하기에 이르렀다.

이스라엘 지파동맹 사회는 가나안 도시국가들에서 볼 수 있는 바와

중요하다. N. K. Gottwald, *A Sociology of the Religion of liberated Israel, 1250-1050 BCE*, New York, 1979; W. Thiel, *Die soziale Entwicklung Israels in vorstaatlicher Zeit*, Neukirchen-Vluyn, 1985, 88-164; F. Crüsemann, *Der Widerstand gegen das Königtum*, Neukirchen-Vluyn, 1978.

69) N. Lohfink, "Warum wir weiter nach Israel Anfängen fragen müssen? Was läßt sich von der Landnahme wissen?" *Katholische Blätter 110*, 1985, 110-175 (175).

같은 왕을 세우지 아니 하고, 야훼 하나님 신앙 아래서 지파 공동체들 사이에 평등구조를 이루고 있었다. 로핑크는 초기 이스라엘 지파동맹 사회의 특징을 다음과 같이 기술하였다.

> 농사짓는 일에 종사하는 농부들에 의해서 구성된 초기 이스라엘 지파동맹 사회제도는 포괄성을 특징으로 하고 있다. 그들은 중앙집권적인 통치체제를 형성한 것이 아니라, 사회경제적 평등에 입각한 민주적인 지파동맹 사회제도를 이루고 있었다.[70]

한 곳에 정착하지 못하고 떠돌며 살았던 유목 아람인의 하나님, 히브리 노예들을 이집트 파라오의 압제 하에서 해방시킨 하나님, 가나안 입주 후 왕 중심의 가나안 도시국가들의 압제 하에서 밀려 변두리에 살아가고 있는 소수자들의 하나님이었다. 이러한 전통을 자랑스럽게 여기는 이스라엘에게 야훼 하나님은 곧 사회적 약자들 편에 서 있는 해방의 하나님이었다. 일차적으로 사회의 약자들, 즉 과부, 고아, 이방인들을 돌보시는 하나님으로 받아들였다(신명 10:17f).

다윗왕조와 가난한 사람들

초기이스라엘의 지파동맹 사회제도가 경제적으로는 "아시아적 생산양식"의 사회구성체로 그리고 정치적으로는 중앙집권적인 "다윗왕조시대"에로 이행되면서(BC 1000년경), 팔레스타인에는 사회계급이 출

---

70) N. Lohfink, 앞 책, 173.

현하게 되었다. 다윗왕조의 궁정사가는 출애굽 사건을 이제 사회경제적 지평에서 이스라엘 노예들의 해방사건으로 판독하는 것이 아니라, 민족주의적 지평에서 이스라엘 민족의 해방사건으로 새롭게 해석하였다. 이러한 과정에서 야훼기자는 출애굽 사건을 이스라엘의 가부장주의 전승들과 연결시켰다(출애 3:16). 야훼는 다윗왕조에 이르러 이런 식으로 다윗왕조의 안녕과 발전을 책임지는 국가신으로 되어갔다. 야훼는 약자의 하나님, 이스라엘 민중의 하나님에서, 이제 바로 그들을 압제하는 다윗왕조의 하나님, 강자의 하나님, 지배자의 하나님으로 되어갔다.

계약법전과 가난한 사람들

초기 이스라엘 지파공동체 사회가 다윗 군주국에로 이행되면서 이스라엘 사회 내에 소위 계층 분화현상이 나타나기 시작하였다. 사회적 계층분화는 사회의 부익부 빈익빈 현상을 초래하였는데, 이러한 사회적 모순의 축적을 이스라엘 사회 전반에 걸친 위기를 동반하였다. 이 위기를 극복하기 위한 노력들 가운데 하나로써 사제들에 의해서 주도된 계약법전의 한 행을 들 수 있다: 계약의 책(출애 20:22~23), 신명기적 계약법전(신명 12~26장), 성결법전(레위 17~26장)이 그것들이다.[71] 이 법

---

[71] 복합적인 문학적 성장과정에서 형성된 "계약 책"은 초기 이스라엘의 정착과 군주국 형성 사이의 과도기의 사회계층적 현실을 반영하고 있다. G. Wanke, Bundesbuch, *TRE VII*, 412ff. 이 계약책은 이스라엘에서 가장 오래된 것 가운데 하나인데, 최종 편집을 12세기 말경으로 보고 있다.

전들의 기본 요소들은 이스라엘 민중의 관습법에서 유래되었는데, 이스라엘 사회의 계층적 위기극복을 겨냥하고있다. 노예들의 사면(출애 20:1~11), 고리대금업 금지와 저당물에 대한 새로운 법규(출애 22:24~26) 그리고 가난한 사람의 보호권(출애 22:20~23; 23:9) 등이 이 법전들의 핵을 이루고 있다.

예언자들과 가난한 사람들

BC 734년 앗수르의 침공 이전까지 다윗왕조는 외형적으로는 강력한 독립국가를 형성하고 있었으나 사회집단간의 계층적 갈등을 더욱 심화되었다. 이 시대를 기점으로 많은 예언자들이 등장하였다.[72] 이들 예언자들의 공통점은 야훼의 이름으로 등장하여 이스라엘 민중을 압제하는 이스라엘 지배계층(부자와 세력가들)에 대한 야훼 하나님의 심판을 선언하는 것을 주요 과제로 하고 있다는 것이다.

시편과 가난한 사람들

탄식 시에 속하는 여러 시들은 가난한 사람들의 간구를 다루고 있는데, 그들은 고난 가운데서 구원에 대한 희망을 가지고 성전을 찾는다.

---

72) H. W. Wolff, *Studien zur Prophetie in Probleme und Erträge*, München, 1987, 10ff. 8세기에 북 이스라엘에 아모스과 호세아가, 그리고 남 유대에 이사야와 미가가 등장하였다. 7세기 중엽에 하박국, 스바니아, 에레미야가 활동하였고, 이스라엘 함락 이후(587년) 오바댜, 에제키엘이, 6세기 중엽에 제2 이사야가 등장하였고, 스가랴와 학개는 포로생활 이후 귀향길에 동반하였다.

여기에서 야훼는 가난한 사람들, 고아, 과부, 나그네의 보호자로 소개 된다(10:8~14). 정의의 재판관 야훼는 부자에게 압제당하는 가난한 사 람들을 그들의 적으로부터 보호한다(37:4~17). 고난 가운데서 구원받 은 그들은 야훼 이름을 그의 형제들의 회중에서 선포한다(22:3~27). 가 난한 사람들은 고난 가운데서도 항상 야훼를 앙망하고 신뢰한다.

쿰란공동체와 가난한 사람들

쿰란공동체 구성원들은 가난한 사람들이라는 종말론적 자의식을 가지고 있었다.[73] 부자들과 권력자들에 대한 대립모형(Gegentyp)으 로써의 가난한 사람들은 동시에 고난당하는 의인이요 하나님의 정의 로운 심판을 대망하는 경건한 사람이다. 종교적 형식으로 표현된 가난 한 사람으로써의 종말론적 자기이해(Selbstverständnis)는 쿰란공동 체의 사회적 현실을 반영하고 있음이 틀림없다.[74]

이상을 요약해보면, '가난한사람' 구약성서에서 일차적으로 사회경 제적 지평에서 이해되고있음을 알 수 있다. 이와 더불어 가난한 사람 들은 압제의 상황에서 하나님을 신뢰하고 하나님의 정의로운 심판을 대망하는 사람으로 이해된다.

---

73) *1QH18,14f; 1QM11,10.* 참조, E. Lohse(Hrg.), *Die Text aus Qumran, Hebräisch und Deutsch. Mit masoretischer Punktaktion. Übersetzung, Einführung und Anmerkungen*, Darmstadt, 1986 XIII-XX.

74) 참조, J. Maier, Armut IV. Judentum, *TRE IV*, 80-84.

Q본문에서 예수가 하나님 나라의 일차적 수혜자로써 선언하고 있는 '극빈자들'(ptochoi)을 살펴본 구약전통과 상호 연관성 가운데서 이해되어야 할 것이다.

하나님의 나라[75]

신약성서의 '하나님 나라'에 해당하는 구약성서의 개념은 '말쿠트 야훼(malkut Jawhe)'이다.[76] '말쿠트 야훼'는 기능적인 면에서 볼 때 하나님의 왕적 통치, 왕적 존엄, 왕적 권위, 왕적 통치행위 등을 뜻한다. 지정학적 면에서 볼 때 이 개념은 또한 하나님 나라, 하나님 왕국을 지칭하기도 한다. 그런데 구약성서에서 '말쿠트 야훼'는 항상 공동체의 구원과 연관성 가운데서 사용된다. 특히 이스라엘의 사회적 약자들의 구원을 표시한다.

초기 이스라엘과 야훼통치

초기 이스라엘의 지파사회가 가나안 도시국가의 압제로부터 도피한 이주민에 의해서 그리고 다른 한편으로 출애굽경험 집단에 의

---

75) 참조, O. Componovo, *Königtum, Königsherrschaft und Reich Gottes in den frühjüdaischen Schrifte*, Freiburg, 1984.
76) 참조, G. v. Rad, basileus, *ThWNT I*. 569; W. Schmidt, *Königtum Gottes in Ugarit und Israel. Zur Herkunft der Königspredikation Jahwes*, Berlin 1961. 야훼의 왕적 표현("melek")에 비하여, 야훼의 통치("malkut Jawhe")는 비교적 구약에서 드물게 나타난다(역대상 17:14; 28:5; 시편 103:19; 145: 11, 12, 13).

해서 형성되었다는 것은 이미 언급된 바 있다. 따라서 초기 이스라엘 지파사회가 반(反)가나안적 그리고 '반(反)도시국가적 경향성'(Antistadtstaatliche Tendenz)을 띠었으리라는 것은 쉽게 알 수 있다.[77] 초기 이스라엘은 야훼를 가나안 도시국가의 왕에 대한 '대립모형'(Gegenmodell)으로 이해하였는데(1사무 8:5), 그것은 그들을 압제하였던 가나안 왕들에 대한 부정적 경험을 반영하고 있다. 야훼 하나님의 통치 사상 밑에서 초기 이스라엘은 지파들 사이에 비교적 평등주의적 지방자치제 공동체를 형성하였던 것 같다.[78]

다윗왕조와 야훼 왕권

초기 이스라엘의 평등주의적 지파사회가 내우외환으로 인하여 위기에 봉착하게 되자,[79] 강력한 사병을 거느린 사울과 다윗에 의하여 왕국이 설립되었다. 다윗왕조의 성립과 더불어 야훼는 이제 다윗왕조의

---

77) 참조, H. Donner, *Geschichte des Volkes Israel und seiner Nachbarn in Grundzügen*, Göttingen, 1978, 117-166.
78) 이스라엘은 기드온에게 왕이 되어줄 것을 강력히 요청하나 그는 거부한다. 왜냐하면 야훼만이 이스라엘을 통치하기 때문이라는 이유이다(판관19-21장). 참조, W. Thiel, 앞 책, 126-144.
79) 초기 이스라엘 내의 분규로는 기드온의 쑥곳 침략(판관 8:4~21); 타 지파의 베냐민 지파 공략(판관 19~21장)을 들 수 있다. 외적 우환으로는 모압, 암몬, 블레셋 족속의 끊임없는 침략을 들 수 있다. 이러한 위기상황에서 초기 이스라엘은 왕과 직업군인 중심의 강력한 통치를 요구하였다. 야훼통치의 이상과 현실적인 왕적통치의 요구 사이의 갈등은 왕국 설립과정에서 잘 나타나고 있다(1사무 7~12장). 이 과정에서 야훼통치와 지상왕적 통치 사이의 대립(1사무 8:7; 12:12), 지상 왕에 대한 부정적인 시각(1사무 8:11~18; 10:19; 12:17.19.20), 왕에 대한 적극적인 평가(1사무9:1~10. 16; 12:1~2)도 나타난다.

수호신으로, 시온성전의 국가 신으로 되어갔다. 야훼종교는 국가 통치 이데올로기의 역할을 수행하기에 이르렀다(시편 2:45; 47:9; 110). 다윗왕조의 통치는 야훼통치의 연장선상에서 이해되었다. 이런 식으로 다윗왕조는 야훼통치라는 이름 아래서 이스라엘 민중의 압제와 착취를 정당화하였던 것이다. 이러한 상황에서 예언자들이 등장하였다. 예언자들은 야훼의 이름으로 등장하여 이스라엘 백성을 억압하는 다윗왕조의 통치에 대한 하나님의 심판을 선언한다. 그들에게 있어서 민중 당파적 '야훼 통치'는 다윗왕조의 지배 이데올로기화된 성전 중심의 야훼통치에 대한 하나의 '대안적 성격'을 갖는다.[80]

바빌론 포로기와 야훼통치

BC 6세기말 바빌론의 느부갓네살 2세에 의하여 예루살렘 성전이 함락된 이후(2열왕 25:1~21) 이스라엘은 국가의 주권 상실하고 말았다. 바빌론 포수기(捕囚期) 동안에 이스라엘 백성이 당해야 했던 고난과 구원에의 희망은 이사야서에 잘 나타나 있다. 무명의 예언자 제2 이사야가 부른 "고난의 종의 노래"(Ebed-Jahwe-Lied)에서 야훼는 지상 왕들이나 기득권자들의 왕이 아니라 오직 고난당하는 이스라엘의 하나님일 뿐이다(이사 44:6).[81] 야훼는 흩어진 그의 백성들을 모으고(이사 43:5), 그들을 시온으로 귀환시킬 것이다(이사 52:75). 그는 다윗왕과 같

---

80) 참조, E. Zenger, Herrschaft Gottes/Reich Gottes, *TRE XV*, 176-189.
81) 제2 이사야는 4 차례에 걸쳐 고난의 종의 노래를 기술하고 있다: 이사 42:1~4(5~9); 49:1~6(7~12); 50:4~9(10f); 52:13~53:12. 참조, O. H. Steck, Aspekte des Gottesknechts in Deuterojesajas "Ebed-Jahwe-Liedern," in : *ZAW 96*, 372ff; O. Michel, Deuterojesaja, *TRE 8*, 510-530.

은 대리자를 내세워 통치하는 것이 아니라 친히 통치하실 것이다. 이와 더불어 야훼 통치는 고난 속에 있는 이스라엘 백성의 종말적 해방 사건과 결부된다(이사 52:7~12; 61:1~11).[82]

묵시문학 시기와 야훼통치

다니엘서는 셀레우코스의 안티오쿠스 4세에 의해서 실시되었던 야훼종교 금지칙령 시대에 쓰여 졌다.[83] 꿈의 해석을 포함하여 다양한 은유적인 이야기들을 통해서 다니엘서 저자는 세상 권력(셀레우코스 왕조)에 대립되는 야훼 하나님의 종말적 통치를 선언한다(2~6장). 다니엘서에서 세상 왕국은 짐승의 형상으로 비유된다. 다니엘은 네 짐승에 대한 환상(7:2~8)과 마지막 짐승이 지극히 높으신 분의 심판대 앞에서 죽임당하는 것을 목격한다(7:11). 이 때 하늘에서 '사람의 아들 같은 분'(kibar anosh)이 구름을 타고 야훼 하나님 앞에 인도된다. 하나님은 그에게 왕적 통치를 위임하신다.

그런데 놀라운 것은 종말적 구원자의 표상인 '사람의 아들 같은 분'이 집단적인 개념으로 쓰이고 있다는 점이다. 그는 고난 가운데 있는 야훼의 백성들과 동일시된다.[84] 그들은 안티오쿠스 4세의 혹독한 박

---

82) 참조, J. Krauss, *Die Königsherrschaft Gottes im Alten Testament*, Tübingen, 1951.
83) 참조, K. Koch, *Das Buch Daniel*, Darmstadt, 1980.
84) '키바르 아노쉬'(kibar anosh)는 상이하게 표현되고 있다; '지극히 높은 분의 성도'(7:18, 22), '성도'(7:22), '지극히 높은 분의 거룩한 백성'(7:27). 참조, N. Porteus, *Das Buch Daniel*, Göttingen, 1968, 96; O. H.

해 속에서도 굽히지 않고 죽음을 각오하고 야훼 하나님에 대한 신앙의 정조를 지킨 이스라엘의 경건한 백성들임에 틀림없다.[85] 셀레우코스 왕조의 박해 시대가 종말을 향해 치닫고 있고, 이스라엘이 당하는 고난은 끝나가고 있으며, 그들이야말로 도래하는 하나님 나라의 주인이라는 자의식이 다니엘서의 주요 내용을 이루고 있다.

이상에서 개략적으로 살펴본 바와 같이, 구약성서 전통에서 '하나님 나라' 표상은 인간이 죽어서 가는 피안적인 세계나 개인이나 내면적 차원과 연결되어 형성된 것이 아님을 알 수 있다. 외세의 침략과 박해라는 역사의 한 복판에서 이스라엘 백성이 겪어야 했던 고난의 현실과 연결된 개념이 다름 아닌 하나님의 통치라는 개념이었다. 이스라엘 백성의 고난과 희망의 언어인 하나님 통치 개념이 후기 유대교 시대에 이르러 묵시적 종말 차원을 지니게 되었다. 예수가 선포한 하나님 나라도 이러한 구약성서적 전통에 서 있음을 볼 수 있다.

Q공동체의 하나님 나라 운동

위에서 살펴본 대로, Q의 축복선언문은 크게 두 부분으로 구성되어 있다. 지상 예수에게 소급시킬 수 있는 첫 부분의 세 축복선언문은 AD 1세기 팔레스타인 사회의 중심부에서 밀려난 주변부 민중들, 곧 로마

Steck, Weltgeschehen und Gottesvolkes im Buch Daniel, in:ders, *Wahrnehmung im AT*, Tübingen, 1980, 53-78.
85) 참조, O. Componovo, 앞 책, 124.

제국과 헤롯 정권에 의해서 삶의 뿌리를 상실당한 갈릴리 민중을 복있는 자들로 선언한다. Q는 극빈자, 배고픈 자, 우는 자들이야말로 하나님 나라의 우선적인 수혜자임을 선언한다.

사회적 소수자들을 위한 Q의 묵시종말적 희망은 마르크스가 말하는 바와 같이 민중에게 저항의지를 무력화시키는 아편의 기능을 수행하는 것이 아니다. 로마통치의 시대는 끝나가고 하나님이 통치하는 새 시대가 임박했다는 희망은 오히려 그와 반대로 변혁의지의 적극적인 표현이라고 보아야 하지 않을까? 민중의 현실 도피적 자의식이 아니라, 사회 변혁적 자의식이 Q의 축복선언을 가능하게 했다. Q의 '하나님 나라'는 에른스트 블로흐(E. Bloch)가 말하는 현실변혁의 동인으로서의 "역사 외점"(Außerpunkt)의 기능을 한다고 볼 수 있기 때문이다.

팔레스타인 북부 변방 갈릴리 농촌지역의 주변부 민중에 의해서 구성된 초기그리스도교 Q공동체는[86] 그들이야말로 하나님 나라, 즉 새 세계의 수혜자라는 자의식을 가지게 되었다. Q의 주변부 민중의식은 그들로 하여금 하나님 나라 선교운동에로 내모는 결정적인 동인이 되었을 것이다.

Q의 영적 지도자들인 카리스마적 떠돌이 예언자들(Wander-charismatiker)은 철저한 종말의식에 사로잡혀 살았다. 그렇기 때문에

---

[86] 초기그리스도교의 Q공동체에 대한 사회사적 연구로는 김명수, "원시그리스도교 어록공동체의 주변부 민중 예수운동," 『신학사상』 겨울호, 1990.

그들은 하나님 나라를 수동적으로 기다리지 않고, 집과 소유와 고향을 버리고 일정한 거처 없이 떠돌아다니는 유목의 삶(nomadic life)을 살았다. 그들의 스승 예수가 그리했던 것처럼, 그들 역시 하나님 나라의 임박을 선포하고 병자를 치유하며 귀신을 축출하였다. Q의 떠돌이 예언자들은 그들의 선교현장 한 복판에서 스승 예수의 하나님 나라 선포를 재 선포하였고, 종말적 해방의 실천을 재 실천하였다. 그럼으로써 그들은 스승 예수의 삶과 연결되어 있다는 정체성을 확인할 수 있었다.

이러한 해방의 실천 가운데서 그들은 필연적으로 기존 종교 세력들로부터 박해와 모욕을 당할 수밖에 없었다. '사람의 아들' 예수 때문에 그들이 당하는 박해를 Q는 신명기적 예언자들의 순교자 전통에서 새롭게 판독(relectura)하고 있다. 신명기적 예언자들이 이스라엘 민중 편에 서서 그들을 억압하는 지배계층에 대하여 하나님의 심판을 선포하였다. 그들의 스승 예수도 마찬가지로 Q예언자들 역시 박해를 받고 순교를 당하였다. 그것은 곧 스승의 고난에 참여하는 길이었고, 스승과 하나되는 길이기도 하였다. 그러니 수난을 당할 때 오히려 기뻐하고 즐거워하라고 한다.

여기에서 경계해야 할 것이 있다. 하나님 나라는 하나님에 의해서 인간들에게 선물로 주어지는 것이기 때문에, 인간은 오로지 그 앞에서 수동적으로 기다릴 뿐이라는 서구 부르조아 신학의 도그마에 Q의 하나님 나라 이해는 위배된다는 생각이 그것이다.[87] 하나님 나라의 도

---

87) 필자는 여기에서 로제(E. Lohse), 빌켄스(U. Wilkens) 등을 염두에 두고 있다.

래를 위한 인간의 노력과 애씀이 그들에게는 곧장 율법을 통한 구원을 얻으려는 유대교의 공의(功義) 사상과 동일시되고, 그것은 오직 신앙을 통하여서만 구원의 가능성을 제시하는 그리스도교 교리(바울의 칭의론)에 정면 배치된다는 것이다.

그런데 Q는 이와 달리 하나님 나라를 단지 수동적으로 기다림의 대상으로만 이해하지 않고 있다는 점에 유의해야 할 필요가 있다. 만약 Q가 하나님 나라를 단지 수동적인 기다림의 대상으로 알고 아무 일도 하지 않았다면 박해도 수난도 당하지 아니하였을 것이다. Q예언자들은 하나님 나라를 인간 내면의 세계나 피안의 세계에서 찾지 않고 로마의 현실통치와 전혀 다른 역동적인 힘으로 이해했다. 하나님 나라의 역동성은 주변부 민중의 운명을 송두리째 바꾸어놓는 그 무엇이었다. 따라서 Q예언자들에게 하나님 나라는 수동적 대망의 대상을 넘어서 능동적인 실천의 대상이었다. 예수의 수난과 죽임 당함을 그의 민중당파적 하나님 나라 실천운동의 결과이듯이 Q예언자들이 받았던 박해와 수난은 그들의 민중 당파적 하나님 나라 선교의 결과라고 보아도 무방할 것이다. 수동적인 기다림을 너머 능동적이고 주체적인 실천을 통하여 Q는 하나님 나라를 그들의 민중선교 현장에서 육화시켜 나갔던 것이다.

"…결정적인 것, 모든 것을 변화시키는 변화는 인간의 행위를 통해서 수행되는 것이 아니다. 그것은 … 오로지 하나님을 통해서만 온다. 그것은 빈손으로 하나님의 자비를 겸손하게 기다리는 자에게만 주어진다. 그 때에 그는 비로소 하나님 나라를 얻게 된다."(E. Lohse, Das Evangelium für die Armen, ZNW 72, 1981, 81).

우리는 Q의 하나님 나라 운동에서 그람시(A. Gramsci)적 의미에서의 하나의 직접적인 '유기적 기능'(organische Funktion)을 찾을 수 없다.[88] 뿐만 아니라 알뛰세(L. Althusser)적 의미에서의 '이데올로기적 기능'(ideologische Funktion)[89]도 찾아볼 수 없다. Q는 젤롯당 처럼 사회적 불만 세력들을 유기적으로 규합하지도 아니하였고 또한 그들을 의식화시켜 로마에 대항하는 결사 항전에로 내 몰지도 아니하였다. 그렇다고 해서 Q의 예수운동이 바리새파의 시민운동처럼 이데올로기적 기능을 수행하였다고 볼 수도 없다. 왜냐하면 Q는 하나님 나라의 지평에서 기존 질서를 향하여 총체적인 질문을 던지고 있기 때문이다.

한국교회와 가난한 사람들

우리의 주제와 관련하여 오늘날 제3 세계 민중이 겪고 있는 빈곤의

---

88) 참조, G. Huidobro, *Das Bildungskonzept Antonio Gramcis*, Löwen, 1973 Kap.1.1. 그람시는 서구 부르주아 자본주의 체제 하에서 급진적인 노동계급 혁명이 불가능하다는 진단을 내리고, 진지전적이고 점진적인 혁명 전략을 수립한다. 그는 서구 부르조아 사회에서 도덕적 지도력, 곧 헤게모니를 장악함으로서 권력쟁취가 가능하다고 본다. 여기에서 지식인의 역할이 강조된다. 지식인을 매체로 하여, 한편으로는 상부구조를, 다른 한편으로는 노동계급을 조직해 나감으로써 점진적으로 헤게모니를 장악해간다는 전략이다. 이러한 그람시적 처방은 사회 민주주의적 대안의 한 형태라고 볼 수 있다.

89) R. Schweicher, "Epistemologie bei Althusser. Einige Bemerkungen zu Althussers Theorie der Ideologie," in: H. J. Sandküler(Hrg.), *Althusser. Kontroversen über den Klassenkampf in der Theorie*, Köln, 1977, 143-158. 루이 알뛰세는 사회구성체의 요소로써 정치적 층위, 경제적 층위와 더불어 이데올로기적 층위를 제시한다. 그는 국가 기구로써 종교가 갖고 있는 이데올로기적 기능을 강조한다.

현실은 운명도 아니요 하나님의 섭리나 불가항력적인 운명도 아니다. 그것은 불의한 사회제도가 결과한 스캔들이요, 따라서 정의로운 사회 건설과 더불어 극복될 수 있는 사회적 모순이다. 그렇기 때문에 Q공동체가 전개했던 당파적 하나님 나라 운동과 정의가 통치하는 민주사회 건설운동 사이에는 상호공속적(相互共屬的)인 관계가 있다. 하나님 나라 운동이 오늘날 민주사회 건설 운동과 분리하여 생각될 수 없다면, 하나님 나라 운동의 전위대로서 부름 받은 한국교회가 어디에서 자기 정체성을 찾아야 할 것인가?

"현대화"과정에서 밀려난 주변부 민중과의 연대적 실천이야말로 한국교회가 자기정체성을 확인할 수 있는 '신학의 자리'(loci theologici) 가운데 하나임이 분명하다. 그러나 주변부 민중과의 연대적 실천은 개인적 차원에서 자선을 베푼다거나 물질적 지원에 머물러서는 안 될 것이다. 그와 동시에 한국교회는 주변부 민중이 겪는 빈곤의 현실을 끊임없이 재생산하는 불의한 사회구조의 변혁도 선교의 주요과제로 삼아야 할 것이다. 기존적인 세계관계(Weltverhältnisse)의 근원적인 변혁이야말로 주변부 민중의 운명을 개변시킬 수 있기 때문이다. 당파적 하나님 나라 운동의 지평에서 한국교회가 세계관계의 변혁을 통하여 중심부 부르조아의 운명과 사회적 소수자의 운명의 상호변화를 선교의 과제로 삼고 실천해 나아갈 때, 부자 또한 가난한 사람과 더불어 하나님 나라에 참여하게 될 것이다.

제11장

큐복음과 동양적 지혜의 예수

초기기독교 예수운동의 다양성

20세기에 접어들면서 신약성서학의 역사비평학적 연구는 두 단계에 걸쳐 학문적 작업이 이루어졌다. 양식비평(樣式批評)[1]과 편집비평(編輯批評)[2]이 그것이다. 양식비평은 복음서를 초기그리스도교 공동

---

[1] 20세기 초 양식비평학을 대표할 수 있는 학자로는 슈미트(Schmidt, K. L., *Der Rahmen der Geschichte Jesu, Literarkritische Untersuchungen zur ältesten Jesus berlieferung*, Berlin, 1919), 디벨리우스(Dibelius, M., *Formgeschichte des Eavngeliums*, Tübingen, 1933) 그리고 불트만(Bultmann, R, *Die Geschichte der synoptischen Tradition*, FRLANT 29, Göttingen, 1921)을 들 수 있다.

[2] 편집비평의 대표적인 학자로는 마르크센(Marxsen, W., *Der Evangelist Markus, Studien zur Redaktionsgeschichte des Evangeliums*, FRLANT 67, Göttingen, 1956), 본캄(Bornkamm, G., *Überlieferung und Auslegung im Matthäusevangelium*, WMANT 1, Neukirchen-Vluyn, 1960), 콘첼만 (Conzelmann, H., *Die Mitte der Zeit, Studien zur Theologie des Lukas*,

체에 의해서 수집된 예수에 관한 단편적인 전승들을 모아놓은 책으로 간주하고 있다면, 편집비평은 복음서의 최종 편자가 그가 수집한 전승자료에 기초하여 나름대로의 독자적인 시각과 관점 하에서 통일된 예수 이야기를 새롭게 써내려갔다는 점에 주목한다.

양식비평이 복음서 기록자를 단순히 '전승의 수집자'로 규정하는 보수적인 입장을 견지하고 있다면, 편집비평은 복음서 기록자를 '독창적인 신학자'로 해석하는 진보적인 입장을 견지한다. 양식비평과 편집비평에서 절정을 이룬 역사비평학(historical Critics)의 중요한 성과 가운데 하나는 '두 자료설'(Zwei-Quelle-Theorie)이다. 마태복음과 누가복음의 기록자는 마가복음 자료와 예수말씀 모음집인 Q문서를 뼈대로 하여 그들 나름대로의 독창적인 신학을 담은 복음서를 서술했다는 가설(假說)이 그것이다.

이 '두 자료설'은 지금도 여전히 많은 학자들에 의해서 지지를 받고 있다. 이에 따르면 초기그리스도교에서 전개된 예수운동에 관한 자료가 하나로 통일되어 있었던 것이 아니라 다양한 모습을 띠고 존재했었다는 사실을 보여준다. 마가복음서와 달리 Q복음서에서 우리는 신화로 구성된 예수 이야기가 아니라, 주로 역사적 인물 예수의 가르침에 의존하고 있는 초기그리스도교 예수운동 공동체의 색다른 모습을 발견하게 된다.

BHTh 17, Tübingen, 1954)을 들 수 있다.

Q복음서에서는 일반적으로 신격화된 예수 또는 신화(Myth)로 채색된 예수의 모습을 찾아보기 힘들다. 도그마적 차원에서 중요하게 취급되었던 문제들, 곧 예수가 어떤 인물이었고, 어떤 운명을 지녔으며, 그를 추종하는 세력들에게 어떤 의미를 지니고 있는가에 대해서 Q복음서는 거의 관심을 보이지 않는다. 그 대신 예수가 생전에 가르쳤던 것으로 보이는 지혜의 말씀이나 교훈적인 예언 말씀이 복음서 내용의 중심을 이루고 있다.

Q복음서의 최종 편집자는 Q공동체 구성원들이 경험했던 예수 이야기를 극적으로 꾸미는 일(A dramatic Story about Jesus)에 별로 관심을 기울이지 않았다. 오히려 그들이 체험했던 예수의 가르침(sayings of Jesus)을 충실하게 전하는 데 복음 전파의 의의를 두었다. 이런 점에서 볼 때 Q복음서는 예수사건을 하나의 신화적 지평에서라기보다는 오히려 역사적 지평에서 기록하고 해석하려 했다는 점을 짐작할 수 있다. 다시 말하면 Q는 예수사건을 일종의 '신화'(Myth)로써가 아니라 역사(History)로써 이해하고자 했던 것이다.[3]

그런데 바울에 의해서 전승되었던 안디옥 교회의 케리그마 복음(예

---

[3] 초기그리스도교에서 예수사건은 일종의 신화(mythos) 사건이 아니라, 요한복음 서시(prolog)에서 볼 수 있듯이 일종의 역사적인 말씀(Logos) 사건으로 이해되었다. 시간이 흐르면서 예수사건은 말씀 사건에서 신앙(pistis) 사건으로 바뀌었고, 초대교회 교부들에 의해서 신앙 사건에서 신조(credo) 사건으로 바뀌었던 것이다. 교부들의 주관적인 신앙선언의 성격을 지닌 '크레도'는 정통과 이단을 판단하는 캐논(Canon)이 되었던 것이다.

수 그리스도의 대속적인 죽음과 그의 부활: 고전 15장)이 초기그리스도교 예수운동의 주류를 형성하기 시작하면서, 신화적이고 극적(劇的)으로 포장된 예수 이야기들이 초기그리스도교 예수 운동에서 주도권을 쥐게 되었다. 반면에 역사의 예수를 증언하는데 충실하고자 했던 Q공동체의 예수 운동은 초기그리스도교 역사에서 주변으로 밀리게 되었고, 결국에는 역사에 충실했던 예수 이야기들은 역사의 뒤안길로 사라지는 비운을 겪게 되었다.

본 논문은 Q에 의해서 전승된 역사에 충실한 예수운동을 동양의 수행 사상의 지평에서 조명해보려는 하나의 시론(試論)임을 밝혀둔다. 이 글은 국제 Q 프로젝트(Inernational Q Project: IQP)에 의해서 캐논(Canon)으로 선정된 필자의 학위논문에서 본격적으로 다루고 있는 Q 텍스트에 대한 역사비평학적 탐구가 전제되어 있다.[4]

---

4) Myung-Soo Kim, *Die Trägergruppe von Q. Sozialgeschichtliche Forschung zur Q-Überlieferung in den synoptischen Evangelien*, Hamburg, 2000; 참조, 김명수, 『초대 기독교의 민중생명신학 담론』, 한국신학연구소, 2002, 제8장, "원시기독교 Q공동체의 주변부 민중 예수 운동." 로빈슨(James M, Robinson)이 주축이 되어 북미 성서학자들 중심으로 1989년 공식적으로 출범한 국제 Q 프로젝트(IQP)는 Q-Text의 복원작업을 해오고 있으며 그 결과가 신학저널인 *Journal of Biblical Literature*에 수차례에 걸쳐서 게재되었다. IQP에 의해서 복원된 Q 본문에 대해서는 소기천, 『예수말씀 복음서 Q개론』, 잃어버린 지혜문학 장르의 전승자료, 대한기독교서회, 2004, 제15장을 참조. Q-Text 복원 작업은 이에 앞서 독일의 폴락에 의해서 진행된 바 있다(A. Polag, *Fragmenta Q: Texthaft zur Logienquelle*, Neukirchen-Vluyn, 1979).

예수상의 다양성과 통일성

초기그리스도교 예수운동 집단들의 저서에서 공통으로 등장하는 화두는 도대체 "우리가 믿는 예수가 어떤 분이냐?" 하는 물음으로 집약된다. 이는 초기그리스도교 세계에서 예수에 대한 상(像)은 결코 하나로 통일되었거나 일치되어 있지 않았고, 다양성을 지니고 있었다는 점을 보여준다.[5] 예수는 세례자 요한이나 엘리야와 같은 일종의 예언자 중 한 분으로 추앙되었는가 하면, 삶의 처세술을 가르치는 지혜 스승의 한 분으로 추앙되기도 하였다. 악령을 추방하는 축귀자(逐鬼者)요 병을 고치는 치병자(治病者)로 추앙되었는가 하면, 기적행위자로 추앙되기도 하였다. 그리스도, 하나님의 아들, 신적 인간(神人), 사람의 아들(人子) 등 다양한 형태의 칭호들이 예수에게 부쳐진 것은 초기그리스도교 역사에서 예수에 대한 신앙고백적 상(像)들이 다양하게 존재했었음을 입증해준다.[6]

그런데 시간이 흐름에 따라 초기그리스도교 예수운동이 조직화되고 체계화되기 시작하면서 예수에 관한 '통일된 상(像)'이 요구되었을 것이고, 그 과정에서 예수의 생애, 활동, 수난, 부활이 종합된 하나의 예수 드라마(Jesus Drama)가 형성되어 갔을 것이다.

오늘날 서구 그리스도교 세계에서 일반적으로 통용되고 있는 보편화된 신적인 모습을 띤 예수상이나 예수 생애에 관한 신화적 드라마들

---

5) 참조, 막 8:27~30; 마 16:13~20; 눅 9:18~21.
6) 참조, 막 8:27~30(Q 9:18~21/마 16:13~20).

은 예수 그리스도의 대속적 죽음과 부활사건을 복음의 핵으로 전하는 '안디옥 케리그마'에 뿌리를 두고 있다. 안디옥교회에서 목회하던 시기를 즈음하여 바울이 교회들에게 보낸 편지에서 십자가 사건이 복음의 핵(核)으로 선포되고 있다.[7] 인류를 위한 하나님의 구원사건의 중심에 예수 그리스도의 대속적인 죽음과 부활이 서 있다.

그러나 바울과 거의 동시대에 복음을 전파했던 Q공동체의 예수운동, 곧 1세기 팔레스타인에서 전개된 예수운동에 참여했던 '예수의 민중'(Jesus people) 전승에 충실했던 Q공동체 구성원들은 예수의 십자가 처형 사건을 일종의 하나님의 구원 드라마로 이해하기에 앞서 구약의 신명기적 예언자 전통의 지평에서 사회적 모순에 의하여 억울하게 살해당한 일종의 순교사건(殉敎事件), 곧 정치적 스캔들의 하나로 이해하였다.[8]

복음이 헬라세계에 전파되는 과정에서 본래 예수의 죽음이 지니는 사회 정치적 의미는 차츰 퇴색되어 가기 시작했고, 십자가 처형 사건은 하나님의 구원 드라마라는 거대 담론의 지평에서 새롭게 재해석되기에 이르렀던 것이다.[9]

바울의 편지들은 신약성서 문서들 가운데 비교적 초기에 쓰여 진 것들이 많다(50~60년경). 그러나 그의 관심은 예수의 십자가 처형 사건을

---
7) 고전 2:2.
8) Q 13:34~35/마 23:37~39; 참조 Q 6:26/마 5:11~12.
9) 참조, 고전 15:3~5.

'있는 그대로' 여실(如實)하게 증언하는 데 있었다기보다는, 이를 주관적인 입장에서 재해석하는데 더 큰 비중을 두었다. 다시 말하면 바울은 역사적 예수의 생애나 십자가 처형 사건의 물질적 토대에 대해서는 관심이 없었고, 그 사건이 우리에게 어떤 의미를 지니는가에 더 관심을 기울였다. 십자가 처형 사건을 우리 죄를 대신한 일종의 대속사건인 (십자가) 구원사건으로 해명하는데 몰두하였다(고후 5:16). 이러한 과정에서 칭의(Justification) 구원론이 등장하게 되었다.

이와 같이 초창기 팔레스타인 민중의 예수운동에서 하나의 사회정치적 스캔들로 경험되었던 예수의 '십자가 처형 사건'은 헬라계 그리스도교 공동체로 넘어오면서 구원의 상징인 '십자가 사건'으로 대체되었던 것이다. 본래 정치적 의미를 지녔던 '십자가 처형 사건'(Crucifixion)이 대속적 의미를 지닌 '십자가 사건'(Cross)으로 바뀌면서, 예수의 죽음은 시간과 공간을 초월하여 초역사성을 띤 하나님의 대속적인 구원사건으로 선포되고 고백되었던 것이다.

예수생애 드라마의 형성

하나의 통일된 형태를 갖춘 '예수 생애에 관한 드라마'는 초기그리스도교 문학에서 유대전쟁(66~70) 말기에 쓰인 마가복음에서 찾아볼 수 있다. 바울이 복음의 주요 내용을 십자가와 부활 사건에 한정시키고 있다면, 마가복음 저자는 십자가와 부활 사건 뿐 아니라, 예수의 공생애(公生涯) 전체의 맥락에서 복음의 의미를 재구성하고 있다. 복음의 내용이 십자가와 부활에서 예수의 공생애로 확장되었던 것이다. 마가복음서 저자는 바울이 전해준 복음의 뼈대에 나름대로 예수의 공생애 활동을 첨가하여 예수 공생애 드라마를 완성했던 것이다.

그런데 마가복음서에 따르면 예루살렘을 거점으로 전개되는 예수의 수난과 죽음에 관한 드라마는 갈릴리를 거점으로 전개되는 예수의 하나님 나라 운동과 좋은 대조를 이루고 있다. 갈릴리에서 전개된 예수의 하나님 나라 운동은 무상 치유 운동과 밥상 공동체 운동으로 요약된다. 한 편으로 육체적 또는 정신적 질병으로부터의 해방과, 다른 한 편으로 가난과 굶주림으로부터의 해방이 Q가 전하는 갈릴리 예수 운동의 핵심을 이룬다. 마가복음에서는 갈릴리 중심의 민중 선교 드라마와 예루살렘 중심의 '수난 드라마'가 절묘하게 결합되어 하나의 통일된 '예수 공생애 드라마'로 완성되고 있다.[10] 최초의 통일된 형태의 예수 공생애 드라마가 마가복음에서 비로소 완성된 것이다.

마가복음보다 한 세대 뒤에 쓰여 진 것으로 추정되는 마태복음과 누가복음의 기록자는 마가복음이 전하는 예수 공생애 드라마의 틀을 충실히 따르면서 그들이 속해있는 신앙공동체의 선교 상황에 따라 보다 확장하여 복음서를 새롭게 썼다. 그들은 마가에 비해서 신학적 반성 작업을 보다 철저히 하면서 복음서를 기술하였다. 예를 들면 마가복

---

[10] 마가복음이 전하고 있는 예수의 공생애 드라마는 유대 민중의 민족해방 전쟁(AD 66~70)을 전제한다. 이 전쟁으로 인하여 잿더미로 변한 예루살렘과 성전의 파괴 및 전쟁의 참화로 인하여 유대 민중이 겪어야 했던 고난은 예수의 기적과 수난 드라마와 절묘하게 결부되어 나타난다.

음이 전하는 '예수의 공생애 드라마' 앞에 마태와 누가는 '예수의 탄생 드라마'를 첨가시킨다. 그리고 복음서 후반부에 부활한 예수의 지상 활동과 승천 및 재림에 관한 이야기를 덧붙인다. 그리고 중간 중간에 Q복음서에서 전승된 것으로 보이는 예수 말씀들이 삽입되어 있다. 여기에 그들 자신이 수집한 예수에 관한 특수한 전승들을 첨가하여 마가복음 보다 더 완성도가 높은 복음서를 기록하였다.[11]

이러한 신학적 성찰 과정을 거치면서 초기그리스도교 역사에서 예수는 찬양받으실 신적 인물인 하나님의 아들 메시아로 추앙되기 시작하였고, 예배와 기복(祈福)의 대상으로 되어갔던 것이다. 안디옥 케리그마에 뿌리를 둔 '신적 존재'로써의 그리스도 예수 제의는 시리아 북쪽과 소아시아를 거쳐 유럽과 서방 지역의 그리스도교 세계를 거쳐 현대에 이르기까지 서방 그리스도교 2천년 역사에서 주류를 이루고 있다.

Q의 예수 이미지

그러나 갈릴리와 시리아 남부 농촌 지역을 중심으로 선교활동을 펼쳤던 것으로 보이는 예수운동 집단의 예수 이해는 헬라 문화권에 속해 있던 교회 공동체의 그것과 사뭇 다르게 나타난다. 역사적 예수와 시간과 공간적으로 비교적 가까이 서있던 Q교회 공동체 구성원들은 헬

---

11) 초대교부 시대에 이르러 로마의 콘스탄티누스 황제의 명을 받들어 유세비우스에 의해서 개최된 니케아 주교회의에서 신적인 존재 예수 메시아 신앙(도그마)이 완성되었다.

라계 그리스도인들과 달리 그들의 신앙을 강화하기 위하여 거대한 신적인 구원자 신화에 의존하지도 아니했고, 거대한 구원 드라마의 필요성을 전혀 느끼지 못했던 것 같다.

그 이전에 갈릴리에 거주하던 사회적 약자들의 삶의 동반자로서 그들과 동고동락하는 삶을 살았던 예수, 곧 그들의 기억 속에 생생하게 남아 있던 나사렛 예수에게 Q공동체는 더욱 매료되었을 것이다. Q는 예수의 삶과 가르침을 그들의 민중선교 현장에서 구현하는 것을 신앙의 주요 덕목으로 생각했던 것 같다.

Q공동체 구성원들은 처음에는 구전(oral tradition)으로 내려오던 예수의 가르침에 관한 전승 조각들을 수집하는 단계가 있었고, 그것을 토대로 소위 '예수 말씀집'(sayings of Jesus)을 편집한 단계가 있었을 것이다. 최종 편집을 거친 예수 말씀집을 일컬어 Q복음서(Q Gospel)라고도 부른다(AD 60년경). Q복음서가 다른 복음서들과 다른 점은 '예수에 관한 신앙'(faith about Jesus)을 불러일으킬 목적을 위하여 예수의 말씀들을 수단으로 이용하고 있기보다는, '예수의 가르침들'(teachings of Jesus)을 '있는 그대로' 여실(如實)하게 전하는 것을 목적으로 하고 있다는 점이다. Q는 하나님의 구원 드라마라는 거대 지평에서 예수 그리스도를 신적 인물로 신화화하는데 초점이 있었던 것이 아니다. 사회적 소수자들의 일상적인 삶의 고통을 덜어주는 민중의 동반자로서의 예수 모습을 증언하였다. Q는 예수의 거대 담론(big story of Jesus)이 아니라, 예수의 작은 이야기(small story of Jesus)를 전하는

데 관심을 기울였다.

  Q복음에서 우리는 예수의 말씀에 대한 여러 단계의 전승을 만나게 된다. 예수말씀의 전승단계에 대한 차이는 아마도 Q공동체가 놓인 선교 상황의 변화와 연관성이 있을 것이다. 지혜 말씀(wisdom sayings) 전승 단계와 묵시적 예언말씀(sayings of apocalyptic prophet) 전승 단계가 대표적이다. Q에 나타나고 있는 대표적인 예수상(像)으로는 지혜 스승(teacher of wisdom)과 묵시 예언적 인자(the Son of man as apocalyptic prophet)를 들 수 있다. Q에서 지혜전승과 묵시예언 전승은 시간적인 선후(先後) 관계로 보기 보다는 문학적 장르의 다양성 차원의 문제로 보는 것이 더 타당할 것이다. 예수시대에 지혜와 묵시를 별개의 서로 다른 문학적인 장르로 보지 않았던 것과 마찬가지로, 예수의 말씀에서 지혜와 묵시는 서로 긴밀하게 연결되어 있고, 상호 보완적이며 서로가 서로를 해석하고 있기 때문이다.[12]

---

12) 이에 대해서는 다음 책을 참조하시오. Jacobson, A. D., *The First Gospel: An Introduction to Q*, Sonoma, 1992. 참조, Kloppenborg, J. S., *The Formation of Q*, Philadelphia, 1987, 89-101, 166-170, 243-244, 247-248. 그런데 필자의 생각으로는 클로펜보르그의 Q전승 단계설, 곧 Q_1, Q_2, Q_3의 구분은 너무 도식적이다. 예수의 말씀 가운데 나타나는 지혜의 말씀과 묵시의 말씀을 확연하게 구분하는 데는 무리가 있다. 지혜의 말씀과 묵시의 말씀은 상호 연관되어 있고 상호 보완적인 관계에 있다. 지혜와 묵시의 말씀은 문학 장르의 다양성(diversity of literal genre) 차원에서 이해해야 할 것이다. 지혜 속에 묵시가 내재해 있고, 묵시 속에 지혜가 내재해 있다.

Q가 전하는 구도자로서의 예수

Q는 복음서 서두에 예수께서 광야에서 마귀에게 시험받는 이야기를 전하고 있다(Q 4:1~4/마4:1~4). 예수는 40일 동안 금식을 하는 동안 사탄에 의해서 세 가지 유혹을 받는다. 돌을 빵으로 만들어 허기진 배를 채우라는 유혹, 성전 꼭대기에서 뛰어내려 하나님의 아들임을 만천하에 과시하라는 유혹, 산 정상에서 세상을 보여주며 자기에게 절을 하기만 하면 세상을 주겠다는 유혹이 그것이다. 그러나 예수는 사탄에 의해서 주어진 이러한 경제적 유혹, 종교적 유혹, 정치적 유혹을 하나님의 말씀에 의거하여 단호히 물리치고 끝까지 하나님의 뜻을 추구하는 구도자(求道者)의 모습을 잃지 않는다.[13]

Q의 예수는 제자들에게 '완전함'(*teleios*)을 추구할 것을 촉구한다.[14] 선한 사람이나 악한 사람에게 똑같이 햇빛을 주시고 의인이나 불의한 사람에게 똑같이 비를 내려주시는 데서, 곧 일체의 분별심(分別心)을 여읜 자리에서 창조주 하나님의 완전하심을 본다. 본래 옳고 그름이란 것이 없다. 선하거나 악한 것도 없다. 단지 서로 다름이 있을 뿐이다. 예수는 원수까지 사랑할 것을 명한다. 원수를 사랑하라는 말은 무슨 뜻인가? 사랑에는 한계가 있어서는 안 된다는 것이다. 우군과 적군, 내편과 네편이라는 이분법의 경계를 해체시킨다. "그러므로 너희의 하늘 아버지께서 완전하신 것 같이, 너희도 완전하여라."[15] 일체의

---

13) Q₃에 관한 상세한 해설로는 소기천, 위 책, 제13장을 참조하시오.
14) Q 6:27~28/마 5:43~48.
15) Q가 전하는 이러한 예수의 선교적 구도(求道) 사상은 대승불교에서 지향하

분별상이 여읜 자리에 하늘 아버지의 완전함이 나타난다. Q예언자들은 신앙생활의 목표를 하늘 아버지의 완전하심을 닮아감에서 찾았다. 그것은 부단한 자기 수행을 통해서 일체의 분별상(分別相)을 여읜 자리에서 가능하게 된다.

바울의 케리그마에 기초한 예수 생애에 관한 드라마를 주 내용으로 하는 복음서들이 초창기 기독교 세력의 주류(主流)를 이루며 헬라세계의 도시를 중심으로 확장되어 가고 있던 같은 시기에, Q복음서를 기록한 공동체는 갈릴리 북부와 시리아 남부 지역의 농촌지역을 무대로 복음을 전파하는데 열심을 내었다. 그러나 필사(筆寫) 과정과 선교 정황의 변화에 따라 Q복음서의 내용은 후대로 가면서 약간씩 변형되거나 첨가되었을 것이다. 그러다가 70년대 이후에 이르러 안디옥 케리그마에 기초한 헬라 도시 교회들이 초기그리스도교 운동의 주류를 형성하면서 변방 갈릴리-시리아지역에 위치했던 Q공동체와 그들에 의해 전승된 Q복음서는 점차적으로 자취를 감추게 되었을 것이다. Q공동체가 후기에 마태공동체나 또는 다른 유대교 성향의 교회공동체에 의하여 흡수되었을 개연성도 전혀 배제할 수 없을 것이다.

그러나 마태복음서과 누가복음이 기록되기에 앞서 내용에 있어서 약간의 차이를 보이기는 하지만 Q복음서 사본(寫本)들이 두 저자들의 손에 의하여 수집되었던 것 같다. 마태와 누가는 그들의 복음서를 기

는 상구보리(上求菩提) 하화중생(下化衆生)을 통한 구도(求道) 사상과 서로 통한다. 위로 깨달음을 추구하는 상구보리는 그 자체가 목적이 아니라, 아래로 민중과 일치되는 하화중생의 삶을 통해서 완성된다.

록하는 과정에서 상당 부분을 Q복음서의 예수 말씀에서 빌려왔을 것이다. 두 복음서 기자들의 이러한 용기 있는 결단이 없었다면, 아마도 Q복음서에 들어있는 주옥같은 예수의 말씀들은 그리스도교 역사에서 영원히 햇빛을 보지 못했을 것이다. 실로 천만 다행한 일이 아닐 수 없다.

마태와 누가복음이 전해주는 Q의 예수 말씀들(sayings of Jesus)을 통해서 우리는 초창기 갈릴리-시리아 지역을 중심으로 전개된 예수 운동에 관한 상당한 분량의 정보를 얻게 된 셈이다. Q복음서는 1900년 동안 그리스도교 역사에서 별로 주목을 받지 못했다. 그러다가 19세기에 이르러 Q의 존재가 성서학계에 의해서 새로운 관심분야로 떠오르게 되었고, 21세기에 들어 본격적인 연구가 진행되어 현재에 이르고 있다. 최근에 이르러 Q복음서의 원래 모습을 복원하려는 노력들이 비교적 활발하게 진행되고 있다.[16] 특히 양식비평학의 발달은 Q복음서가

---

16) 이에 대해서는 다음을 참조할 것. Manson, T. W., *The Sayings of Jesus as Recorded in the Gospels according to St. Matthew and St. Luke*. Arranged with Introduction and Commentary, London, 1949; Lührmann, D., *Die Redaktion der Logienquelle*, WMANT 33, Neuenkirchen-Vluyn, 1969; Zeller, D., *Kommentar zur Logienquelle*, SKK NT 21, Stuttgart, 1984; Kloppenborg, J. S., *The Formation of Q. Trajectories in Ancient Wisdom Collectios*, Philadelphia, 1989; Myung-Soo, Kim, *Die Trägergruppe von Q. Sozialgeschichtliche Forschung zur Q-Überlieferung in den synoptischen Evangelien*, Hamburg, 2000; Schulz, S., *Q. Die Spruchquelle der Evangelisten*, Zürich, 1972. 클로펜보르그는 위 책에서 Q 전승자료에 일련번호를 매기고 영어 번역과 헬라어 색인을 달고 있다. 로빈슨(J. Robinson)이 주도하는 〈국제 Q 프로젝트〉(International Q Project)에서 지금까지 출판된 Q에 관련된 책 100권을 캐논(Canon)으로 선정하여 발표하였다.

여러 전승단계를 거쳐 형성되었음을 보여주고 있다.[17]

비록 Q전승의 3단계설이 Q를 이해하는 데 다양한 정보를 제공해주고 있다는 것은 부인할 수 없지만,[18] 이러한 세부적인 형성단계에 지나치게 집착하다보면 Q의 통전적인 이해를 놓칠 위험성이 있음을 지적하지 않을 수 없다. 필자가 보기엔 세부적인 분석 작업을 넘어서 Q복음을 통전적(統全的)인 시각에서 하나의 유기적 전체로써 이해하는 것이

---

[17] Q의 말씀들은 모두 예수의 이름으로 되어있기는 하지만, 그렇다고 해서 모두가 '진정한 예수의 말씀'(authentic sayings of Jesus) 이라고 단정 지을 수는 없을 것이다. 그 가운데는 예수 시대와 시간적인 간격이 있는 Q교회 공동체의 사회적 체험들이 반영되어 있는 말씀들이 상당수 발견되기 때문이다. 이러한 전승의 발전 과정은 단순히 Q공동체에게만 해당되는 것이 아니고 다른 복음서 전승들에게서도 나타난다. 예수 말씀의 발전 단계는 Q공동체의 영적 지도자들이 그들의 가르침을 예수에게 돌림으로써 그 가르침에 권위를 부여하기 위해서 형성되었을 것이다. Q복음서는 일반적으로 세 전승층(傳承層)으로 구분된다. Q_1(경구와 격언을 포함한 지혜의 말씀), Q_2(묵시적 종말의 심판에 관한 말씀), Q_3(신화적 설화 말씀)이 그것이다. Q_1에서 예수는 지혜의 스승(teacher of wisdom)으로 그리고 Q_2에서 예수는 묵시적 예언자(apocalyptic prophet)로 소개된다. 예수에게 소급시킬 수 있는 가장 오래된 전승층 Q_1에는 자연의 질서와 연관된 경구적(警句的)인 지혜의 말씀들이 중심을 이룬다. Q_1공동체 구성원 가운데는 상당수는 사회문화적으로 소외된 계층의 사람들(Q 12:6~7; Q 12:24~28; Q 13:18~19), 곧 갈릴리 농촌지역의 기층 민중에 속하는 물질적으로 궁핍한 날품꾼, 소작농, 자영소농들이었을 개연성이 높다(Q 6:20~21; Q 9:58; Q 10:2~12; Q 12:4~7; Q 13:18~21; Q 14:26~27; Q16:13). 동시에 어느 정도 법률적 지식을 갖춘 서기관들도 Q_1 공동체에 속했을 것이다(Q 6:27~35). (Kloppenborg, John S., "Literary Convention, Self-Evidence and the Social History of the Q People," Semeia 55 (1992) 84 참조).

[18] John S. Kloppenborg, op cit. 로빈슨의 지도하에 제출한 학위논문에서 클로펜보르그의 Q전승의 편집 단계설은 필자가 보기에는 너무 도식적이다.

더욱 필요하다.[19] 필자는 단계론적 전제 없이 Q를 통전적인 시각에서 다루고자 한다.

Q와 사회적 소수자들

그리스도인은 어떻게 정의될 수 있는가? 통상적으로 예수를 믿는 자들을 일컫는 개념이다. 곧 예수를 하나님의 아들 그리스도로 믿고 숭배하며, 그가 우리 죄를 대신해서 십자가에 달렸다는 것을 믿는 자들이다. 예수의 십자가와 부활사건이 우리를 위한 하나님의 구원사건임을 믿고 고백하는 자들을 일컬어 그리스도인이라고 부른다. "그리스도인"이라는 명칭이 최초로 주로 이방인들로 구성된 안디옥 교회 신도들에게 부쳐진 이름이었다는 것은 이를 입증한다.[20]

이러한 전통적인 잣대에서 본다면 Q의 예수민중을 그리스도인으로 규정하기에는 여러 문제가 있다. 왜 그런가? Q에서 우리는 신적 존재로서의 하나님의 아들 예수 그리스도에 대한 숭배나 신앙을 찾아보기 힘들기 때문이다. 그들은 예수를 신적 메시아로 떠받들지도 않을 뿐만 아니라, 바울처럼 예수의 죽음에서 '우리 죄를 위한 것'이라는 대속적인 의미를 찾지도 않았다. Q는 십자가 사건을 인류구원을 목적으로 한 하나님의 경륜 지평에서 해석하는 것이 아니라, 사회적 불의에 의해서

---

19) 칼 마르크스의 역사발전 단계론이나 요아킴 피오레의 3세대 경륜론(성부시대, 성자시대, 성령시대) 등이 가지는 인식적 한계를 우리는 Q의 3단계론에서도 읽어볼 수 있다.
20) 행 11:26(*christianos*).

죽임을 당한 신명기적 의로운 순교 지평에서 해석한다.[21] Q에서는 예수의 부활, 승천, 재림에 관한 초대교회의 케리그마가 전혀 등장하지 않는다. Q는 예수의 죽음을 해석하는 중요한 열쇠로서 부활 케리그마를 제시하지 않고 있다. 아마도 Q가 부활사건에 대한 정보를 입수하지 못했다기보다는 오히려 그것에 의해서 역사적 예수사건이 신화화되고 제의화(祭儀化)되어가는 것을 우려한 신학적 입장 차이에서였을 것이다.

Q의 민중은 예수를 그들의 삶에 유익한 지혜를 전해준 '선생'이요 파트너(partner)로 이해했는가 하면, 다른 한편으로 임박한 묵시적 종말을 선포하는 '사람의 아들,' 곧 떠돌이 카리스마적 예언자(Wandercharismatiker)로 이해했다. Q공동체의 떠돌이 걸식 수행자들은 마이스터 예수를 그들의 삶의 사표(師表)로 삼았다. 이로 미루어 보건대 Q의 걸식 수행자들에게 예수는 예배나 제의의 대상이라기보다는 오히려 본받고 따라야 할 선생이었음이 틀림없다. 떠돌이 걸식 수행을 했던 마이스터 예수의 삶과 가르침을 본받아, 그들 또한 탈(脫)가정(Familienlosigkeit), 탈(脫)고향(Heimatlosigkeit), 탈(脫)소유(Besitzlosigkeit)의 기풍을 이어갔다.[22] Q의 걸식 수행자들은 마이스터 예수를 따라 하나님 나라가 임박했음을 선포하는 것을 선교의 중심 과제로 삼고, 농촌 마을에 들어가 평화를 빌고,[23] 병자를 고치고 귀신을 내쫓는 일을 선교의 일차적 과업으로 삼았다.[24] 이와 같이 마이스터

---

21) Q 13:34/마 23:37.
22) Q 10:4.
23) Q 10:5~6.
24) Q 10:9.

예수의 삶을 따르고 그의 가르침을 실천하며 하늘 아버지처럼 완전하게 되는 것을 생의 최고목표로 삼았던 Q공동체의 구성원을 일컬어 우리는 그리스도인이라 불러도 무방할 것이다.[25]

Q공동체의 떠돌이 걸식 수행자들은 한 곳에 머물지 않았다.[26] 예수처럼 갈릴리 지역의 여러 촌락들을 두루 돌아다니며 주로 가난한 사람들과 사회에서 소외된 사람들을 대상으로 하나님 나라 복음을 전파했다.[27] 그들은 걸식 수행을 하면서 때로는 모욕을 당하기도 하고 박해를 받기도 하였다.[28] 병든 사람과 귀신들린 사람을 무상(無償)으로 고쳐주면서 민중선교에 역점을 두었는가 하면,[29] 사회적 소수자들의 일상적인 고통을 덜어주는 삶 속에서 그들의 스승 예수의 현존(現存)을 체험하였던 것이다.

Q의 반(反)문화적 에토스

Q공동체가 전하는 초기의 예수 전승에서 우리는 유대사회의 반(反)문화적인 에토스를 읽을 수 있다. 그들은 요한 세례자의 등장에서 세기말적인 징조를 읽었다. Q는 유대사회와 문화의 근간이 되는 율법과 예언의 시대가 요한 세례자의 등장으로 인해서 이미 지나갔다고 선언

---

25) Q10:7~8.
26) Q 9:57~62/마 8:19~22.
27) Q 6:20~21.
28) Q 6:22~23/마 5:11~12.
29) Q 10:21/마 11:25~27.

했다.[30] 그들은 유대교의 관습법에서 엄격하게 요구되고 있는 안식일 법, 성전 참배, 제사제도, 바리새파의 정결 규례, 식사 때의 금기사항(禁忌事項) 등에 매이지 않고 생활했으며, 인위적인 관습법을 준수함으로써가 아니라, 창조주 하나님께 그들의 삶을 전적으로 내어맡기고 그분의 직접적인 돌보심을 체험함으로써 구원에 이르게 된다고 확신하였다.[31] 그들은 토라나 율법 조항이나 형식을 중시하는 율법주의 신앙을 초월하여 하나님의 나라와 그분의 뜻을 추구하는 삶을 구하였다. 이와 같이 하나님의 뜻 실천을 중시하는 삶을 살 때 그 나머지 문제는 저절로 해결된다는 확신을 가지고 있었다.[32]

Q의 초기 전승에는 부(富)를 경계하고, 가난을 이상화(理想化)하는 말씀들이 많이 발견된다. 그들은 재물의 위험성을 경계했다. 하나님과 재물을 함께 섬길 수 없다는 것을 분명히 했다.[33] 사람이 빵만으로는 살 수 없으며 삶과 구원의 거점을 물질에서 찾은 것이 아니라 하나님 말씀과 철저한 조물주 신앙에서 찾았다.[34] 비록 그들은 경제적으로 궁핍한 생활을 하고 있었지만 그럼에도 불구하고 물질에 대한 염려에 매이지 않고 창조주 하나님의 돌보심을 전적으로 신뢰하는 삶 속에서 진정한 그리스도인으로서의 정체성을 찾았다고 볼 수 있다. 하나님 나라의 일차적인 수혜자는 Q에게는 사회의 중심부에 자리 잡은 부자나

---

30) Q 16:16.
31) Q 12:22~34/마 6:25~34.
32) Q 12:31/마 6:33.
33) Q 16:13.
34) Q 4:1~13/마 4:1~11(참조, 막 1:12~13).

기득권층이 아니었다. 오히려 그들에 의해서 사회의 중심부에서 변두리로 밀려난 사회적 소수자들이었다. 그 중에는 극빈자(ptochos)[35]와 날품꾼(ergates)도 포함된다.[36]

자연 친화적인 예수의 비유들

Q의 초기전승에 등장하는 예수 가르침 가운데는 특히 자연 친화적인 소재들이 많이 등장한다. 참새와 머리카락,[37] 까마귀와 들풀,[38] 겨자씨와 누룩,[39] 등불[40] 등이 그것이다. 참새, 까마귀, 들풀, 이것들은 자연 생태계에서 지극히 하찮은 것들에 속한다. 그러나 이러한 자연의 미물(微物)들까지도 스스로의 힘이나 노력에 의해서 살아가는 것이 아니라 전적으로 조물주의 돌보심으로 살아간다는 것이 창조주 하나님 신앙이 Q의 기본적 입장이다. 자연과 농촌 환경에서 만나게 되는 이러한 소재들을 이용하여 Q는 인간의 삶의 근거 역시 자기 자신에게 있는 것이 아니라 조물주 하나님에게 있다는 점을 강조하고자 한다.

이러한 자연의 메타포(metaphor)는 동시에 사회적인 함의(含意)를 지닌다. 사회의 중심부에서 소외된 사회적 소수자들 또한 그들의 삶의 근거를 전적으로 조물주의 돌보심과 신뢰 속에서 찾아야 한다는 것이

---

35) Q 6:20/마 5:3.
36) Q 10:2, 7/마 11:24.
37) Q 12:6~7/마 10:29~30.
38) Q 12:24~27/마 6:26~28.
39) Q 13:18~21/마 13:31~33.
40) Q 11:34~36/마 6:22~23.

다. 공중의 새와 들에 핀 한 송이 꽃 속에 깃들인 조물주의 돌보심을 상기시킴으로써 농촌사회의 변두리에서 민중이 어떻게 의식주에 대한 염려에서 해방된 삶을 살 수 있는가를 Q는 제시한다. 이러한 정황을 감안할 때 Q의 민중은 대부분 예루살렘 중심의 인위적(人爲的)인 도시문화의 혜택에서 소외된 갈릴리 북부와 시리아 남부의 농촌문화에 속했을 것이다. 그들은 일반적으로 유대사회의 중심부에서 밀려나 변두리 경계인(境界人)으로 어렵게 삶을 이어가지 않으면 안 되었던 농촌사람들이었던 것으로 추정된다. 그들은 인위적(人爲的)인 유대교 율법주의 신앙에 대한 하나의 대안(代案)으로서 자연의 섭리와 창조질서에 근거한 조물주 하나님 신앙을 내세운다.[41] 이와 같이 Q공동체의 예수운동에서는 자연 친화성과 반(反) 문화적 에토스가 발견된다.[42]

---

41) Q 11:9~13/마 7:7~11.
42) Q공동체의 이러한 반문화적 에토스는 무위자연 사상과 서로 통하는 점이 있다. 공자를 비롯한 유가사상가들은 춘추전국의 혼란기에 인의예지라는 인간 사이의 도덕적 기강을 바로 세움으로써 나라를 구할 수 있다고 생각했다. 그러나 노장사상은 유가들이 세워놓은 인위적인 도덕문명의 가치들을 비판했다. 오히려 인위적 가치들이 사회를 더욱 혼란으로 몰아간다고 생각했던 것 같다. 따라서 인위적인 문화를 떠난 세계, 곧 반문화적 에토스인 무위자연(無爲自然)의 이치에 따름으로써 혼란을 극복할 수 있다고 내다보았다. Q공동체의 '반문화적 에토스'(counter cultured Ethos)는 지금까지 우리가 자명한 것으로 받아들였던 그리스도교의 기원에 대한 새로운 안목을 갖게 해 준다. 초기그리스도교 예수운동에서 우리는 바울에게서 나타나는 '회중(會衆) 그리스도교'(congregational Christianity)만이 존재했던 것이 아니라, 이와 다른 형태의 그리스도교 커뮤니티도 존재했었다는 사실을 짐작케 한다. 이방 그리스도교의 특징은 회중성에서 찾아볼 수 있는데, 회중교회는 밀의종교(密儀宗敎)에서 쉽게 발견되는 영적인 예배의식을 받아들였다. 입교할 때의 세례의식, 입교를 허락하는 거룩한 입맞춤, 예배 때마다 거행하는 주의 만찬, 성령의 임재와 방언 등 바울교회에서 발견되는 요소들은 대부분 밀의종교에

일반적으로 신약성서학자들은 팔레스타인에서 최초로 세워진 그리스도교 공동체는 예루살렘 교회이고, 이 교회는 사도행전 2장에 근거하여 그리스도 예수가 부활한 후 얼마 지나지 않아 있었던 오순절 성령임재 사건을 계기로 생겼다고 주장한다. 부활사건과 오순절 성령 임재 사건이 교회의 시작이라는 것이다. 그러나 예루살렘 교회와 동시대에 갈릴리 지역에 예수운동 집단들이 있었을 것으로 추정된다. 그들은 예루살렘 교회와 다른 방식으로 예수운동을 전개하였을 개연성이 높다.[43] Q공동체의 예수운동 전승은 후자와 연결되어 있다.[44]

Q가 전하는 갈릴리 민중과 더불어 먹고 마시며 살았던 '동반자 예수'(partner-Jesus), 그들의 일상적인 고통을 덜어주며 삶의 지혜를 가르친 '마이스터 예수'(meister-Jesus), 그들에게 임박한 묵시적 희망을 선포했던 '떠돌이 예언자 예수'(wander prophet-Jesus), 이와 같은 휴머니즘적 예수 이미지를 필자는 리처드 바크의 소설 『갈매기의

> 서 유래한 것들로 추정된다. 회중 교회의 특징 가운데 하나는 '신앙의 개인화'(individualization of faith)를 들 수 있다. 그들은 초월과 내면의 변화를 상징하는 신화적인 세계상을 예배에 도입함으로써 사회 문화적 조건과 제약을 초월하는 개인적이고 내면적인 신앙체험을 중시했다. 개인의 심정 변화로서 회심(conversion)을 강조하는 것은 회중교회의 특징인데, 이는 Q커뮤니티 예수운동에서는 생소한 것이다. 바울은 회중교회 공동체에서 얻은 이분법적인 체험들을 바탕으로 회개, 용서, 구원, 새로운 피조물 등 도시문화적인 에토스를 지닌 소위 회중신학(congregational theology)을 발전시켰다.

43) Lohmeyer, E., *Galilea und Jerusalem*, Göttingen, 1936을 참조할 것.
44) 초기그리스도교 문서 가운데는 베드로 전승, 바울 전승, 요한 전승, Q 전승 등이 발견된다. 이것은 비록 초기그리스도교 예수 운동에서 바울 전승이 결정적인 영향력을 발휘하고 있다는 것은 부인할 수 없지만, 그럼에도 불구하고 다양한 흐름이 있었다는 것을 시사해 준다.

꿈』에서 찾아보려고 한다.

『갈매기의 꿈』[45] – 제5복음서

리처드 바크가 쓴 소설 가운데 『갈매기의 꿈』이 있다. 이 소설은 1970년에 출판되자마자 베스트셀러가 되었다. 1970년대는 미국이 월남전의 수렁에서 헤어나지 못하던 냉전의 시대였는데, 미국 내에서 반전운동이 거세게 확산되면서 제국주의적인 성격을 띠고 있는 서양 기독교 문화에 저항하는 '반문화'(counter culture) 운동이 구라파와 미국의 지성인들 사이에서 퍼져나가던 시기이다. 반(反)문화 운동의 중심에는 히피들이 서 있다. 그들은 기존적인 서구문화와 냉전 이데올로기, 서구적 가치와 질서와 권위를 상징하는 제국주의 지배자 모습을 띤 예수 그리스도를 추앙하는 것이 아니라, 통기타를 메고 청바지를 입고 저자거리에서 젊은이들과 함께 어울려 춤을 추는 슈퍼스타에게서 복음서가 증언하고 있던 예수 그리스도의 참 모습을 발견하려고 하였다. 인위적인 서구문화가 극에 달했던 그 당시에 비틀즈가 등장하여, 노자의 무위자연 사상에 근거한 팝송 "렛잇비(let it be)"를 불러 세

---

[45] 리처드 바크(Richard Bach, 1936~)는 『갈매기의 꿈』을 발표함으로써 세계적인 작가로 이름을 떨쳤다. 그는 1936년 미국의 일리노이주 오크파크에서 출생했고, 1963년 처녀작 *Stranger to the Ground*를 발표했다. 비행기 조종사였던 바크는 1970년 밤 바닷가를 산책하던 중 갈매기의 이상한 소리를 듣고 강한 영감을 받아 집필했다는 세 번째 작품 『갈매기의 꿈』(*Jonathan Livingston Seagull*)을 발표함으로써 일약 베스트셀러 작가로 명성을 얻게 되었다. 이 책은 영화화되어 우리나라에서도 상영된 바 있다(감독: 홀 바트레트, 주연: 필립 안, 리차드 크레나, 제임스 프랜시스커스, 켈리 하몬, 할 홀브룩. 참조, 류시화 역, 『갈매기의 꿈』, 현문미디어, 2003).

계적인 선풍을 일으키기도 하였다. 이 팝송에서 비틀즈는 출구가 없어 보이는 현대 서구 그리스도교 문명에 대한 하나의 대안으로서, 성모 마리아의 입을 통하여 지혜의 말씀(words of wisdom)으로서 노자의 무위자연 사상(let it be!)을 노래하게 한다.

이와 같이 반문화 운동이 세계의 젊은 지성 세계에서 들불처럼 퍼져 나가던 시기에 『갈매기의 꿈』이 쓰여 졌다. 이 책의 저자는 흔히들 말하는 바와 같이, "높이 나는 갈매기가 멀리 본다"는 식의 교훈을 독자들에게 주는 것으로 만족하지 않는다. 이 소설에서는 서구 그리스도교 문화가 가지고 있는 한계성을 지적하고, 그 문제에 대한 해답을 동양의 정신문화와 접목시킴으로써 찾으려는 저자의 숨은 의도가 들어있다.

주인공 조나단 리빙스턴 시걸, 그는 다른 갈매기들과는 달리 단지 선창 주위를 맴돌며 먹이나 찾아다니는 일에 집착하거나 만족해하지 않는다. 그는 갈매기의 본성을 썩은 고기에 집착하는 것이 아니라, 높이 하늘을 자유롭게 비상(飛上)하는 데서 찾는다. 이를 체득하려 주인공 조나단은 끊임 없이 비상 연습을 한다. 그의 이러한 별난 행동은 주변 친구들로부터 질시를 받기에 충분한 것이었다. 갈매기면 갈매기답게 썩은 고기에 만족하며 살아갈 것이지, 주제넘게 유별난 행동이나 잘난 체를 하지 말라는 것이다. 결국 조나단은 갈매기 사회에서 재판을 받아 그가 속해있는 공동체로부터 영구히 추방당하는 신세가 되고 만다. 그러나 그는 뜻을 굽히지 않는다. 조나단은 숱한 시행착오를 겪으면서도 끝내 좌절하지 않고 자유를 향한 구도자의 길을 묵묵히 간다. 마침내 그는 "가장 빨리 가장 높게" 비상하는 비법을 체득한다. 그 분야에서 최고(meister)가 된 것이다.

동양의 마이스터 주앙쯔(莊子)

최고가 된 조나단은 하늘 높이 비상하며 자유를 만끽한다. 한 단계 더 고차원의 자유의 세계에로 진입하면서 조나단은 동양적 지혜의 마이스터 주앙쯔(莊子)를 만난다. 그는 주앙쯔로부터 자유롭게 비상한다는 것이 무엇을 뜻하는지를 새롭게 터득해 간다. 그는 신체로 비상하는 것의 한계를 느끼고 마음의 세계에 눈 뜨게 된다. 마음을 비우고 무심(無心)의 상태에서 비상할 수 있을 때 무상(無上)의 자유라는 최고 경지에 도달할 수 있음을 깨닫게 된다. 그러나 여전히 최고가 되겠다는 집착에 사로잡혀있는 조나단을 보고 주앙쯔가 소리친다. "**최고가 되겠다는 생각을 내려놓아라. 그러한 집착을 내려놓고 비상할 때 명실상부한 최고가 될 수 있다.**"

이 소리를 듣는 순간 조나단은 큰 깨달음에 이르게 된다. 최고가 되겠다는 집착에 매어있는 한 최고가 될 수 없다는 것, 최고가 되겠다는 그 상(相)에 머물러 있지 않음으로써 최고가 될 수 있다는 진리를 새롭게 깨닫게 된 것이다. 최고가 되겠다는 집착에서 자유함으로서 조나단은 이제 자타(自他)가 인정하는 최고의 경지에 이르게 된다. 위 없는 무상(無上)의 마이스터가 된 것이다. 그를 보고 주앙쯔는 의미심장한 말을 남기고 유유히 사라진다: "**끊임없이 이웃에게 사랑을 베풀어라.**"

원수사랑과 보살사상

모든 인간은 깨달음을 추구한다. 깨달음을 통해서 대 자유에 이르게 된다. 그런데 깨달음을 통해서 얻게 된 자유는 그 자체가 목적이 아니다. 또 다른 목적이 있다. 무엇인가? "**이웃에게 사랑을 베풀기 위하여**" 이다. 조나단이 동양의 지혜 마이스터 주앙쯔에게 배운 것은 깨달음은 무엇인가? 집착을 놓아버림으로써 무상의 마이스터가 될 수 있다는 것, 그리고 진정한 자유와 해탈은 이웃에게 베푸는 사랑의 실천을 통해서 완성된다는 것이다.

Q복음서는 예수의 최고계명을 우리에게 전한다. 이웃을 네 몸처럼 사랑하되, 이웃사랑을 넘어서 원수까지 사랑하라는 계명이 그것이다.[46] 사랑에는 한계가 있을 수 없다는 것, 원수를 사랑할 때 더 이상 원수는 존재하지 않게 된다는 것이다. 더 이상 원수가 존재하지 않는 삶을 살고 그러한 사회를 만들 때 우리는 진정한 구원과 해방에 이르게 되고, 그 어느 것에도 매이지 않는 대 자유를 얻게 된다는 것이다. 이웃과 원수는 나의 연장(延長)이며 그들 속에서 우리는 또 다른 나의 모습을 발견해야 한다는 것이다. 따라서 나를 이롭게 하는 것이 결과적으로 이웃이나 원수까지 이롭게 하는 것이 되어야 하고, 동시에 이웃이나 원수가 이롭게 되는 것은 결과적으로 내가 이롭게 되는 것이 되어야 한다는 것이다. 이웃을 내 몸처럼 사랑하고 원수까지 사랑하지 않으면 안 되는 이유가 바로 여기에서 발견된다. 자리이타적(自利利他

---

46) Q 6:27~28/마 5:44, 46.

的)인 공공(公共)의 가치 위에 근거한 상생 공동체 건설이야말로 Q공동체의 예수가 꿈꾸었던 하나님 나라의 이상향이었을 것이다.

어떤 근거에서 Q가 전하는 예수는 이웃을 네 몸처럼 사랑하고 원수를 사랑하라고 하셨는가? 그것은 단순히 자선이나 선행의 차원을 넘어선다. 나와 이웃, 나와 원수를 포함하여 존재하는 모든 개체는 둘이 아니라는 불일불이적(不一不二的) 깨달음에서일 것이다. 창조주 하나님께서는 나와 나 아닌 것을 별개의 존재로 만드신 것이 아니라, 서로 연결된 하나의 몸(유기체)으로 창조하셨기 때문이라는 믿음에서일 것이다.

모든 피조물은 서로 소통(communication)과 상관(corelation) 관계에 있다는 Q의 범재신론적(凡在神論的) 존재 사상은 대승불교의 화엄사상에서 그 유사한 형태가 발견된다.

불교의 연기론(緣起論)에 따르면 모든 존재는 서로 독립해서 존재하는 게 아니라 서로 의존되어 있으며 상관되어 있다. 이를 화엄사상에서는 상입(相入: mutual entering)이라고 한다. 개체는 만물의 거울이자 동시에 상(image)이다. 개체는 만물을 비춤으로 거울이 되고, 동시에 다른 모든 것에 의해서 반사됨으로 상이 된다. 개체 사물은 다른 개체들과 연관되어 있기 때문에 그 모두를 반사하며, 다른 사물에 의존하고 있기 때문에 그 다른 사물의 그림자(映像)라고 할 수 있다. 내가 이웃을 비추는 거울이요 상이라면, 이웃 또한 마찬가지다. 나를 비추고 있는 거울이요 상이다.[47] 따라서 우리는 이웃 속에 내 모습을 볼 수 있어야 하고, 나 속에서 이웃의 모습을 볼 수 있어야 한다.

개체와 전체 사이의 상즉상입 사상은 안병무에게서도 발견된다. 그는 예수와 민중을 상즉상입(相卽相入)의 관계로 본다. 예수와 민중은 서로 별개로 존재하지 않는다. 불일불이(不一不異)의 관계로 존재한다. 양자는 서로 의존되어 있으며 서로 관계되어 있다(相依相關). 예수의 삶은 민중의 삶을 충실히 비추고 있다. 민중 또한 마찬가지다. 예수의 그림자(영상)이다. 따라서 Q에서와 마찬가지로 안병무에게 있어서도 예수는 민중의 숭배나 예배의 대상이 아니다. 따름의 대상이요 모방의 대상이다. 민중신학에서 예수와 민중은 서로가 서로를 해석한다.[48]

대승불교에는 보살(菩薩)사상이 있다.[49] 인생을 살면서 자기 향상을 위해서 부단히 노력하여 일정한 깨달음의 경지에 이른 사람을 일컬어 보살이라고 한다. 동시에 보살은 모든 중생을 해탈의 경지로 이끈 후에야 자기도 열반의 경지에 들겠다는 서원을 세운 구도자를 뜻한다. 득도(得道)한 후 붓다가 되는 길을 마다하고, 중생으로 남아 중생의 해탈을 돕는 분을 일컬어 보살이라고 한다. 지장보살은 지옥에 한 사람이라도 남아있는 한 자기는 결단코 붓다가 되지 않겠다는 서원을 한다.

---

47) C. C. 츠앙/이찬수 역, 『화엄철학』, 경서원, 1970, 211-217.
48) 안병무, 『사회학적 성서해석』, 한국신학연구소, 1983, 181.
49) '보살'은 보띠사뜨바(boddhisattva)의 중국식 음역 '菩薩'에 대한 한국식 발음이다. 깨달음(菩提: boddhi)을 얻은 중생(衆生: sattva)을 일컬어 보살이라고 하는데, 처음에는 석가모니의 전생의 삶을 지칭하던 이름이었다. 中村元 · 三枝充悳/慧諼 역, 『바웃드하 불교』, 김영사, 1993, 196-230.

보살 사상의 핵심은 어디에 있는가? 상구보리 하화중생(上求菩提 下化衆生)에 있다. 위로는 자기 향상을 위한 깨달음의 세계를 추구하는 일에 게을리 하지 않고, 아래로는 중생의 동반자로서 사회적 약자들에게 베푸는 일에 게을리 하지 않는 삶에 있다.

대승불교에서는 진리에 이르는 여섯 가지 길을 안내한다. 6바라밀(婆羅蜜)의 첫째 덕목이 무엇인가? 보시(布施) 바라밀이다.[50] 베푸는 것이다. 어떤 조건이나 기대 없이 베푸는 일이야 말로 진리의 언덕에 이르게 하는 첫 번 째 조건이다.

끊임없이 이웃에게 사랑을 베풀라는 주앙쯔의 당부를 듣고, 무상(無上)의 마이스터 조나단은 자기를 질시하고 추방한 갈매기 사회로 돌아가려고 결심한다. 원수까지 사랑하라는 예수의 계명처럼, 조나단은 자기를 미워하고 추방한 원수들까지 사랑하기 위해서다.

마이스터 조나단의 회향

조나단의 회향(回向)은 Q복음에서 전하는 변화산 위에 올라간 예수의 모습과 흡사하다. Q는 예수께서 세 명의 제자들과 변화산에 올라간

50) 6바라밀은 보살이 열반에 이르기까지 수행해야 할 여섯 가지 항목을 말한다. 보시(布施), 지계(持戒), 인욕(忍辱), 정진(精進), 선정(禪定), 지혜(智慧)를 말한다. 원시불교 경전에서 깨달음에 이르는 길로 팔정도(八正道) 수행을 요구하고 있다면, 대승불교 경전에서는 6바라밀을 요구하고 있다. 中村元 · 三枝充悳/慧源 역, 위 책, 245.

장면을 보도한다.[51] 그곳에서 제자들은 변화된 예수의 모습을 본다. 눈부시게 빛나는 광채에 휩싸인 예수는 엘리야 및 모세와 더불어 이야기한다. 그 장면을 목격하고 베드로가 얼마나 황홀했던지 예수에게 간청한다. 우리가 이곳에 세 분을 위하여 텐트를 세우고 영원히 살자고 한다.[52] 그러나 예수는 이 제안을 물리친다. 속세로 돌아온 예수를 기다리고 있던 사람은 누구였는가? 악령에 사로잡혀 고통을 당하는 어린 아이였다. 예수는 그 아이를 무상으로 치료해준다.[53]

갈매기 사회로 돌아온 무상(無上)의 마이스터 조나단은 제자들을 모으고, 그들에게 비상(飛上) 훈련을 시킨다. 그런데 어느 날 그의 수제자 플레처가 훈련 중에 그만 추락하여 죽게 된다. 조나단은 죽은 플레처를 날개 끝으로 가볍게 건드려 다시 살려낸다. 그 광경을 목격했던 갈매기들이 이제 조나단을 신(神)으로 떠받들며 추앙하기 시작한다. 갈매기 사회에서 신으로 떠받들리게 되자, 그는 이제 갈매기 사회를 떠나야 할 때가 왔음을 예감한다. 그는 수제자 플레처를 불러 유언을 남긴 채 하늘로 유유히 사라진다 :

나에 관해서 엉뚱한 소문을 퍼뜨리거나, 나를 신으로 섬기지 않도록 해라. 나는 단지 한 마리의 갈매기에 불과할 뿐이다. … 너의 눈이 너에게 속삭이는 것을 믿지 말라. 눈이 보여주는 현상에는 한계가 있다. 너는 본래 마이스터이다. 너 스스로 그것을 깨닫도록 하여라. 네가 이미 알고 있고, 네가 이미

---

51) Q 9:28~36/마 17:1~13(참조, 막 9:2~13).
52) Q 9:28~36/마 17:1~8.
53) Q 9:37~43/마 17:14~20(참조, 막 9:14~29).

마음속에 가지고 있는 것, 그것을 찾아내기만 하면 된다. 그러면 너는 비상하는 법을 완전히 터득하게 되고, 진정한 자유를 얻게 될 것이다.

Q복음서의 예수도 제자들을 향하여 자기를 믿으라거나 하나님으로 떠받들라고 말한 적이 없다. 예수는 도그마적 의미에서 스스로 메시아 자의식(Messias Bewusstsein)을 가진 적도 없다. 자기만이 유일한 하나님 아들이라고 생각하지도 아니 했다.[54] Q의 예수는 일체의 분별심(分別心)을 떠나 평화를 위하여 일하는 사람[55], 원수까지 사랑하며 자비를 베푸는 삶을 사는 사람들을 향하여 지극히 높으신 분의 아들이라고 선언하고 있다.[56]

Q에게 하나님 아들이라는 칭호는 메시아적 칭호가 아니다. 생명과 평화와 공공(公共)의 가치 실현을 위하여 애쓰는 사람, 이웃에게 바라거나 기대하는 마음 없이 자비를 베푸는 삶을 사람이 하나님 아들로 불린다. 이 세계의 주인으로서 주체적으로 당당하게 살아가는 자유인을 뜻한다.

조나단의 유언은 임종을 앞둔 석가모니 붓다의 유언을 회상시킨다. 붓다는 슬퍼하는 제자들을 향하여 나를 의지하지도 믿지도 말라고 한다. 너 스스로와 법(진리)을 의지처로 삼고, 너 스스로와 법(진리)을 등

---

54) Q 3:21~22/마 3:13. 16~17.
55) Q 마 5:7~9.
56) Q 6:35/마 5:45. 요한복음은 예수를 믿는 자들을 가리켜 하나님의 자녀가 되는 권세가 주어졌다고 말한다(요1:12~13).

불로 삼아 정진하라고 한다(自歸依 法歸依, 自燈明 法燈明)[57].

비록 형식과 내용은 서로 달리하고 있지만, 리처드 바크의 소설『갈매기의 꿈』에서 묘사되고 있는 마이스터 조나단의 구도자로서의 모습과 Q복음서가 전해주는 사회적 소수자들의 동반자로서의 예수의 모습 사이에는 서로 감응되는 면이 있다.

리처드 바크가 마이스터 조나단으로 형상화하여 그리고자 했던 새로운 예수 이미지는 무엇인가? 그는 전통적인 서구 신학적 그리스도론의 틀에서 예수를 해석하지 않는다. 예수는 삼위일체적인 전지전능한 신도 아니고 인간 위에 군림하는 예배와 숭배의 대상으로서의 전통적인 메시아적 인물도 아니다. 이웃에게 인간애(humanity)를 베풀며 더불어 자유의 길을 가는 민중의 동반자요 구도자(求道者)로서의 예수 이미지이다. 조나단으로 형상화된 예수는 동양적 지혜의 패러다임에서 새롭게 묘사되고 있다. 예수는 하나님의 아들이라는 상에 매이지 않고 원수까지 사랑을 베푸는 삶을 살았기에 진정한 하나님의 아들로 부름을 받았다.

---

[57] 자귀의(自歸依)와 자등명(自燈明)이 나의 주체적인 삶의 완성을 의미한다면, 법귀의(法歸依)와 법등명(法燈明)은 중생(이웃)을 위한 전체적인 삶의 완성을 뜻한다. 이른바 개체와 전체의 역설적 합일을 일컬어 자등명과 법등명이라고 볼 수 있다. 참조, 中村元·三枝充悳/慧諟 역, 위 책, 133-134; 마스다니 후미오/이종택 옮김,『불교와 기독교의 비교연구』, 고려원, 1993, 133.

메시아 상에 갇히지 않는 메시아 예수

조나단은 삶의 본질이 자유라는 것을 깨닫게 해 준다. 마이스터라는 상(相)에 집착하지 않음으로써 무상(無上)의 마이스터가 된다. 그는 눈에 보이는 것이 세계의 전부일줄 알고, 그것에 매어 사는 제자들을 향하여 눈에 보이지 않는 세계를 볼 수 있는 혜안을 트게 해 준다. 제자들에게 나를 의지하지 말고 너 자신과 진리를 의지하여 살아가야 함을 가르친 조나단, 네가 추구하는 대자유의 세계는 밖에 있는 것이 아니라 이미 네 마음속에 있으며, 그것을 스스로 깨달을 때 대 자유인이 된다는 말씀은 상당 부분 Q가 전하는 예수의 이미지와 서로 겹친다.

Q와 제5복음서

리처드 바크는 지금까지 서구 부르조아 그리스도교 문화의 틀 속에 갇혀 있는 예수, 서구신학의 도그마 속에 갇혀있는 예수를 그 굴레에서 해방시킨다. 위로는 하나님 나라와 그분의 뜻을 추구하고, 아래로는 사회적 약자들과 동고동락하며 그들의 동반자로 살았던 예수를 그는 조나단 리빙스턴 시걸로 형상화한다. 우리는 조나단의 모습에서 Q공동체가 전하는 보편적 인류애를 전하는 사회적 소수자들의 지혜스승 예수의 모습을 떠올리게 한다. 그런 의미에서 필자는 『갈매기의 꿈』을 소위 "제5복음서"(The Fifth Gospel)로 불러도 무방하다고 본다.

그리스도교는 원래 1세기 팔레스타인의 북부 갈릴리를 무대로 전개되었던 사회적 소수자들의 예수운동에 기원을 두고 있다. Q복음서는 사회적 소수자들(social minority)에 의해서 전해진 역사적 예수의 삶과 그분의 가르침(法)에 충실한 예수의 복음(Gospel of Jesus)을 우리에게 전해주었다. 그러나 복음이 유대-팔레스타인 지역을 넘어 헬라 도시세계에로 확장되면서 그 원모습(proto-type)이 퇴색되어 갔다. 그 대신에 '안디옥 케리그마'(대속적 죽음과 부활)에 기원을 둔 예수에 관한 복음(Gospel about Jesus Christ)이 초기그리스도교 예수 운동의 주류를 형성해 갔다. 신격화된 예수에 관한 복음은 인간 예수의 복음보다 그레코-로만 세계의 개인주의적이고 신화적인 사회 문화 기풍에 적응하기가 훨씬 쉬웠을 것이다. 이러한 흐름을 타고 바울의 회중교회 공동체(congregational church community) 운동은 점차적으로 그리스도교를 '사적 제의 종교'(privatus cultus religionis)로 만들었고, 그 전통이 오늘에 이르게 되었던 것이다.

초기그리스도교 복음의 이러한 그레코-로만 사회에로의 토착화 과정에서 우리는 그 공과(功過)를 동시에 발견한다. 바울 이전만 해도 초기그리스도교는 유대교의 한 소종파(Sect)로 머물러 있었다. 그러나 이러한 토착화 과정을 통해서 그리스도교는 그 세력을 그레코-로만 사회 전역으로 확장할 수 있었고, AD 313년에는 로마제국에서 유대교와 나란히 하나의 독립된 종교로 공인(公認)받게 되었다. AD 392년 테오도시우스 황제가 기독교이외의 이방신 예배를 금지하는 매우 배타적인 칙령을 반포하자 기독교는 로마제국의 지배 이데올로기로서 군림하게 되었다. 그리스도교의 세계화를 위한 초석(礎石)이 마련되었던 것이다. 이러한 과정을 거치면서 그리스도교는 예수의 종교

(religion of Jesus)에서 예수에 관한 종교(religion about Jesus)로, 그리고 사회적 소수자들의 종교에서 지배계급의 종교로 복음의 패러다임이 바뀌게 되었던 것이다.

그러나 복음의 세계화, 곧 복음의 지배 이데올로기화(化)는 다른 한편으로 복음의 정체성 위기를 초래하였다. 복음의 정체성 위기를 맞고 있는 오늘날 한국교회는 어디에서 그 해답을 찾아야 할 것인가? 이러한 시점에서 Q가 전하는 예수의 종교는 한국교회로 하여금 복음의 본모습에로 회향(回向)하는데 시사(示唆)하는 바가 크다 말하지 않을 수 없을 것이다.

큐복음서의 민중신학

2009년 3월 31일 초판발행
2009년 3월 31일 1판 1쇄

지은이 김명수
펴낸이 남호섭
펴낸곳 통나무

서울특별시 종로구 동숭동 199-27
전화: 02) 744-7992
출판등록 1989. 11. 3. 제1-970호

ⓒ 김명수, 2009 　　　　값 18,000원
ISBN 978-89-8264-118-3 (03230)